este día con el maestro

365 meditaciones diarias

este día con el maestro

365 meditaciones diarias

Dennis F. Kinlaw
Editado por Christiane Albertson
Traducido por Rachel Coleman, M.A.
Traducción editada por John Caro y Marcia Leiva

Francis Asbury Press
Wilmore, Kentucky

This Day with the Master, por Dennis F. Kinlaw. Derecho de publicación © 2019 por la Francis Asbury Society. Publicado por acuerdo con Thomas Nelson, una división de HarperCollins Christian Publishing, Inc. Todos los derechos reservados. Con la excepción de citas breves en artículos críticos, ninguna parte de este libro puede ser reproducida de ninguna manera ni por ninguna técnica o proceso electrónico o mecánico, incluyendo los sistemas de archivar información, los paquetes de materiales académicos y las recopilaciones, sin obtener permiso previo en forma escrita de Francis Asbury Press, 1580 Lexington Rd, PO Box 7, Wilmore, KY 40390.

Sitio web: www.francisasburysociety.com

A menos que se indique otra versión, las citas bíblicas se toman de la Santa Biblia, Versión Reina-Valera 1960. Nashville, Tennessee: Boradman & Holman Publishers, 1992.

Para Elsie,
a quien, después de Dios el
Padre, el Hijo y el Espíritu Santo,
amo más y a quien le debo más

reconocimientos

El mejor regalo que Dios nos da es el de sí mismo. Llegó a Moisés en una zarza ardiente; a Saulo vino en el camino hacia Damasco. Siempre me ha llegado a mí a través de personas que daban de sí mismos mientras me daban algo de Dios. Y las personas, como Dios mismo, siempre existen en familias. Es en nuestras familias físicas, espirituales e intelectuales que hallamos nuestra vida, nuestra identidad y nuestro tesoro. Si hay algo de valor en las páginas que siguen, puedes estar seguro de que tiene su origen en otra persona. Todo lo que tengo, lo he aprendido por medio de una de las familias que Dios me ha dado.

Las familias son compuestas de personas; por eso, me parece apropiado mencionar a algunas de las personas que me han dado más. Sally y Wade me dieron vida y me pusieron en un contexto dentro del cual no podía escapar de Cristo.

De Anna y Sam vino Elsie y el apoyo que hizo posible la preparación académica tan valiosa. La hermana Clark es la que me presentó a Jesús en el contexto de un campamento cristiano. Harold Kuhn, Otto Piper y Cyrus Gordon abrieron para mí los mundos de la filosofía y de las Escrituras. La universidad de Asbury clarificó mi llamado; la One Mission Society (OMS) me expuso al mundo más allá de los Estados Unidos y el Occidente; y la Sociedad Francis Asbury (FAS), por medio de la visión de Harold Burgess, Don Winslow, Paul Blair y otros, proveyó el medio por el cual yo podría pagar una porción de mi deuda con Dios y con el mundo.

Este volumen no podría haber sido compilado sin la ayuda de una beca de la Fundación Arthur DeMoss, el ánimo y el apoyo económico de Joe, Burt y Albert Luce, y la diposición de la Universidad de Asbury de proveer numerosas grabaciones para la transcripción. La que realmente dio a luz esta obra por su labor considerable es mi nieta, Cricket Albertson. Ella es un gozo especial y miembro apreciado de mi familia física, espiritual e intelectual. A todas estas personas y a los incontables otros, quisiera expresarles mi humilde gratitud.

Dennis F. Kinlaw
Wilmore, Kentucky

1/enero

el año nuevo—una lectura para nuevos comienzos
isaías 43.16–21

Yo os he entregado, tal como le dije a Moisés, todos los lugares que pisen las plantas de vuestros pies. (Josué 1.3)

El año nuevo trae esperanza. Al mirar hacia delante y al considerar el ciclo que se abre ante nosotros, nos gustaría pensar que será superior al que acabamos de terminar. Ese anhelo de algo mejor es un regalo de Dios y es una promesa que la expectativa se puede cumplir. Dios desea que el año nuevo sea el más excelente que hayas tenido, pero la clave está en dónde eliges buscar tu realización. No puede ser dentro de ti mismo, porque tus medios no se han multiplicado mágicamente con el inicio de esta nueva etapa. Necesitas recursos frescos e inéditos que te ayuden a hallar una medida de eficacia y realización que hasta ahora no has vislumbrado.

Dios es quien desea hacer todo nuevo, y su presencia se puede distinguir por el elemento de compromiso radical que nos confronta cuando llegamos a relacionarnos con él. Con Dios viene la palabra que afirma que el futuro puede ser mejor que el presente. Cuando Abraham conoció a Dios, el encuentro contenía una promesa asombrosamente grande: La esterilidad de una anciana y el vacío de un hogar sin hijos iban a cambiar. Cuando Dios se presentó a Moisés, en ese intercambio hubo la certeza de que Moisés nació para algo más que la derrota y el pastoreo de ovejas. Se le dio la seguridad de que el Señor lo iba a utilizar para liberar a su pueblo; en realidad, Moisés sería el varón de Dios para la construcción de una nación. En la relación entre Josué y Dios hubo la promesa de que el Señor tenía una tierra para su pueblo ambulante. En la comunión de David con Dios, el rey supo que el Señor iba a darle a su pueblo una ciudad capital, un templo y un trono eterno. Los profetas hebreos contaron de un Rey que se sentaría en ese trono, uno mayor que Moisés o David, y de un reino de personas con corazones nuevos, donde la voluntad de Dios no iba a ser una obligación externa sino un deleite interior. Juan el Bautista anunció su propio rol de mensajero que había venido para decirle al pueblo que el Reino de Dios estaba cerca.

La marca del pueblo de Dios en el Antiguo Testamento fue que su rostro miraba hacia el futuro y brillaba con confianza y expectación. ¿Podemos hacer otra cosa, nosotros los que vivimos al otro lado de Belén, el Calvario, la Resurrección y Pentecostés?

2/enero

todas las cosas nuevas
apocalipsis 21

El que estaba sentado en el trono dijo: «Yo hago nuevas todas las cosas». Me dijo: «Escribe, porque estas palabras son fieles y verdaderas» (Apoc. 21.5)

Ayer consideramos el hecho de que el pueblo de Dios es reconocido por la dirección de su rostro—mira hacia el futuro con anticipación. Implícita dentro de la comunión con el Señor se encuentra la promesa de que lo mejor está por venir. Por supuesto, hay personas en el Antiguo Testamento que no entendieron esto. Una parece ser el autor de Eclesiastés, quien dice que no hay nada nuevo debajo del sol, que lo que ha sido siempre será, y que todas las cosas son tan tediosas y fatigosas que no se pueden expresar (Ecles. 1.8–10). Pero esta voz es una minoría en el Antiguo Testamento.

- El salmista habla de un cántico fresco que el Señor le ha dado (Sal. 42.8).
- Isaías escribe de las cosas nuevas para aprender y de un nuevo nombre (Isa. 42.9; 62.2), de una nueva tierra y un nuevo cielo (Isa. 65.17; 66.22).
- Jeremías proclama un nuevo pacto y misericordias divinas que nacen cada mañana (Jer. 31.31; Lam. 3.22–23).
- Ezequiel profetiza un nuevo espíritu y un nuevo corazón (Ezeq. 11.19; 18.31; 36.26).

El Nuevo Testamento retoma este tema y asegura:

- Un nuevo nacimiento (1 Pedro 1.3),
- Una nueva vida (Rom. 6.23),
- Un nuevo ser (Efes. 4.24; Col. 3.10),
- Una nueva actitud (Efes. 4.23),
- Un nuevo mandamiento (Juan 13.34),
- Un camino nuevo y vivo (Heb. 10.20),
- Una nueva creación (2 Cor. 5.17; Gál. 6.15), y
- Un nuevo cielo y una nueva tierra (2 Pedro 3.13; Apoc. 21.1).

No debe sorprendernos, después de que hemos leído esto completamente, descubrir que la frase concluyente viene de Dios mismo: *«Yo hago nuevas todas las cosas»* (Apoc. 21.5). Aparentemente el Señor nunca cesa de perfeccionar sus obras porque ésta viene a ser como la palabra final de la historia humana. Él es el Dios de la renovación eterna.

¿Pero qué de las declaraciones tristes del redactor de Eclesiastés? Tal vez él sea un observador más perspicaz de lo que pensábamos antes. Afirma que no hay nada nuevo debajo del sol, y tiene razón. La verdadera novedad nunca viene de nosotros, de lo natural, sino de más allá de nosotros, del Dios con quien tenemos el privilegio de caminar. Nuestra respuesta tiene que ser: Todo es nuevo debajo del auténtico «Sol», la Luz del mundo que hace nuevas todas las cosas.

3/enero

el santo

isaías 63

En toda angustia de ellos él fue angustiado,
Y el ángel de su faz los salvó;
En su amor y en su clemencia los redimió,
Los trajo y los levantó todos los días de la antigüedad (Isa. 63.9)

Hemos estado pensando en las posibilidades inherentes a la presencia de Dios en nuestras vidas. La garantía de esa presencia, sin embargo, nunca se puede dar por sentada; es condicional. Todo el Antiguo Testamento lo ilustra.

Dios es el único Dios y no debe tener rival o competidor en nuestra existencia. Se ofende y se entristece cuando dejamos que algo invada ese lugar central que es suyo. Se aflige porque nosotros sufrimos inevitablemente cuando toleramos que algo o alguien usurpen los derechos y el sitio de Él. El salmista entendió esto; en el Salmo 16.4 él observa que las penas aumentan para los que «corren tras otros dioses», y por eso decide que no participará en las ofrendas o las alabanzas dadas por los que tienen corazones divididos. Confiesa que Yahwéh es Señor y que aun lo bueno deja de serlo cuando Dios no está en control. Es por eso que Jesús insistió firmemente en que buscáramos primero su reino y su voluntad (Mateo 6.33).

Dios es el único Dios, y también es el Santo. Aborrece todo lo inmundo y todo lo que contamina. Como el Santo, Él es un fuego consumidor, pero su carácter ardiente nunca se ha dirigido para nuestra destrucción, sino que es su manera de limpiarnos como lo hizo con Isaías (Isa. 6.5–7). Si su presencia es más importante para nosotros que nuestras faltas e inmundicias, Él acabará con nuestra corrupción y nos hará puros. Si llegamos a comprometernos más con nuestra maldad que con él, su presencia se convertirá en quebranto para nosotros por el descarrío con el cual nos hemos casado.

Israel había rechazado la predicación de Jeremías; por eso, Dios permitió que Ezequiel fuera testigo de la salida de su presencia de Jerusalén. El profeta observó mientras la gloria de Dios, su presencia santa, subió por encima del arca del pacto y de entre los querubines en el Lugar Santísimo; la vio moverse hacia la puerta del templo y después irse de la ciudad para descansar sobre un monte distante. Dios partió de entre su pueblo (Ezeq. 10.1–20). El resultado fue la destrucción del templo y de la ciudad y el exilio de Israel por setenta años en Babilonia. Dios el Santo no fue capaz de morar con el pecado de Israel.

La belleza de todo esto radica en el hecho de que la presencia de Dios es mejor que la experiencia o el galardón de nuestros yerros. Él tiene el poder de purificarnos. Si permitimos que el Santo nos lave, tendremos motivo para cantar de gozo y gratitud.

4/enero

cara a cara

apocalipsis 22.1–5

En cuanto a mí, veré tu rostro en justicia;
Estaré satisfecho cuando despierte a tu semejanza (Salmo 17.15).

Siempre me ha fascinado la obra de Miguel Ángel y recuerdo la oportunidad que tuve de pasar unos momentos en la Capilla Sixtina en Roma. Anhelaba llevar conmigo un poco de su esplendor, y por eso compré unas fotos magníficas del lugar. Una de ellas fue la escena famosa de la creación del hombre. Miguel Ángel fue un maestro absoluto en el arte de pintar el cuerpo humano, y en este cuadro Adán es fuerte, musculoso y vigoroso, pero al mismo tiempo yace inerte. El dedo de Dios se extiende, y la chispa de vida entra a Adán. Cuando esa chispa de vida pasa del dedo divino y la conciencia irrumpe en el alma de Adán, sus ojos se abren. Su cara está en tal posición que la primera cosa que ven sus ojos es el rostro de Dios. Así deben permanecer las criaturas humanas, recibiendo vida de la mano de Dios y mirándole a la cara.

Porque Dios, que mandó que de las tinieblas resplandeciera la luz, es el que resplandeció en nuestros corazones, para iluminación del conocimiento de la gloria de Dios en la faz de Jesucristo (2 Cor. 4.6).

5/enero

mi rostro irá contigo

éxodo 33

*Jehová le dijo: «Mi presencia te acompañará
y te daré descanso» (Éx. 33.14).*

Moisés fue tal vez el hombre más impresionante que haya existido, con la excepción del Señor Jesucristo. Caminó y conversó con Dios de manera íntima, y lo conoció como a un amigo. Durante todo el éxodo y las peregrinaciones en el desierto, Dios habló directamente con Moisés, y éste pasó tiempo en la presencia personal del Señor. Fue a Moisés que Dios reveló su nombre y a quien le dio su ley. Por medio de Moisés, Dios guió al pueblo de Israel y proveyó para ellos.

La relación entre Moisés y Dios fue de intimidad y reciprocidad. Éxodo 32–34 narra la triste historia de la traición de los israelitas contra Yahwéh con el becerro de oro y del deseo del Señor de destruirlos. Moisés intercedió por el pueblo, y Dios se arrepintió. Después instruyó a Moisés adónde llevarlos: «Subirás a la tierra que fluye leche y miel, pero yo no subiré contigo, no sea que te destruya en el camino, pues eres un pueblo muy terco» (Éx. 33.3).

Moisés estaba resuelto a no continuar el viaje sin la presencia de Dios. Sabía la necesidad, el valor y el deleite de la compañía divina y se rehusó a moverse o dirigir a su gente sin esa presencia. «Si tu presencia no ha de acompañarnos, no nos saques de aquí» (v. 15).

Dios aceptó: «Mi presencia irá contigo,» aseguró. El hebreo dice literalmente: «Mi cara irá contigo».

Mientras comienzas la aventura de este nuevo año, ¿va contigo la cara de Dios? ¿O avanzas sin la presencia divina? Un rostro es una cosa maravillosa; puede comunicar con más volumen que una voz, con más ternura que un toque. Dios desea una relación cara-a-cara con su pueblo para que veamos en su semblante la voluntad divina para nosotros, lo que le complace y lo que le entristece.

En Jesucristo podemos mirar la faz de Dios, revelada por el Espíritu Santo. Debemos vivir cada día de tal manera que podamos percibir su rostro y discernir su presencia. No principies este año solo cuando puedes estar cara-a-cara con Dios mismo.

6/enero

su presencia, no sus señales

éxodo 33

*«Te ruego que me muestres ahora tu camino,
para que te conozca» (Éx. 33.13).*

En Éxodo 33 Dios les dice a los israelitas que empaquen sus maletas y que vayan adelante, porque él está listo para llevarlos a la tierra prometida. Moisés escucha atentamente las disposiciones divinas y responde directamente al Señor. Quiere saber con exactitud quién es el acompañante que Dios va a enviar para apoyarlo con la carga del liderazgo. Moisés se siente sobrecogido con el pueblo, cuyas quejas, pecados y críticas parecen ser continuos; admite su necesidad de ayuda y experimenta un deseo intenso por la presencia de Dios.

Dios le asegura: «Mi cara irá contigo».

En gratitud desesperada, Moisés clama: «Te ruego que me muestres ahora tu camino, para que te conozca».

Piensa un momento en la situación de Moisés. Había contemplado una zarza que ardía sin que las hojas se secaran; había oído una voz que salía de ese arbusto. Recibió instrucciones de tirar su vara en el suelo, y cuando obedeció, ésa se convirtió en una culebra. Había observado una serie de plagas; había sido testigo de la humillación del poderoso faraón. Se había parado ante el mar y lo había visto dividirse por la seguridad de su gente. Había bebido agua que venía de una roca por su propia palabra; había sido sostenido por la provisión asombrosa del maná y de las codornices. Había subido a un monte ardiente y flamante sin expirar, y había recibido allá las leyes divinas directamente de la mano de Dios. Había mirado todo esto, y sin embargo ansiaba entender más de Dios mismo. Aspiraba a penetrar en la fuente de todos los milagros; anhelaba conocer personalmente a Dios.

A la mayoría de nosotros nos gustan «los juegos pirotécnicos» del Señor, pero Moisés había visto todo eso y su corazón seguía ávido por algo más—por Dios mismo. ¿De qué siente hambre tu corazón—de las señales de Dios o de Dios mismo?

7/enero

tropezando con el futuro
isaías 30.18–21

Porque este Dios es Dios nuestro eternamente y para siempre;
Él nos guiará aun más allá de la muerte (Sal. 48.14).

En el idioma hebreo, el futuro se encuentra detrás de la persona y no delante de ella. En vez de caminar confiadamente hacia el provenir, el judío habló de tropezar hacia atrás con el mañana. Somos capaces de ver lo pretérito, pero no percibimos lo venidero y nunca lograremos estar seguros de dónde hollarán nuestros pies. ¿No es una descripción excelente de las incertidumbres de la existencia? Cristo nos pide que le demos la mano porque él puede ver el futuro tanto como el pasado. Él es Aquel que trasciende los límites del tiempo; es el Señor del mañana tanto como del hoy y del ayer. Alcanza a observar exactamente dónde vamos a pisar con cada paso. Nunca será insensato que pongamos nuestra mano en la de él; en realidad, es la única alternativa racional que tenemos, si consideramos nuestra posición. Si optamos por ir solos, es seguro que tropezaremos hacia atrás con algo destructivo.

Como cristiano, no sabes lo que el futuro traerá, pero conoces a quién anda a tu lado, tomado de la mano contigo. Si comienzas a poner el pie en el lugar equivocado, él lo detendrá y te indicará otra dirección. Con frecuencia cambiará tu rumbo, y cuando contemples la senda por la cual te ha encauzado, te darás cuenta de que nunca te ha dirigido hacia una calle sin salida o hacia una situación destructiva. Si tu mano está en la de él, cuando arribes al final del camino, podrás decir: «No perdí ni un solo día».

La esencia de ser cristiano es poner tu mano en la de Cristo y negarte el derecho de conducir tu vida. El porvenir tuyo llega a ser suyo, y él lo guía.

8/enero

trabajo para todos
éxodo 38.22–23

Habló Jehová a Moisés y le dijo: «Mira, yo he llamado por su nombre a Bezaleel hijo de Uri hijo de Hur, de la tribu de Judá, y lo he llenado del espíritu de Dios, en sabiduría y en inteligencia, en ciencia y en todo arte» (Éxodo 31.1–3).

Ten cuidado cómo juzgas a quien es diferente de ti. Es muy fácil para nosotros evaluar a otros según nuestros propios intereses y fuerzas. La persona a quien estimas menos puede detentar el don exacto que requerirás en algún momento.

Cuando estuve en la universidad, me hice amigo de un chico que no se sentía cómodo en el mundo académico. Estaba seguro que Dios lo había llamado al ministerio, pero luchó con el requisito de aprender el griego. Graduarse de la facultad había sido dificilísimo para él; cumplir con los requerimientos del seminario le fue imposible. Pero ese joven poseía una capacidad extraordinaria para la mecánica, y conservaba en condiciones excelentes el vehículo del profesor de filosofía.

Mi amigo llegó a pastorear una iglesia en un pueblo pequeño. Cuando lo visité, descubrí que su gente lo amaba. Mientras conversábamos, él me confesó: «Te cuento que hay un taller automotriz en este pueblo, y cuando paso por allá para saludar al operario, me encuentro con un deseo casi insaciable de ponerme debajo de uno de esos carros para trabajar, a pesar de cuán sucias quedarían mis manos».

No me sorprendió cuando me enteré que ese pastor había aplicado para el servicio misionero. Después de un tiempo, su supervisor de campo me manifestó: «No seríamos capaces de seguir adelante sin él. Mantiene funcionando todas las máquinas que son tan esenciales para nuestra labor, algo que ninguno de nuestros egresados del seminario ha logrado hacer. Y es nuestro piloto. Es la persona más valiosa para nuestro equipo en cualquier tipo de emergencia. Y más que nada, su espíritu es tan lindo y humilde que todos los nacionales lo aman».

Dios sabe lo que está haciendo cuando nos pone aquí, y hay un sitio para todos. Si las habilidades tuyas son distintas a las de otros, no te desesperes sino busca el espacio trazado para ti. Si los talentos de otros son diferentes que los tuyos, no los menosprecies. Tal vez no percibes la necesidad de esa persona en este instante, pero en alguna oportunidad lo entenderás. Debemos acercarnos a cada individuo con un poco de anticipación, expectativa y deleite. Reflexiona en Bezaleel. ¿Quién habría pensado que Dios podría usar en el desierto a un hombre que era artista, diseñador y arquitecto (Éx. 31.1–11)?

9/enero

mi identidad

hechos 26.1–18

*Pablo, siervo de Jesucristo, llamado a ser apóstol,
apartado para el evangelio de Dios (Rom. 1.1).*

Cuando conocemos a Cristo, ocurren dos revelaciones. La primera es Jesucristo. Descubrimos que él es Señor y Salvador; vislumbramos quién es él y lo que ha venido a obrar por nosotros. Pero en seguida nos alcanza una segunda revelación: Se nos muestra nuestra propia identidad. Este segundo hallazgo tiene dos partes. Advertimos que somos pecadores a quienes Cristo ha amado y redimido, y comprendemos que la razón de nuestro existir es servirlo.

Pablo vio y entendió ambas revelaciones. En el camino hacia Damasco se topó con Jesús, y lo que asimiló en ese momento fue un choque. Aquel a quien Pablo había odiado como un blasfemador era en realidad el Señor y el Mesías, quien había venido por amor para rescatarlo. Pablo también se miró a sí mismo: Era un pecador. Desde su propia perspectiva, fue el peor de los transgresores (1 Tim. 1.15) por su persecución a la Iglesia de Cristo. En adición, Pablo contempló su llamado: Ser apóstol. Este suceso llegó a ser la característica que definió su vida; en nueve de las trece epístolas atribuidas a él, Pablo comienza señalándose como apóstol, en otra se nombra el siervo de Cristo, y en otra se auto-denomina el prisionero de Cristo. Cuando Pablo encontró a Jesús, descubrió quién era Cristo y qué había venido a hacer; también percibió quién era Pablo y qué iba a realizar él en este mundo.

Cuando piensas en ti mismo y en tu rol en esta tierra, o cuando alguien desea saber quién eres, ¿te describes en términos de lo que aprendiste cuando creíste en Jesús? Creo que Pablo diría que así deberías detallarte.

10/enero

estoy disponible

jeremías 20

*«Antes que te formaras en el vientre, te conocí,
Y antes que nacieras, te santifiqué,
Te di por profeta a las naciones» (Jeremías 1.5).*

El profeta Jeremías fue un hombre tímido que vivió en una época que les exigía valentía a los varones. Cuando Dios lo requirió para que fuera su vocero, el profeta quiso excusarse por su juventud, y en ocasiones durante su servicio, deseó huir de las presiones del llamado divino. Una vez decidió callarse y no hablar más sobre la voz de Dios que susurraba dentro de él, pero el mensaje ardía en su corazón. No pudo hacer silencio; tuvo que proclamar la palabra de verdad. A veces Jeremías quería no haber nacido, porque su misión fue difícil, y él no parecía ser apto para ella. De una manera maravillosa, Dios elige instrumentos débiles para llevar a cabo sus propósitos; Jeremías fue un ser con falencias humanas, pero también fue el instrumento escogido por Dios. En el primer capítulo del libro que lleva su nombre, leemos acerca del encargo divino de este profeta:

«Mira que te he puesto en este día sobre naciones y sobre reinos, Para arrancar y destruir, Para arruinar y derribar, Para edifica y plantar» (Jeremías 1.10).

A esta alma tierna, sensible y modesta se le dio la tarea de pregonar el juicio divino sobre el orden existente en Israel y de preparar el camino para un nuevo reino. Iba a estar solo; enfrentó oposición, sospechas y burlas durante todo su ministerio. Jeremías tuvo que anunciar su mensaje no apetecido en los lugares y los momentos más públicos. Fue maltratado, encarcelado y, finalmente (según la tradición) matado por publicar la voluntad divina, pero cuando Jesús vino a la tierra, algunas personas pensaron que él era Jeremías vuelto a la vida (Mat. 16.14).

La belleza de la historia de Jeremías es que su sufrimiento no se desaprovechó. Más que cualquier otro profeta en los anales de Israel, Jeremías le entregó al pueblo de Dios las categorías espirituales e intelectuales que necesitaban para entender a Jesús y a la Cruz. Isaías retrató a Cristo con sus palabras, especialmente en Isaías 53, pero Jeremías lo dio a conocer a través de su caminar diario. Sus propias debilidades y dificultades fueron una clave para ayudar a Israel a comprender a Cristo.

No menosprecies tu fragilidad y fatigas, porque pueden ser tus ventajas más importantes cuando las rindas completamente a Cristo. Ningún padecimiento se desperdicia cuando es una ofrenda ante el Señor.

11/enero

antes y después

tito 3

Por tanto, nosotros todos, mirando con el rostro descubierto y reflejando como en un espejo la gloria del Señor, somos transformados de gloria en gloria en su misma imagen, por la acción del Espíritu del Señor (2 Corintios 3.18).

Dios no sólo desea perdonarnos; también quiere regenerarnos, convertirnos en nuevas criaturas. El perdón es únicamente el primer paso, el cual nos quita las cosas que nos apartan el uno del otro. Dios perdona nuestras transgresiones contra él y las olvida; por eso, cuando nos ve, no se ofende. Aceptamos ese indulto; de modo que, cuando nos acercamos a Dios, no estamos cargados bajo un peso de temor o culpa. La relación personal entre nosotros y Dios es buena, saludable y libre. Pero el Señor anhela realizar más. Ansía transformarnos para que seamos aptos y estemos preparados para un futuro muy opuesto a nuestro ayer.

El perdón y la regeneración son como los dos lados de la misma moneda; no se pueden separar. La redención es más que un cambio de nuestra historia; es una revolución de nuestro ser. Trata con nuestro pecado, con la tendencia dentro de nuestra naturaleza que causa que cometamos maldades. No sólo afecta lo que hacemos sino lo que somos. Pablo aclara esto cuando le escribe a su discípulo Tito. Observe su lenguaje: «Nosotros también éramos en otro tiempo insensatos, rebeldes, extraviados, esclavos de placeres y deleites diversos» (Tito 3.3). Los cristianos tienen un pasado del cual no se pueden jactar, pero éste no determina su porvenir. Pablo afirma claramente: «Pero cuando se manifestó la bondad de Dios, nuestro Salvador, y su amor para con la humanidad, nos salvó» (Tito 3.4–5ª). El giro es el lavamiento del renacimiento y de la renovación producidos por el Espíritu Santo. Ahora tenemos una nueva vida junto con una fresca comunión con Dios, y esta nueva existencia es la vida de Dios dentro de nosotros.

Por eso, mi presente no es igual a mi pasado; es tan distinto como las fuentes de las cuales brotan lo anterior y lo posterior. Lo anterior (mi pasado) tenía sus raíces en un «yo» vacío de la presencia divina; lo posterior (mi presente y futuro) brota de la vida de Dios mismo que ahora mora en mí. No es de sorprenderse que haya una diferencia.

12/enero

confiando el uno en el otro

filipenses 1

Estando persuadido de esto, que el que comenzó en vosotros la buena obra la perfeccionará hasta el día de Jesucristo (Fil. 1.6).

Una de las marcas distintivas de la iglesia primitiva, ilustrada por la relación entre Pablo y los creyentes de Filipos, era la confianza mutua de que gozaban los unos con el otro. Esta fe recíproca surgió de su intimidad con Dios. Es muy peligroso que yo crea en otra persona sólo por el valor de él o de ella, y es igualmente arriesgado que alguien se fíe de mí únicamente por mi valía individual. Los seres humanos son cañas frágiles y quebrantadas y sin duda se decepcionarán el uno al otro. Cualquier esperanza que depositemos en los demás debe fundamentarse en la bondad, la fidelidad y el poder de Dios.

El mensaje de Pablo en Filipenses 1.6 es claro: «Estando persuadido de esto, que el que comenzó en vosotros la buena obra la perfeccionará hasta el día de Jesucristo». El apóstol está diciendo que su seguridad en la congregación filipense está basada en el Señor Jesús.

¡Anímate! La certeza que el Padre tiene en cada persona brota de la sangre redentora de Jesús, quien ha iniciado algo precioso en ti y lo completará. Dios te ha perseguido y te ha traído hacia sí mismo; ha puesto dentro de tu corazón una afirmación, y promete llevar a la perfección la obra que ha comenzado.

La alegría que encontremos el uno en el otro será enriquecida por lo que Dios está haciendo en nuestras vidas. ¡Confío en ti porque confío en él!

13/enero

la oración de pablo
filipenses 1

Dios me es testigo de cómo os amo a todos vosotros con el entrañable amor de Jesucristo. Y esto pido en oración: que vuestro amor abunde aún más y más en conocimiento y en toda comprensión (Fil. 1.8-9).

Pablo ora por sus ovejas queridas, pidiendo que reciban tres características esenciales para una vida cristo-céntrica: el amor, el conocimiento y la comprensión.

Juan Wesley escribe: «Si alguien predica...de algo más que el amor, ha perdido el blanco, porque lo que necesita usted es ser perfeccionado en el amor y llenado con toda la plenitud del amor divino; y, si es así, conocerá el cumplimiento de toda la ley divina». El apóstol Pablo dice que los filipenses han palpado el amor divino, pero ansía que lo perciban más. Clama para que sobreabunden en amor, o sea, que el amor divino rebose en sus vidas. ¿Qué es el amor divino? Es el amor para Dios y para los demás; es el que nos envuelve y hace posible que pongamos los intereses de los otros antes que los nuestros.

Pablo continúa afirmando que el amor divino no es lo único que requieren los filipenses. Éste debe ir acompañado por el conocimiento, porque sin él, el amor puede ser dañino. El conocimiento se adquiere al ser expuesto a la información y al experimentar el significado de ella por su asimilación en nuestra cotidianidad. Pablo no anhelaba que los filipenses tuvieran solamente el amor; advertía que precisaban también del conocimiento.

La tercera cosa que Pablo deseaba para su gente era el discernimiento (o la comprensión). Se dio cuenta de que debían aprender a utilizar con sabiduría el conocimiento. La clave del discernimiento se encuentra en una relación estrecha con el Espíritu Santo. No hay sustituto para el amor divino, el conocimiento o el discernimiento. Únicamente Dios es capaz de darnos el amor; el conocimiento viene mientras caminamos y nos ejercitamos en practicar ese amor; el discernimiento llega cuando unimos el amor y el conocimiento al abrirnos ante el Espíritu de la verdad. Sólo entonces el amor puede ser sabio, y la vida será creativa y fructífera.

14/enero

más allá de nuestras expectativas

marcos 8.27–38

[Esta gracia] ahora ha sido manifestada por la aparición de nuestro Salvador Jesucristo, el cual quitó la muerte y sacó a luz la vida y la inmortalidad por el evangelio. De este evangelio yo fui constituido predicador, apóstol y maestro de los gentiles (2 Timoteo 1.10–11).

En el tiempo de Jesús, Israel no pensaba a la manera de Dios, y por eso cuando el Señor apareció, lo crucificaron. Lo rechazaron porque no encajó con sus expectativas. Creían que sabían bien cómo iba a venir el Mesías, y cuando Jesús no cumplió con sus esperanzas, decidieron que era un hereje peligroso y lo mataron. Jesús tampoco llenó las ilusiones de los discípulos. Éstos no lo asesinaron, pero sí lo abandonaron; en medio de la batalla, huyeron corriendo.

La razón principal de su fuga fue que no razonaban como él; no lo entendían. Jesús no actuaba de acuerdo a su idea de lo que haría el Mesías, y esto los dejó en confusión y caos.

Una de las cosas que no fueron capaces de comprender fue la grandeza del amor divino y los extremos a los cuales Dios iría para redimir a la humanidad. No esperaban que él efectuara los sacrificios que realizó; desbordó su perspectiva y por eso no percibieron la magnitud de su amor.

¿Hasta qué límites estaba dispuesto a llegar para salvarnos para sí mismo? Tomó forma humana para que lo pudiéramos visualizar en términos asequibles para nuestra mente finita; hizo posible que viéramos a Dios como un mortal a fin de que lo captáramos cuando nos hablara. El amor de Dios y su decisión de encarnarse por el bien de la humanidad fue absolutamente más allá de las expectativas de los discípulos. No atinaban qué hacer con semejante amor sacrificial.

15/enero

un creador que redime

juan 1.1–5

Reinará Jehová para siempre;
Tu Dios, Sión, de generación en generación (Salmo 146.10).

En los Salmos encontramos frecuentemente dos temas entretejidos: Dios el Redentor y Dios el Creador. El Dios del Antiguo Testamento es el Redentor no únicamente de la humanidad sino también de la totalidad de las cosas porque él es el Creador de todo; no hay nada que no sea hecho por él. Y no sólo originó todas las cosas, sino que también las sostiene. Es el único Dios, y todo lo que existe depende de él. Está redimiendo su propia creación, y la historia es el escenario en el cual va a llevar a cabo esta salvación. Es Dios singular y sin rival o competidor; es el Último y el Único. Por eso, es también el Inescapable, quien va a reinar, me guste o no me guste esta realidad.

¿Cómo es este Dios Redentor-Creador? El Salmo 146 nos cuenta de su justicia y su bondad. Tiene compasión para con los huérfanos, los oprimidos, los hambrientos, los prisioneros, los ciegos, los quebrantados, los extranjeros y las viudas. Ama a los rectos y volteará el camino de los malvados, porque es el Guardián eterno de la verdad. Es el único Dios, y gobernará para siempre. Éste es el Dios del salmista y de su pueblo. No es de sorprenderse que el salmista se profundice en la adoración, porque exalta a un Dios que es supremamente benévolo.

16/enero

el abismo que existe

génesis 5

Entonces Jehová Dios formó al hombre del polvo de la tierra, sopló en su nariz aliento de vida y fue el hombre un ser viviente (Gén. 2.7).

Otras religiones antiguas tienen genealogías similares a las que se encuentran en nuestras Escrituras. Sin embargo, las de nuestra Biblia muestran una diferencia significativa: Cuando empujamos las otras genealogías del Antiguo Cercano Oriente hacia su comienzo más lejano, descubrimos que los primeros líderes siempre fueron la prole de por lo menos un dios. Esta procreación puso un puente sobre el abismo entre lo divino y lo humano, para que estas dos especies fueran extremadamente compatibles y continuas. Los dioses no eran nada más que seres súper-humanos, que sufrían y fueron cautivados por los mismos vicios que perturbaban a los mortales.

Los hebreos creían otra cosa. Las Escrituras registran que en el principio absoluto de la raza humana hubo un individuo que no era Dios. La historia se inicia con un hombre que fue un objeto creado, hecho del polvo.

En un pueblo que concibe la presencia divina dentro de lo humano, uno tal vez espera hallar el más alto respeto por la vida, pero no es así. Es solamente cuando uno reconoce sus propias debilidades que puede aceptar y entender el asombroso amor de Dios que condesciende a relacionarse con personas totalmente distintas de sí mismo. Cuando empezamos a comprender el amor divino, increíble y sin par, para el linaje humano, deseamos amarnos el uno al otro con esa misma devoción.

¿Admitimos la bondad de Dios que se expresa en su amor hacia nosotros? ¿Compartimos esta benignidad con los demás que también son objetos de su amor?

17/enero

escojan hoy

josué 24

...Escogeos hoy a quién sirváis; si a los dioses a quienes sirvieron vuestros padres cuando estuvieron al otro lado del río, o a los dioses de los amorreos en cuya tierra habitáis; pero yo y mi casa serviremos a Jehová (Josué 24.15).

Los últimos capítulos del libro de Josué son las palabras finales de este líder del pueblo judío. Los hijos de Israel se encuentran en la tierra prometida, y Josué desea renovar el pacto entre ellos y Yahwéh antes de fallecer. Repasa la historia del pacto, les hace acuerdo de la fidelidad de Dios para con su nación, y les incita a que decidan si van a servir a Yahwéh. Josué está muy consciente de que después de su muerte será muy atractiva la tentación para adaptarse a las creencias cananeas y entiende que ceder ante esta seducción significará la destrucción de la cultura y la fe israelita. El anciano líder está ansioso de que su gente reafirme su lealtad al Dios de Abraham, Moisés, Sinaí y la conquista, y los exhorta a que lo hagan. El pueblo reconoce las intervenciones divinas a favor de ellos y promete serle fiel a Yahwéh.

El llamado que Josué les extiende no está basado en las acciones de Israel para con Dios, sino en las actuaciones divinas para con el pueblo. Dios ha escogido y bendecido a Israel, y el motivo para estarle sujetos debe ser la gran misericordia y gracia que él les ha regalado. Lo mismo es verdad hoy en día. Lo importante no es lo que hemos realizado para Dios sino lo que Dios ha efectuado por nosotros. La liberación de Egipto, el abastecimiento en el desierto, el cruce del Jordán y la conquista de la tierra son retratos históricos de la redención dispuesta para nosotros en Cristo. El Señor proveerá para los que confían en él y les dará gracia para vencer a todos sus enemigos.

La efectividad de la arenga de Josué al pueblo se constata en las palabras con que concluye el manuscrito que lleva su nombre. «Israel sirvió a Jehová durante toda la vida de Josué, y durante toda la vida de los ancianos que sobrevivieron a Josué y sabían todo lo que Jehová había hecho por Israel» (Jos. 24.31). Es necesario que cada individuo en cada generación sucesiva vea por sí mismo la obra de Dios. Cada uno de nosotros tiene que llegar a un encuentro con Dios, donde entremos en un pacto con él. Por eso, la frase para nosotros sigue siendo: «Escojan hoy a quién servirán».

18/enero

puertas cerradas

lucas 18.1–8

Esto dice el Santo, el Verdadero, el que tiene la llave de David, el que abre y ninguno cierra, y cierra y ninguno abre (Apocalipsis 3.7).

Los presidentes de universidades pequeñas a veces pasan por situaciones un poco raras. Una noche yo estaba sentado en la sala de mi casa, rodeado de estudiantes mujeres cuya residencia se encontraba en proceso de remodelación. Mi esposa las había invitado a visitarnos, para darles un interludio de paz y tranquilidad en medio del caos que reinaba temporalmente en su vivienda. Puesto que yo era el único varón presente, me sentía algo incómodo y quería desviar la atención de mí mismo; por eso, sugerí a las chicas que compartieran el testimonio de cómo arribaron a Asbury College.

Una de ellas poseía una historia fascinante. Nos contó que había sido drogadicta y estaba metida en tantas cosas dañinas que la habían echado de otra universidad. Después de esa experiencia, había encontrado a Cristo y él le anunció: «Deseo que asistas a Asbury College». La joven aplicó y la oficina de ingresos rechazó su petición. Ella llamó al director de admisiones y le manifestó: «Voy a Asbury».

Él contestó: «¡No, no puede venir! Su solicitud no fue aceptada».

«Bueno», le replicó la señorita, «Dios me ha ordenado ir y tengo que hacerlo». El jefe de admisiones se puso en contacto con la decana de mujeres, quien se comunicó con la muchacha para repetirle que no había sido aprobada como alumna y que no se debía presentar.

La respuesta de la joven fue: «Sí, entiendo eso, pero tengo que llegar porque Dios me ha dicho que acuda, y ya puse mis maletas en el carro, listas para el viaje».

Asbury la recibió por su perseverancia y su fidelidad al mandato de Dios para su vida. La habíamos excluido inicialmente por sus notas bajas en el otro plantel, pero por la gracia divina logró mejorar mucho su promedio. Mientras su diario caminar se ponía más y más bajo el señorío de Jesucristo, fue capaz de alcanzar metas que antes habían sido imposibles para ella.

A veces Dios nos pide que realicemos cosas que parecen inalcanzables, tanto a nosotros como a los que nos observan. ¿Somos suficientemente persistentes? ¿Somos fieles a él y al llamado que nos ha puesto? Él tiene la capacidad de abrir puertas que nadie puede cerrar.

19/enero

tesoros fatales
lucas 12.13–21

No temáis, manada pequeña, porque a vuestro Padre le ha placido daros el Reino. Vended lo que poseéis y dad limosna; haceos bolsas que no se envejezcan, tesoro en los cielos que no se agote, donde ladrón no llega ni polilla destruye (Lucas 12.32–33).

Conozco a un pastor episcopal que sirvió varios años en una iglesia rural antes de optar por una carrera como docente. Moraba en una finca mientras ministraba a esa congregación. Un domingo por la mañana se ocupaba en algunos quehaceres en el establo de la granja cuando entró corriendo su hija de tres años, con algo agarrado en su mano gordita. Exclamó: «Mira, papi, lo que encontré. ¿No es bonito?»

Mi amigo vio cómo la luz radiante del alba se reflejaba del objeto en su mano. Era una minúscula hoja de afeitar de dos filos. El pastor pensó dentro de sí: *¿Cómo procuro que suelte esa navaja? Si intento quitársela, la va a sujetar más, y si lo hace, tal vez se corte de tal manera que le quede una cicatriz para toda la vida.* El papá preocupado dijo: «Mi hija, ésa es una cosa muy peligrosa. No cierres la mano, querida. Tienes que dársela a papi».

«¡Pero es mía! ¡Lo hallé!» gritó la nena.

«Sí, yo sé, querida, pero es muy amenazadora. Déjame tenerla, por favor». Se le acercó, y la niña comenzó a cerrar su menuda mano. «Por favor, mi hija, no hagas eso. Te vas a lastimar, y tendré que llevarte donde el Dr. Pérez».

«Me cae bien el Dr. Pérez», respondió la chiquilla con una sonrisa. «Me da dulces cuando lo visito». ¡Es muy difícil para un teólogo razonar con una pequeña de tres años!

Por fin, mi amigo adoptó una actitud de curiosidad acerca del nuevo tesoro de su hija. Le aseguró: «Ciertamente es muy bonita. ¿La puedo observar?» Dejó que descansara la mano de ella en la suya, y mientras compartía su placer por lo que había hallado, suavemente extendió los dedos de la niña hasta que pudo levantar el instrumento de riesgo y ponerlo en un lugar fuera del alcance de ella.

Cuando Jesús entra en tu vida y te anuncia: *Déjame a mí el control,* no es porque intenta robarte tus tesoros o anular tu personalidad, sino porque desea protegerte y ayudarte a que seas todo aquello para lo que fuiste creado, sin cicatrices o heridas innecesarias. Ansía unir la sabiduría tuya con la suya, el conocimiento tuyo con el suyo, y el poder tuyo con el suyo. Nunca trata de perjudicarte o destruirte; simplemente te conduce hacia la realización que siempre has anhelado. Si él se te aproxima hoy, ten cuidado de no cerrar la mano con tus riquezas adentro. Abre la mano y entrégaselas todas a él.

20/enero

trabajo destructivo

números 22

El fin de todo el discurso que has oído es: Teme a Dios y guarda sus mandamientos, porque esto es el todo del hombre. Pues Dios traerá toda obra a juicio, juntamente con toda cosa oculta, sea buena o sea mala (Eclesiastés 12.13–14).

Hay dos elementos que pueden ocasionar que el trabajo sea destructivo. Uno es si la labor no sirve para ningún propósito digno, y el otro es si produce culpa en el obrero. El resultado de los dos es inevitablemente dañino. Las personas fueron hechas para crear y para crear algo bueno. Millones de individuos están involucrados en tareas que son devastadoras para otros; el fruto de su gestión no ayuda a ningún fin útil y tiene un efecto perjudicial en los que lo usan. No es de sorprendernos que el alma del jornalero llegue a corromperse. Ningún salario, no importa cuán grande sea, y ninguna afirmación vehemente de beneficio social es capaz de aliviar la conciencia interior del que sabe que el trabajo de sus manos o de su mente ha lastimado o herido a los hermanos por quienes Cristo murió.

En muchos casos, la forma de emplear el tiempo no es obviamente asoladora; simplemente le falta un objetivo meritorio. Los seres humanos no toleran la ausencia de significado; existimos por el valor. Inevitablemente, la función que no aporta algo propósito hará que los procesos naturales de disolución avancen con más rapidez.

¿Cuál es tu misión? ¿Estás dando tu vida por algo que tiene trascendencia e integridad? ¿Tu ocupación lesiona o daña a otros de alguna manera? Si es así, nunca encontrarás en ella ni realización ni felicidad verdaderas.

21/enero

el momento de iluminación

hechos 2

«Porque mis pensamientos no son vuestros pensamientos ni vuestros caminos mis caminos», dice Jehová. «Como son más altos los cielos que la tierra, así son mis caminos más altos que vuestros caminos y mis pensamientos más que vuestros pensamientos» (Isaías 55.8–9).

Cuando mi corazón está limpio, mi razón percibe las cosas con más claridad. Cuando mi corazón está puro, pienso más acertadamente. Puedo ver y escuchar mejor.

Antes del Pentecostés, Pedro nunca captó el significado de la Cruz; cuando Jesús le dijo que tenía que sufrir, Pedro le reprendió. Para el discípulo, la Cruz parecía una equivocación, porque no fue capaz de reflexionar como Jesús lo hacía. Sin embargo, en el día de Pentecostés, Pedro salió del Aposento Alto ungido por el Espíritu Santo, miró a la muchedumbre y anunció: «Esto os sea notorio, y oíd mis palabras» (Hechos 2.14). De repente Pedro comprendió que el Calvario era el cumplimiento de las Escrituras; sabía que la Cruz era el remedio exacto.

El intelecto humano es siempre siervo de algo. Si se somete al auto-interés, buscará justificarlo. Si está tomado íntegramente por Dios, se convertirá en su esclavo. De esta manera, alcanzará a entender sus caminos y contemplar su verdad.

Jorge Müeller tenía cuatro años de ser seguidor de Cristo cuando llegó al punto de una entrega completa. Esa noche, en un período de cuatro horas, Müeller aprendió y vislumbró más de las Escrituras de lo que había discernido en los cuatro años anteriores de su cristianismo, según su testimonio personal. Debemos estar absolutamente rendidos para poder penetrar en los caminos de Dios. Si nuestro corazón está dividido, nuestra mente también lo estará. Si el Señor posee todo nuestro corazón, nuestra mente también se transformará en un instrumento de su Espíritu.

22/enero

el último regalo de Jesús

juan 14.15–31

Y si el Espíritu de aquel que levantó de los muertos a Jesús está en vosotros, el que levantó de los muertos a Cristo Jesús vivificará también vuestros cuerpos mortales por su Espíritu que está en vosotros (Romanos 8.11).

El escenario más tierno en el Evangelio según Juan es el que se desarrolla la noche anterior a la crucifixión. Jesús se despide de sus amigos, quienes por tres años han abandonado casas, familias y vocaciones para seguirlo. Con el paso del tiempo, su cariño y su identificación con Jesús se han profundizado, y ahora están convencidos de que él es el Rey a quien Israel ha esperado. Pero Jesús no experimenta ninguna ilusión; sabe que el día siguiente va a traer lo que algunos considerarán una tragedia, no un triunfo. Es su trabajo preparar a sus íntimos para lo que viene.

El último regalo que quería dejar con ellos es la persona del Espíritu Santo. Estos hombres han construido sus vidas encima de su fundamento, y para ellos, es casi imposible concebir una existencia sin él. Sus recuerdos de los días previos a Jesús son vagos y nublados, y cada uno advierte que nunca deseará volver a una realidad como la que tenía antes de conocer a Jesús. El Señor trata de aliviar su dolor, diciéndoles que va a enviarles Otro que tomará su lugar. Éste continuará guiando, instruyendo y consolándoles. De hecho, permanecerá con ellos para siempre, completando en ellos lo que Jesús ha comenzado. Éste que llega es el Espíritu de Jesús. Cada creyente en Cristo goza del privilegio personal de poseer adentro un río que fluye con vigor y con fruto a través del poder del Espíritu Santo.

Qué tragedia sería vivir sin aceptar este postrer obsequio que Jesús nos dio.

23/enero

el mismo espíritu

juan 14.15–31

Si me amáis, guardad mis mandamientos. Y yo rogaré al Padre y os dará otro Consolador, para que esté con vosotros para siempre: el Espíritu de verdad, al cual el mundo no puede recibir, porque no lo ve ni lo conoce; pero vosotros lo conocéis, porque vive con vosotros y estará en vosotros. No os dejaré huérfanos; volveré a vosotros (Juan 14.15–18).

Me costó largo tiempo caer en cuenta de que el Espíritu que Jesús les entregó a sus discípulos no era solamente la tercera persona de la Trinidad, sino el mismo Espíritu que le había dado poder a la existencia y el ministerio de Jesús. El secreto de la vida de Cristo fue el Espíritu, y este mismo Espíritu anhela ser la fuerza oculta de la vida de usted y de la mía.

El Espíritu fue quien inició la concepción de Jesús, y fue el que lo ungió en su bautismo. La palabra *Cristo* significa «ungido», por eso fue el Espíritu que hizo que Jesús fuera el Cristo. Fue el Espíritu que guió a Jesús al desierto y lo sostuvo durante su período de tentación. El Espíritu fue la fuente de la potestad de Jesús sobre lo demoníaco, y el Espíritu le dio la facultad de perseverar en la Cruz. El escritor de la carta a los Hebreos habla de Cristo como el que «mediante el Espíritu se ofreció a sí mismo sin mancha a Dios« (Heb. 9.14). Fue el Espíritu, junto con el Padre, quien levantó a Jesús de entre los muertos. El Espíritu fue la clave para la experiencia terrenal de Jesús.

En la última noche que Cristo tenía con sus apóstoles antes de sufrir en la Cruz, les dijo que deseaba que ellos experimentaran en sus vidas el mismo Espíritu que había estado en él. Les prometió el Espíritu Santo; y ese ofrecimiento también es para ti y para mí. ¿Lo has recibido? ¿Permites que él te oriente con su voz suave? Es el privilegio que posees como seguidor de Jesús. Lee la promesa en Lucas 11.13:

Pues si vosotros, siendo malos, sabéis dar buenas dádivas a vuestros hijos, ¿cuánto más vuestro Padre celestial dará el Espíritu Santo a los que se lo pidan?

24/enero

su camino es bueno

romanos 8

¿Quién de entre vosotros teme a Jehová y escucha la voz de su siervo? El que anda en tinieblas y carece de luz, confíe en el nombre de Jehová y apóyese en su Dios (Isaías 50.10).

Las personas somos criaturas que, por nuestra limitación, nunca nos sentimos totalmente en casa. Balanceados sobre la fila aguda designada como el presente, el cual se desvanece aun antes de ser nombrado, nunca estamos en condiciones de relajarnos completamente. Somos individuos con un pasado que no podemos olvidar y un futuro que no podemos controlar. La evanescencia del hoy y la incertidumbre de lo venidero producen ansiedad en nosotros. Todo esto es una parte inevitable de ser humanos.

¿Cómo vivimos con una angustia que es fase esencial de nuestra existencia? El cristiano tiene recursos y capacidades que no están disponibles para otros. Primero: El creyente conoce al Único que no se encuentra atrapado en nuestra mutabilidad, al Soberano Dios que creó esta realidad finita, quien reina sobre su universo con un dominio mucho más grande que el de Beethoven cuando dirigía a los músicos en una composición suya. El cristiano vislumbra al Hacedor del porvenir.

Segundo: El cristiano también sabe que la orientación de Dios hacia la humanidad es la misericordia; lo ha probado en la naturaleza, en la gracia, en la abundancia de la vida y en la Cruz de Cristo. Lo ha revelado en el carácter del hombre Jesucristo, su Hijo. Su voluntad para con nosotros es buena, y no puede ser de otra manera, porque su esencia es benigna. Él es amor, y ese amor es para usted.

Pero su amor está condicionado por la verdad. Jesús no habló mucho de su amor, sino que lo demostró. Explicó la verdad y la forma correcta de vivir. Dios, en su poderosa clemencia, ha hecho un camino para ti que conduce al mañana, y es un sendero excelente. Si encuentras esa vía, serás testigo del amor y la bondad divinos. Si fabricas tu propia ruta, la futilidad, el vacío y el descontentamiento te forzarán a que llame Juez al Creador. Si hallas la senda de Dios, lo invocarás como Amigo y Padre.

25/enero

¿primera persona o tercera persona?

éxodo 3

Respondió Dios a Moisés: --«YO SOY EL QUE SOY»...Así dirás a los hijos de Israel: «YO SOY me envió a vosotros» (Éx. 3.14).

Los libros de teología siempre se redactan en tercera persona. Presentan a Dios como un objeto para ser estudiado; es raro escuchar que alguien se convierta mientras examina una obra de ciencia religiosa. Para que un individuo se reconcilie con el Señor es necesario que antes lo entienda en la primera persona y no en la tercera. Dios tiene que ser el sujeto y nosotros la materia. Desafortunadamente, la mayor parte del cristianismo parece ser un esfuerzo masivo por mantener a Dios en la tercera persona. Pero no hay salvación hasta que él esté en primera persona y lo enfrentemos cara a cara.

Dios se identifica ante Moisés como YO SOY EL QUE SOY. Otra manera de expresarlo es YO SOY 'YO SOY'. Dios quería que Moisés le dijera al pueblo que YO SOY lo había enviado; deseaba estar en primera persona no sólo para el líder, sino también para cada hombre, mujer y niño de los israelitas. Lamentablemente, los escribas que tradujeron el Antiguo Testamento al griego (la Septuaginta) cambiaron YO SOY EL QUE SOY a «YO SOY el que es». Esta variación transfirió el énfasis desde la primera persona hebraica hasta la tercera persona griega.

Para ti, ¿está Dios en tercera o en primera persona? ¿Hablas de él, trabajas para él, lees de él? ¿O hablas, trabajas y lees con él? ¿Es tu vida una comunión directa, cara a cara, con YO SOY?

26/enero

completando el calvario

2 corintios 6.1–12

Así, pues, nosotros, como colaboradores suyos, os exhortamos también a que no recibáis en vano la gracia de Dios (2 Cor. 6.1).

No hay ninguna duda de que Dios es todopoderoso y que la salvación siempre es por completo la obra exclusiva de él. Sólo Dios es capaz de hacerlo. Sin embargo, la realidad es que cuando él interviene para rescatar a los mortales, extiende la mano e invita a uno de nosotros para que cooperemos con él en ese proceso redentor. Lea Isaías 50.2; 59.16; 63.5 y Ezequiel 22.30. Sabemos que cuando quiso liberar a Israel, usó a Moisés. Y cuando deseó desplegar su misericordia al mundo gentil, llamó a Pablo. El Señor busca a quienes se dispongan a colaborar con él para recuperar a los suyos.

Debemos disponernos a trabajar con Dios, no para él. Sólo él puede salvar, pero ha creado las relaciones humanas de tal forma que los que se entregan a él se convierten en sus herramientas para alcanzar la tierra.

De la misma manera, es el cirujano el que opera, no el cuchillo. Sin embargo, somos diferentes del cuchillo porque éste no tiene opción, pero nosotros sí la tenemos. Podemos rehusar ser instrumentos de Dios, o podemos permitir que nos transforme en sus ayudantes. Qué privilegio tan alto dejar que la potencia salvadora de Dios actúe a través de nosotros.

27/enero

una promesa a la verdad
juan 8.32; 14.6; 18.38

El es la Roca, cuya obra es perfecta, porque todos sus caminos son rectos. Es un Dios de verdad y no hay maldad en él; es justo y recto (Deuteronomio 32.4).

Cada cristiano tiene la obligación de ser estudiante de la verdad. De hecho, somos llamados a entrar en una relación de amor con ella. Es la verdad, no el conocimiento ni la destreza, lo que realmente nos libera y nos hace ser creativos. La verdad es una palabra fuerte; hay algo casi ominoso acerca de ella. No debemos tomarla a la ligera.

El conocimiento es otra cosa. Es algo que somos capaces de adquirir, controlar y usar. Cuando llega a ser nuestra posesión, lo dominamos y su captación nos da beneficios. La verdad no es así. La verdad debe atraparnos a nosotros y someternos en vez de ser subyugada por nosotros. Hay un implacable elemento de demanda moral en la verdad; su centro y su enfoque están en el otro. No importa que hayamos avasallado la verdad o que la podamos refrenar; lo que cuenta es que nos rindamos ante ella y que estemos dispuestos a obedecerla.

Alguien ha sugerido que la verdad es parecida a una novia o un novio que no será vislumbrado plenamente hasta que cedamos ante su reclamación de compromiso y le demos la promesa de lealtad incondicional.

28/enero

volviendo al peligro

génesis 32

*Vuélvete a la tierra de tus padres, a tu parentela,
y yo estaré contigo (Gén. 31.3).*

Hay algo en nosotros que nos impulsa a huir de nuestros problemas. Tendemos a ser escapistas, queriendo dejar atrás las cosas dolorosas que nunca más deseamos enfrentar. En las Escrituras Dios tiene una manera irónica y maravillosa de hacernos volver a confrontar las experiencias que ansiamos sepultar o ignorar. Dios no permite que nos quedemos sin sanarnos. Es su interés hacernos encarar las dificultades que hay en nuestra existencia y darnos la victoria sobre ellas. Nunca somos conquistadores cuando nos fugamos; no podemos ser más que vencedores por la gracia de Dios hasta que demos la cara a nuestros conflictos y los sojuzguemos.

Dios le dijo a Jacob que regresara a la tierra de Canaán, el territorio del cual se había marchado, la región donde moraba el hermano a quien Jacob había ofendido. Jacob esperó hasta que Dios lo llamó específicamente a que fuera, y me imagino que la primera pregunta del patriarca en respuesta a ese mandato fue: «Señor, ¿Esaú todavía vive?» Esaú vivía, y la presencia personal de Dios fue el único ofrecimiento de seguridad entregado a Jacob.

¿Estás evadiendo los temores ocultos en tu vida? Es posible que Dios te pida que retornes al lugar que abandonaste para que derrotes tu miedo y tu sufrimiento. Su promesa de protección es la promesa de su presencia.

29/enero

la protección divina

génesis 3.7–24

Y Jehová Dios hizo para el hombre y su mujer túnicas de pieles, y los vistió (Gén. 3.21).

La ropa que Yahwéh hizo para Adán y Eva después de que desobedecieron es análoga al velo del templo que dividió el santuario del Lugar Santísimo. Ni las túnicas de piel ni la cortina existían simplemente para cubrir algo bello; las dos servían para resguardar lo hermoso de la depravación. Adán y Eva necesitaron atavíos sólo cuando el amor se convirtió en concupiscencia y comenzaron a verse como objetos distintos para el uso personal del otro. Las vestiduras no se diseñaron para separarlos sino para salvaguardarlos de los resultados de la desunión causada por el pecado. El velo del templo no estaba colocado para distanciar al pueblo de Yahwéh, sino para protegerlo de la tentación de pensar que había encontrado al Señor y que lo podía controlar.

La diferencia entre los israelitas y los pueblos aledaños no fue que los primeros tuvieran un Dios y los cananeos no; éstos idolatraban a muchos dioses. La distinción estaba en que los israelitas adoraban al único y verdadero Dios, quien podía redimir, salvar y bendecir. Los ídolos de los cananeos no sólo fueron estériles e impotentes, sino también contaminantes. Dios quería que los hijos de Israel supieran que conocían al auténtico Dios, y deseaba defenderlos de la corrupción.

Las cosas en nuestras vidas que parecen ser restricciones divinas que impiden que obtengamos lo que anhelamos, son realmente sus cercas guardianas para que no nos lancemos a las aguas sucias de la transgresión. No resistamos sus esfuerzos de ampararnos y de cuidarnos para todo lo lindo, puro y limpio.

30/enero

un futuro condicional

deuteronomio 28

A los cielos y a la tierra llamo por testigos hoy contra vosotros, de que os he puesto delante la vida y la muerte, la bendición y la maldición; escoge, pues, la vida, para que vivas tú y tu descendencia, amando a Jehová, tu Dios, atendiendo a su voz y siguiéndolo a él, pues él es tu vida, así como la prolongación de tus días, a fin de que habites sobre la tierra que juró Jehová a tus padres, Abraham, Isaac y Jacob, que les había de dar (Deut. 30.19–20).

¿Sientes ansiedad o incertidumbre acerca de tu futuro? Detentas un papel significativo para jugar en la determinación de cómo será ese mañana. Tu cometido es estar en relación con Aquel que controla cada porvenir. Observa el mandato de Dios para Israel antiguo: «Nunca se apartará de tu boca este libro de la Ley, sino que de día y de noche meditarás en él, para que guardes y hagas conforme a todo lo que está escrito en él, porque entonces harás prosperar tu camino y todo te saldrá bien» (Josué 1.8).

Dios había dado a Israel su palabra a fin de que ellos lograran saber cómo ordenar sus vidas para vincularse apropiadamente con él. Si centraran su peregrinar alrededor de su dirección, lo venidero sería bueno. Los israelitas eran los únicos que podían destruir su propia posterioridad. Lo mismo es verdad para nosotros; nadie es capaz de impedir el futuro que Dios tiene planeado para nosotros, excepto nosotros mismos.

Los días que están por delante de nosotros deben ser mejores que los que quedaron atrás. Si es así, no ocurrirá por lo que realicemos por nosotros mismos, sino simplemente porque hemos establecido una dependencia correcta con Aquel quien fue, quien es y quien vendrá, y porque nos hemos quedado en comunión con él. Regocíjate en tu esperanza, porque él es nuestro porvenir.

31/enero

entregándome
juan 19.25–27

Padre, perdónalos, porque no saben lo que hacen (Lucas 23.34).

Uno de los más grandes testigos de la fe que he observado fue una señora que decidió que sus hijos necesitaban la religión. Por eso, comenzó a llevarlos a la Escuela Dominical cada semana, pero nunca ingresó con ellos. Mientras sus vástagos aprendían de Jesús, compartían con ella, por lo que empezó a crecer dentro de la mujer una tremenda hambre por conocer a Cristo. Se puso tan desesperada que conquistó su miedo de asistir a la iglesia y entró a sentarse en la última fila de una clase de la Escuela Dominical, temblando con el temor de que tal vez se viera precisada a responder alguna pregunta. Pero en vez de la humillación, halló al Señor.

Alcanzó a desarrollar un admirable ministerio de visitación. Había algo radiante en ella que abría cualquier puerta. Cuando la distinguí por primera vez, me pareció una persona muy linda; fue sólo después de mucho tiempo que me di cuenta de que en realidad no gozaba de mucha belleza física, sino que el amor de Jesús brillaba en ella con hermosura.

Esta dama se enfermó con cáncer, y se encontró en una clínica, conectada a una variedad de tubos y máquinas. Un día le consultó al médico cuánto tiempo lograría subsistir sin los aparatos, y él indicó que duraría más o menos una semana.

«Doctor», le inquirió, «¿cuánto tiempo viviré si me mantengo con estas máquinas?» Le contestó que serían más o menos seis semanas. «Quítenmelas», dijo la señora. «Prefiero pasar esas últimas cinco semanas con Jesús».

Su esposo la visitó y ella le pidió: «Quiero que ores conmigo acerca de la hora de mi deceso. Si fallezco durante la noche, la enfermera nocturna estará muy angustiada, porque hemos llegado a ser buenas amigas. Pero si muero a eso del cambio del turno, a las 02H45, la enfermera del día estará aquí también, y juntas podrán manejar mejor su tristeza».

Veinticuatro horas después, a las 02H45, ella expiró. No sabía lo que le esperaba, pero comprendía a quién iba, y por esa seguridad, sus pensamientos postreros tuvieron que ver con el bienestar y la consolación de otros. ¿No sería maravilloso caminar de tal manera que, cuando nos toque perecer, no meditemos en nosotros mismos sino en los demás? Ésta es la verdadera libertad, entregarnos para otros hasta el último momento de la existencia.

Esto es exactamente lo que hizo Jesús cuando le traspasó el cuidado de su madre a su discípulo Juan. En los instantes finales de su vida, pensaba en otros.

1/febrero

la fe desde una cruz
lucas 23.39–43

Acuérdate de mí cuando vengas en tu Reino (Lucas 23.42).

Según Juan Calvino, el mejor ejemplo de la fe en toda la Biblia es el del ladrón que expiraba en una cruz al lado de Jesús, porque le dijo: «Señor, acuérdate de mí cuando vengas en tu Reino». ¿Qué habrán pensado los que se encontraban al pie de esos maderos cuando escucharon esas palabras? Tal vez especularon que la agonía de ese criminal lo había vuelto loco, porque había nombrado a Jesús «Señor». ¿Señor de qué? Jesús no había podido retener su propia ropa; los soldados sentados debajo de la cruz habían echado suertes por su túnica. Su corona fue hecha de espinas. Su único séquito incluía a unas mujeres y a Juan; todos los demás lo habían abandonado. Fue un objeto de ira para el Estado y para la sinagoga, y aun Dios lo había dejado solo. Pero el malhechor habló del señorío de Jesús y de su reino. ¿Qué observó que nadie más fue capaz de captar?

Las Escrituras dejan en claro que hay un mundo invisible, tan verdadero como el visible, y que sólo la esfera inmaterial le da sentido a lo que conseguimos percibir con el ojo físico. Pero pocos poseen la capacidad para escudriñar el plano incorpóreo. Moisés la tenía, y el redactor explica que ése fue el secreto de la vida maravillosa del patriarca: «Se mantuvo firme como si estuviera viendo al Invisible» (Heb. 11.27, NVI). Moisés logró mirar lo que otros no divisaron, y lo que descubrió le dio un nuevo entendimiento de la realidad. Lucas nos cuenta cómo Cleofas y su amigo caminaban con Jesús en la ruta hacia Emaús y no lo reconocieron hasta que «se les abrieron los ojos» (Lucas 24.31).

Los ojos de un delincuente moribundo se abrieron, y éste contempló y creyó. Ésta es la obra particular del Espíritu de Dios y es la marca de los que Dios ha tocado. Pedro menciona a los que han sido llamados «de las tinieblas a su luz admirable» (1 Ped. 2.9).

Mientras el sol escondía su rostro y la oscuridad cubría la tierra al mediodía por lo que estaba ocurriendo en el Gólgota, una luz brilló en el corazón de un bandido y vislumbró lo que otros no alcanzaron a notar.

¿Lo puedes ver?

2/febrero

eternamente hombre
mateo 1.18–23

«Dará a luz un hijo, y le pondrás por nombre Jesús, porque él salvará a su pueblo de sus pecados.» Todo esto aconteció para que se cumpliera lo que dijo el Señor por medio del profeta: «Una virgen concebirá y dará a luz un hijo y le pondrás por nombre Emanuel» [que significa: «Dios con nosotros»] (Mateo 1.21–23).

Jesús nos da una imagen de Dios muy diferente a la que nosotros desarrollamos en forma espontánea. Por mucho tiempo, yo creí que Dios era el Señor soberano y el Juez final, quien se sentaba en su trono observándome minuciosamente para castigar todos mis fracasos y para recordarme el gran abismo existente entre él y yo. Pero éste no es el retrato bíblico de Dios, quien no sólo es Señor y Juez, sino también Emanuel, «Dios con nosotros»--y esta preposición «con» tiene muchos matices de significado.

«Con» sugiere identificación. Dios, en Cristo, se hizo hombre. La distancia y la diferencia fueron conquistadas por ese «con» implícito en Emanuel. Aceptó nuestra condición y nuestro dilema. Pablo dice en 2 Corintios 5.21 que Dios «hizo pecado al que no conoció pecado, por nosotros». Llevó nuestra soledad y nuestra muerte cuando clamó: «Dios mío, Dios mío, ¿por qué me has abandonado?» (Mateo 27.46).

Pero Dios quería que ese «con» fuera recíproco. Decidió hacerse uno con nosotros porque deseaba que nosotros fuéramos uno con él. Y lo asombroso es que anhelaba que fuéramos uno no únicamente en el destino. Este «con» habla del lugar, pero a la vez expresa mucho más; comunica también el carácter. Es por eso que Dios insistió en que Israel fuera santo. Están obligados a ser santos si iban a cumplir su misión santa. Su imperativo era ser aún más santos si aspiraba a estar con Dios, porque él anunció: «Yo soy santo.» Es por eso que una de las promesas más gloriosas de la Biblia es la práctica del Nuevo Testamento cuando se refiere a todos los creyentes en Cristo como «santos». El Padre, a través del sacrificio de Cristo, hecho como uno de nosotros, puede poner su vida en nuestro interior de tal manera que nosotros, a pesar de ser pecadores por naturaleza, logremos hacernos compañeros de Dios. Sí, y más que compañeros. Somos los hijos del Padre y la novia de su Hijo. Jesús es Emanuel, «Dios con nosotros», para que consigamos estar con él de una manera maravillosa.

3/febrero

los jinetes de dios

zacarías 1.1–17

Estos son los que Jehová ha enviado para recorrer la tierra (Zac. 1.10).

Hay períodos cuando los cristianos llegamos a sentirnos desanimados con nosotros mismos, y en nuestra desesperación nos preguntamos si realmente somos capaces de ser lo que Dios nos creó para ser. Generalmente estos instantes nos vienen después de algún fracaso, cuando comprendemos que no hemos hecho lo que el Señor quería que realizáramos. Volvemos a Dios en arrepentimiento, pero queda en nuestro corazón la tristeza de entender que hemos fallado.

El pueblo de Israel se encontraba exactamente en esta situación durante el cautiverio en Babilonia. De modo que intentaron resignarse en medio de su desgracia porque pensaron que posiblemente Dios no podía hacer nada más por ellos. Comenzaron a hundirse en la autocompasión, imaginando que el Señor los había olvidado. Éste es un lugar miserable para cualquier creyente, Sucumbir a la auto-conmiseración y acusar a Dios de abandono.

Zacarías, un profeta enviado al pueblo de Judá durante su estancia en Babilonia, recibió una visión. Observó a algunos jinetes que recorrían toda la tierra, y le inquirió al Señor acerca de ellos. Dios le respondió que los cabalgadores eran sus agentes, cuya misión era explorar el mundo e informarle de lo que hallaran. Dios sabía exactamente lo que ocurría con su gente, y deseaba asegurárselos.

No hay ningún evento que suceda del cual Dios no esté consciente. Tal vez juzguemos que nos ha relegado, pero él conoce cada momento y cada hora de nuestra existencia. Advierte todo lo que nos acontece. Sus ojos están puestos en nosotros y nunca se quitan de ahí. No nos desampara, y nunca estamos fuera del alcance de su mirada.

4/febrero

los leones en cadenas

zacarías 1.18–21

Porque así ha dicho Jehová de los ejércitos: «Tras la gloria me enviará él a las naciones que os despojaron, porque el que os toca, toca a la niña de mi ojo» (Zac. 2.8).

El pueblo de Israel había sufrido severamente. Habían sido llevados al cautiverio en Babilonia, y cuando por fin pudieron volver a su patria, la hallaron en ruinas. Su capital y su templo habían sido destruidos. Aunque estaban en su propia tierra, eran títeres de los imperios que contendían por la supremacía en el mundo. Los israelitas vivían con miedo cada día. En este contexto, vino Zacarías con una profecía para recordar a Israel que detrás de las fuerzas que lo rodeaban, había un poder mayor que ellas, y que ese poder era benévolo.

La visión de Zacarías era de cuatro cuernos que representaban a las potencias que habían pisoteado a Jerusalén y sus ciudadanos, los reinos que Israel había temido. Pero Zacarías también miró a cuatro carpinteros, quienes tumbaron los cuatro cuernos que habían dejado en desolación a Israel. Dios usó este oráculo para hacerle acuerdo a su pueblo de que la potestad última estaba en las manos de él, quien determinaría el subir y el bajar de todas las fortalezas que lo tocaran. Ninguna nación era capaz de avanzar más allá de su control. De la misma manera, los dominios externos nos golpean sólo con el permiso divino; no poseen ninguna autoridad para derribarnos.

Hay una escena preciosa en *El progreso del peregrino*, por Juan Bunyan. Cristiano, el héroe, y sus compañeros enfrentan a dos leones feroces que bloquean su camino; la senda pasa justo entre las dos bestias. Los caminantes se sienten aterrorizados hasta que observan que cada felino está encadenado de tal manera que no logra llegar hasta el estrecho sendero. Los animales consiguen rugirles a los viajeros, pero no alcanzan a rozarlos. Los peregrinos tiemblan pero prosiguen con seguridad. Las fieras en la vía del creyente nunca están libres, y Aquel que tiene sus cadenas en la mano es un carpintero de Nazaret.

5/febrero

dios, nuestro muro de protección

zacarías 2

...Jerusalén no tendrá muros. Yo seré para ella, dice Jehová, un muro de fuego a su alrededor, y en medio de ella mostraré mi gloria (Zac. 2.4–5).

Los cristianos tienden a estar a la defensiva. Habitan en un mundo extranjero que no entiende la perspectiva y los valores del creyente; cuando esa sociedad se pone hostil, los piadosos buscan protección y seguridad. En vez de salir marchando con gozo para conquistar la humanidad para Cristo, marcamos perímetros y construimos paredes.

Israel había sufrido gravemente en las manos de sus enemigos. Jerusalén y el templo habían sido destruidos, y el pueblo había sido exiliado en Babilonia. En el tiempo de Zacarías, algunos habían regresado a Judá y comenzaron a reedificar el lugar. En una visión Zacarías observó a un hombre con una regla que salía para determinar el tamaño de la urbe y decidir dónde levantar sus muros. Un mensajero celestial apareció y anunció: «Corre a decirle a ese joven: 'Jerusalén llegará a ser una ciudad sin muros'» (Zac. 2.4, NVI). La capital de Dios no serviría para contener algo, sino para desbordarse con algo. Desde ella fluiría el conocimiento del Señor hasta todos los confines de la tierra y hasta el fin de los siglos.

Pero si Jerusalén no contaba con cercas, ¿dónde estaba su resguardo? El Señor afirma: «Yo seré un muro de fuego a su alrededor, y en medio de ella mostraré mi gloria» (Zac. 2.5). La presencia de Dios mismo sería el esplendor y la defensa del sitio. Jerusalén iba a ser el cordón umbilical por el cual la gracia podría correr hacia todo el planeta. Debía estar abierta, no amurallada. La presencia de Dios garantizaría su invulnerabilidad y la unción divina sería su éxito.

¿Tienes miedo de vivir sin vallas? Escóndete en su presencia y descubrirás que allí radica tu refugio inexpugnable.

6/febrero

dios el Padre (parte 1)
efesios 3.14–20

Por esta causa doblo mis rodillas ante el Padre de nuestro Señor Jesucristo, de quien toma nombre toda familia en los cielos y en la tierra (Efes. 3.14–15).

Es sorprendente descubrir en las Escrituras cuán íntimamente Dios desea relacionarse con nosotros. Hay mucho en los Evangelios acerca del Reino; Jesús les enseñó a sus discípulos: «Dondequiera que vayan, prediquen este mensaje: 'El reino de los cielos está cerca'» (Mateo 10.7, NVI). Es claro que Dios es Señor sobre toda su obra, pero una imagen anterior usada en la Biblia establece la índole del gobierno de Dios. Antes de que él fuera monarca, fue Padre, y esta última condición es más esencial que su rol como soberano. En este papel, se conecta con todo el universo, sobre el cual rige y regirá. Pero en su posición de progenitor, demuestra un vínculo que existía dentro de la verdadera naturaleza divina aún antes de que él hablara la palabra creativa. En el seno de la eternidad, antes de que hubiera tiempo y espacio o humanidad, la segunda persona de la Trinidad no llamaba a la primera *Señor*, sino *Padre*. Por eso la familia es una realidad social más primordial que el reino. El origen de la familia no está en las edades sino en Dios.

Pablo entendió todo esto. En 1 Corintios 15.20–28 nos cuenta cómo Cristo destruirá «todo dominio, autoridad y poder» (15.24, NVI). Ha puesto a todos sus enemigos bajo sus pies, y entregará el mando al Padre de quien vino. En Apocalipsis 21.6–7 Juan nos aclara que cuando todo termine y el fin venga, los que han bebido de «la fuente del agua de la vida» (NVI) y que han vencido, heredarán todas las cosas, y Dios será su Dios y ellos serán sus hijos. Es por eso que Jesús expresó: «Cuando oren, digan: 'Padre nuestro'» (Lucas 11.2), y es por eso además que los nuevos creyentes reconocen dentro de su espíritu una voz nacida del Espíritu Santo que clama: «Abba, Padre» (Gál. 4.6).

La unión papá-hijo, la familia, es un concepto infinito; no es meramente temporal o histórico. Cada individuo tiene una parentela; los seres humanos moran con los suyos. ¿No es porque Dios también habita en familia? Los primeros cristianos lo comprendieron y por eso iniciaron su declaración de fe con la frase: «Creo en Dios Padre».

¿Necesitas permitirle al Espíritu Santo que cambie tu respuesta cuando escuchas los términos *Padre* o *familia*? Algunos de nosotros pertenecemos a clanes tan rotos y disfuncionales que asumimos que Dios el Padre no es bueno y que una familia celestial será la misma pesadilla que nuestra experiencia terrenal. No es verdad. No dejes que tu quebrantamiento impida que encuentres la sanidad en la familia perfecta.

7/febrero

dios el padre (parte 2)

juan 17.24–26

Cuando oren, digan: «Padre nuestro» (Lucas 11.2).

Los líderes de la iglesia durante los primeros tres siglos del cristianismo enfatizaron que Dios era Padre. Su amor personal para Dios el Padre ejercía una influencia fuerte y profunda en sus obras, sus teologías y sus vidas. Decidió sus oraciones, sus liturgias, sus doxologías y aun sus declaraciones de fe. Observa el primer elemento en el Credo Apostólico: «Creo en Dios Padre». Antes de una aseveración de la soberanía de Dios o el reconocimiento de Dios como Creador, la Fuente de todo, viene la afirmación de que Dios es progenitor. El principio de todas las cosas procede de un papá.

La metáfora de una familia es primaria para la iglesia primitiva. Durante la Edad Media y hasta hoy, el retrato de Dios como el Juez, envuelto en el lenguaje de la corte y el sistema legal, ha predominado, pero esta noción fue secundaria para los padres de la iglesia. Para ellos, los conceptos de reconciliación y sanidad fueron aún más importantes que el de la justificación. La figura fue mucho más íntima y, en mi opinión, mucho más poderosa.

Elevar la representación de Dios como Padre, de tal manera que ésta llegue a ser la imagen principal que tenemos de Dios, no disminuye sus otros roles, sino que nos ayuda a entenderlos mejor. Si el Juez es nuestro Padre, el proceso judicial será muy diferente que si se tratara solamente de un tercero desinteresado. Debemos recordar que antes de que Dios formara a cualquier otro ser, fue Padre. En su esencia infinita, Dios es Padre, desde la eternidad hasta la eternidad.

8/febrero

dios el padre (parte 3)
juan 14.9-14

«Padre nuestro que estás en los cielos» (Lucas 11.2).

Nosotros los cristianos a veces nos olvidamos de cuán privilegiados somos. Gozamos de los muchos beneficios del evangelio que los devotos de otras religiones no alcanzan a comprender. Hace varios años tuve el honor de oír el testimonio de la conversión de una mujer pakistaní, cuyo esposo fue miembro mayor del gobierno de ese país durante bastante tiempo. Esta señora contó cómo leía el Nuevo Testamento y cuán difícil era para ella entender la posibilidad de comenzar una oración con la frase «Padre nuestro». Una cosa que ella sabía de Alá fue que era totalmente diferente a las personas. Era tan mayor y tan distinto a los individuos que no se podía usar las categorías humanas para referirse a él, peor aún una clasificación tan singular y tan entrañable como «padre».

Afirmó que cuando llegó a la fe en Jesucristo, su primera reacción fue levantar el corazón y decir: «Padre». Inmediatamente después de emitir ese vocablo, cayó atemorizada al suelo, esperando que Dios la matara por haberle hablado de esa manera. En cambio, escuchó la voz divina, llena de todo su amor y compasión; pronunció una sola palabra: «Hija». Recordó: «Rompí a llorar sin ser capaz de parar cuando me di cuenta de que el Dios soberano y grande deseaba relacionarse conmigo en ese tipo de intimidad familiar».

Él es nuestro papá. ¿Necesitamos un recordatorio de la profundidad del amor y la misericordia que rebosa hacia nosotros?

9/febrero

el dolor de jesús

marcos 14.32–42; Juan 18.1–2

Al que no conoció pecado, por nosotros lo hizo pecado, para que nosotros seamos justicia de Dios en él (2 Corintios 5.21).

En la noche anterior a su crucifixión, Jesús salió del Aposento Alto y guió a los once discípulos por la puerta de la ciudad y por el riachuelo del Cedrón en camino a su retiro en el Monte de los Olivos. No es por casualidad que Juan menciona el cruce del valle del Cedrón. La sangre de los animales sacrificados en los altares del templo corría hacia ese arroyo, y en esa época sus aguas deben haber sido rojas por la sangre de las ovejas de la Pascua. Dentro de los muros de Jerusalén no hubo espacio para jardines, por eso los ciudadanos ricos tenían huertos fuera de la población. Uno de estos, la propiedad de un amigo de Jesús, había sido su lugar de recogimiento nocturno durante la Semana Mayor.

Los discípulos estaban fatigados por los eventos de esos últimos días y deseaban dormirse, pero Jesús les pidió que esperaran un rato mientras él se apartaba para orar. El Señor llevó consigo a Pedro, Jacobo y Juan, y se adentró más en el lugar, mientras un sufrimiento y un dolor indecibles caían sobre su alma. «Quédense aquí y vigilen» (Mar. 14.34, NVI), Jesús les imploró, pero aunque sus espíritus estaban dispuestos, su carne era débil. No alcanzaron a velar con él una hora. No fueron capaces de apoyarlo y animarlo cuando él, el más lindo Señor Jesús, el Hijo de Dios y el Hijo del hombre, necesitaba su ayuda. No lograron hacerlo, por eso un ángel fue enviado del cielo para ministrarlo en su aflicción en tanto que «derramaba su vida hasta la muerte» (Isa. 53.12) y mientras el que «no conoció pecado» se preparó para «ser hecho pecado por nosotros, para que nosotros fuéramos justicia de Dios en él» (2 Cor. 5.21).

Cuán agudamente debe haber sentido la maldad del mundo encima de él para que clamara y suplicara socorro. Cuán terrible debe haber sido su carga que gritó: «Padre, ... aparta de mí esta copa» (Mar. 14.36). Nunca debemos pensar que cuando él dio «su vida en rescate por todos» (Mat. 20.28), pagó un precio barato. La salvación es gratuita para nosotros—no la podemos comprar—pero le costó todo a él. No tomemos a la ligera nuestra transgresión, la cual presionó tanto a Jesús que su sudor se convirtió en grandes gotas de sangre que mancharon el suelo de ese vergel.

10/febrero

un modelo en medio del sufrimiento
mateo 26.36–46

Yendo un poco adelante, se postró sobre su rostro, orando y diciendo: «Padre mío, si es posible, pase de mí esta copa; pero no sea como yo quiero, sino como tú» (Mateo 26.39).

En el Getsemaní vemos dos respuestas distintas al sufrimiento: la sumisión de Jesús y el miedo de los apóstoles. Aprendamos de Jesús cuál debe ser nuestra actitud cuando la vida se pone dolorosa—una disposición de oración sincera a nuestro Padre que está en los cielos. No tratemos de sostenernos en pie por nuestra propia fuerza, sino que asimilemos una nueva dependencia de él. La persona que se sujeta a Dios en medio de las pruebas y la congoja es la que Dios logrará usar. Sobre todo, es preciso que rindamos nuestros anhelos a él: «No sea como yo quiero, sino como tú». Nuestros problemas más grandes no resultan de los conflictos, sino de nuestra resistencia a ellos y de nuestros ojos cerrados que no perciben la voluntad de Dios revelada en esas dificultades. ¡Gracias a Dios por nuestras contrariedades! ¡Nos empujarán hacia él!

Los discípulos no siguieron el ejemplo de Jesús, sino que se marcharon en su momento de mayor debilidad. Miraron sus circunstancias en vez de contemplarlo a él, y por eso lo dejaron y huyeron. ¡Cuánto tormento él debe haber sentido! Pedro lo negó tres veces. ¡Cuánta angustia debe haber traspasado su corazón! Clamemos y vigilemos para que no caigamos en la tentación y para que no desertemos cuando las circunstancias se complican. El Señor no nos echará cuando caigamos, y nos ha dado un escape para que no vacilemos (1 Cor. 10.13); su gracia nos puede sustentar aun cuando la oposición sea grande.

Jesús busca hombres y mujeres, jóvenes y ancianos que perseveren para él, que lo pongan en primer lugar, no sólo cuando la existencia sea agradable. Cuando nuestro caminar incluya el malentendido, el sarcasmo, el menosprecio y la persecución, su favor será capaz de mantenernos fieles.

No nos desamparará. ¿Lo vamos a abandonar?

11/febrero

la santidad como presencia
jeremías 9.23–24

Santifícalos en tu verdad: tu palabra es verdad. Como tú me enviaste al mundo, así yo los he enviado al mundo. Por ellos yo me santifico a mí mismo, para que también ellos sean santificados en la verdad (Juan 17.16–19).

Jesús usa con poca frecuencia la palabra *santo* en los Evangelios. En una ocasión, cita un proverbio rabínico: «No deis lo santo a los perros» (Mat. 7.6), pero aparte de esa referencia, hasta la oración en Juan 17, utiliza dicho término para aludir exclusivamente a Dios el Padre, a Dios el Espíritu Santo o a Dios el Hijo (o sea, a sí mismo). De repente, en la última noche de su vida terrenal, cuando enfrenta la Cruz, sabiendo todo lo que significa para él, ruega por sus discípulos y le pide al Padre que los haga santos (Juan 17.17). Por primera vez el lector encuentra un indicio de que es probable que las personas compartan la santidad divina.

Cuando Dios pone su santidad en un corazón de hombre, ella no se convierte en una posesión humana. En cambio, cuando la presencia de Dios mismo entra y llena el interior de alguien, hace factible que ese individuo participe del carácter puro de Dios. Es posible que el Santo llegue y more en ti para que comiences a reflejar su imagen. ¿La presencia de Dios rebosa tu vida?

12/febrero

un sendero de luz

isaías 58.8–9

Porque no saldréis apresurados ni iréis huyendo, porque Jehová irá delante de vosotros, y vuestra retaguardia será el Dios de Israel (Isaías 52.12).

El Señor Dios dice que irá delante de nosotros y detrás de nosotros también. Será nuestra protección doble. Creo que el Señor desea guiar a algunos de nosotros en direcciones nuevas y que a lo mejor hay un poco de pánico en tu corazón al pensar en esto. Tal vez Dios anhele que entres al ministerio cristiano a tiempo completo, o quizás te pida que vayas como misionero trans-cultural, o acaso quiera que cambies de carrera de alguna manera u otra. Si Dios te está hablando sobre un futuro que te hace sentirte nervioso, no olvides que él caminará frente a ti. Nunca te enviará sin su presencia personal. No es cuestión de simplemente partir por él, sino de seguirlo. Si el Cristo eterno marcha a la vanguardia de nosotros, ¿qué temeremos?

Dios no sólo nos orienta, sino que también nos defiende como retaguardia. La persona que no avanza rodeada por la presencia de Dios anda en un engaño. Puede ser que pase treinta años viviendo en medio de esa situación delusoria, pero al fin y al cabo ésta producirá solamente la esterilidad, el vacío y la bancarrota. Sólo el que ha colocado su mano en la de Cristo y que ha prometido acompañarlo a cualquier lugar, en cualquier momento, de cualquier forma para hacer cualquier cosa, tiene un porvenir seguro, bueno y eterno.

¿Has puesto tu mano puesta firmemente en la de Cristo, sin vacilar y sin dudar de proseguir con él adondequiera que él le indique? Si escoges viajar sin su amparo, tu mañana contendrá derrota y tinieblas, pero si permites que él te envuelva completamente, tu destino será un sendero de luz, verdad y esperanza.

13/febrero

un cristiano bien equilibrado

1 corintios 9.24–27

¿No sabéis que los que corren en el estadio, todos a la verdad corren, pero uno solo se lleva el premio? Corred de tal manera que lo obtengáis (1 Cor. 9.24).

Una vez, cuando mi hijo estaba disfrutando una temporada en nuestra casa, en medio de su entrenamiento médico, él y yo conversábamos acerca de su trabajo. Le dije: «Has descubierto tu llamado en el estudio de la medicina. Vas a dedicar tu existencia a esta carrera y te va a fascinar. Darás todo lo que tienes, día y noche. Pero ten cuidado. De repente, te despertarás una mañana y te sorprenderás porque cumpliste ya cincuenta años y no posees nada más que el entendimiento de la anatomía humana y cómo operarla. Ésta es una ración bien flaca para sostener tu vida intelectual, emocional y espiritual. Fuérzate a leer diariamente algo que no se relacione para nada con tu oficio, para que cuando llegues a los cincuenta años, seas no sólo un galeno sino un individuo bien equilibrado. Durante una década, escudriña anualmente tu Biblia de comienzo a fin. Si repasas tres capítulos cada día (cinco los domingos), puedes acabar todo el libro en 365 días, y después de 10 años serás un cristiano laico medio inteligente».

Este principio es verdadero aun si su vocación no es tan exigente como la profesión médica. Cada persona cristiana es responsable de examinar cosas que no pertenezcan directamente a su ocupación, para que goce de un cuerpo proporcionado y extenso de conocimiento, y cada creyente debe apartar un momento diario con la Palabra de Dios. Con el transcurrir de los años, el espacio que inviertes en el estudio de la Biblia se convertirá en el más valioso de tu historia, y serás alguien más real y genuino por el tiempo que has pasado con Dios.

14/febrero

oyendo el mensaje
hechos 10

Sabed, pues, que a los gentiles es enviada esta salvación de Dios, y ellos oirán (Hechos 28.28).

Nuestra predicación de las Buenas Nuevas nunca debe ser parroquial. No anunciamos un evangelio norteamericano o europeo o latino. El mensaje procede del Dios viviente, quien nos ha creado a todos. Él comprende la totalidad de las necesidades humanas y ha hecho una preparación para cada individuo. Es importante que nuestra comunicación del evangelio se distinga de nuestras idiosincrasias, nuestras diferencias y nuestras particularidades. Estamos en la obligación de presentarlo de tal forma que cada oyente pueda relacionarse con su contenido con una aplicación singular y práctica.

Cuando yo era pastor, me di cuenta de que una congregación típica era un poco parecida a una orquesta. Cada uno de mis sermones tenía que incluir elementos que les interesaran a diferentes grupos de personas en la audiencia. Una ilustración sobre la música captaría la imaginación de algunos asistentes y les atraería al tema. Para otros, una alusión histórica provocaría su deleite y los convertiría en oidores activos.

Sabio es aquel con capacidad para hablar de tal manera que los espectadores identifiquen con el asunto. Éste es el propósito del lenguaje; nos ayuda a conocernos el uno al otro y a entendernos y valorarnos. Sobre todo, hace posible que transmitamos con eficacia el plan de salvación.

15/febrero

enterrado en su trabajo

mateo 25.14–23

Después oí la voz del Señor que decía: --¿A quién enviaré y quién irá por nosotros? (Isaías 6.8)

Hay mucho trabajo digno por realizar. Mientras exista un solo ser humano, hecho a la imagen de Dios, que sufra y mientras usted posea la capacidad para ayudarle, tendrá tareas para efectuar. Dios desea que seamos parecidos a él, y su ocupación siempre es para otros. Nuestra función es complacerle y glorificarlo a través de nuestro quehacer por los demás.

Un universitario norteamericano buscaba la iglesia donde había predicado Juan Berridge, un amigo de Juan Wesley. Un pastor anglicano lo llevó a la tumba de Berridge, donde encontró esta inscripción en la lápida:

> Aquí yacen los restos mortales de Juan Berridge, párroco de Everton, un siervo itinerante de Jesucristo que amó a su Maestro y su labor. Después de hacer sus mandados por muchos años aquí en la tierra, fue llamado a servirle arriba en el cielo.
>
> Lector, ¿ha nacido usted de nuevo?
> No hay salvación sin un nuevo nacimiento.
> Nací en el pecado en febrero de 1716.
> Me quedé ignorante de mi estado caído hasta 1730.
> Viví con orgullo en mi fe, confiando en las obras hasta 1754.
> Entré a la parroquia de Everton en 1755.
> Huí a Cristo como mi único Refugio en 1756.
> Dormí en Cristo el 22 de enero, 1793.

Cuando el estudiante terminó de leer, el pastor le dijo: «Usted observará por cuál lado de la iglesia está sepultado el Rev. Berridge. Éste es el sector donde entierran a los no bautizados y a los suicidas. El párroco vivió y se esforzó para los pecadores y no quería separarse de ellos en su muerte».

Me atrevo a urgirte a que descubras una misión tan digna que, cuando tus restos sean inhumados para descansar en la tierra en espera del llamado divino final, anhelarás que él te halle soterrado en su trabajo.

16/febrero

encontrando el gozo en el compromiso
deuteronomio 6

«*Yo soy Jehová, tu Dios, que te saqué de tierra de Egipto, de casa de servidumbre. No tendrás dioses ajenos delante de mí*» (*Deut. 5.6–7*).

Es una fantasía creer que uno es capaz de tener el verdadero gozo en la vida sin la obligación. A veces quizás nos alegremos de ser libres de responsabilidades, pero tomar en serio esa ficción—como si fuera una posibilidad cierta—es ilusión, y la ilusión es fatal. Los auténticos placeres siempre y exclusivamente se arraigan en la realidad. Los éxtasis más grandes de la existencia se hallan dentro de sus compromisos más sagrados y duraderos. Si uno huye de las exigencias, los júbilos más profundos disminuirán o se contaminarán trágicamente.

El mito de quitarnos las cargas y las imposiciones para poder relajarnos y divertirnos es una imaginación falsa y pasajera. En la práctica, es poco lo que alcanza a recrearse un ser a quien le falta la conciencia del deber y de la seriedad de un pacto. Nuestros sueños frecuentemente son efímeros y vacíos de una permanencia prolongada; son ilusiones.

Te insto a que examines cuidadosamente tus convenios. Tus deleites en el diario caminar serán tan significativos y extensivos como aquellos, ni más ni menos. La razón debe ser obvia. Las personas son finitas; somos criaturas. Por eso, nuestro propósito y nuestra realización nunca se hallarán en nosotros mismos. Somos hechos para mirar hacia fuera, más allá de nosotros; somos hechos para Dios. No hay palabra de sabiduría más alta que la antigua instrucción del catecismo: «Glorifique a Dios y disfrute su amistad para siempre».* Un aspecto de la belleza de este vocablo es que *siempre* incluye el día de hoy.

---

* *El catecismo breve de Westminster* (1647), Pregunta 1.

17/febrero

grandeza en el reino
juan 13.1–20

Sabiendo Jesús...que había salido de Dios y que a Dios iba, se levantó de la cena, se quitó su manto y, tomando una toalla, se la ciñó. Luego puso agua en una vasija y comenzó a lavar los pies de los discípulos (Juan 13.3–5).

Una de las cosas más difíciles de entender para los apóstoles en la enseñanza de Jesús sobre la Cruz fue que él tuviera que padecer por ellos. Fue el Cristo, su Rey-Mesías, y aunque hubieran esperado sufrir por él, la idea de que él iba a sacrificarse por ellos les parecía contraria a la razón. En realidad, se oponía a la sabiduría humana, pero las sendas de Dios no son normales según nuestra comprensión carnal. Pablo declaró: «Ciertamente, apenas morirá alguno por un justo; con todo, pudiera ser que alguien tuviera el valor de morir por el bueno» (Romanos 5.7); nadie perece por el malo. Pero Jesús les dijo a sus seguidores que Dios comprobaba su amor para con ellos en el hecho de que Cristo iba a entregar su vida por los pecadores, el justo por los injustos. No lo encontraban correcto, pero fue el camino divino para la redención.

En la noche antes de ir al Calvario, Jesús les dio a los discípulos una lección acerca de sus relaciones interpersonales. El camino de servicio en el Reino es incompatible con el instinto natural. Ellos habían estado llenos de orgullo y un sentido falso de auto-importancia, y habían estado discutiendo quién entre ellos era el más prestigioso. Jacobo y Juan se atrevieron a pedir los puestos a la izquierda y a la derecha del Señor en su Reino. Ahora Jesús les presentó el sendero a la grandeza en el Reino, el del servicio. Tomó la toalla, la vasija y el agua, y se arrodilló para lavarles los pies. Es apropiado que el adorador se postre ante el Adorado, pero ahora el Adorado se hincaba para lavarles los pies a los adoradores. No era de sorprenderse que ellos reaccionaran con asombro, pero fue una instrucción provechosa. Jesús les demostró que la verdadera dignidad se alcanza a través de la mansedumbre y la ayuda a otros. Si él fue capaz de humillarse para servirles, ellos no deberían tardar en hacerlo los unos con los otros. El punto no es quién es el primero en recibir honores, sino quién es el primero en servir.

18/febrero

conociendo a jesús

juan 17.1–5

Quiero conocerlo a él (Filipenses 3.10).

En el tercer capítulo de la carta de Pablo a los filipenses, el apóstol abre su alma y revela la única pasión de su vida: «Quiero conocerlo a él y el poder de su resurrección, y participar de sus padecimientos» (Fil. 3.10). Pablo fue judío, y por eso es indudable que habló bien el hebreo y que profundizó en las Escrituras de los israelitas. Y en el Antiguo Testamento el conocimiento tiende a ser, en primer lugar, algo privado.

La mayoría de los seres humanos dirige su atención al discernimiento *acerca de* un asunto, lo cual implica objetividad, imparcialidad y separación. La palabra *conocer* es usada de otra forma en el Antiguo Testamento. Génesis 1–3 recuenta la historia de Adán y Eva y el árbol del conocimiento del bien y del mal. Para asimilar el vocablo *conocimiento*, tenemos que leerlo en el contexto de Génesis 4.1: «Conoció Adán a su mujer Eva, la cual concibió y dio a luz a Caín». El tipo de entendimiento indicado aquí es profundamente particular y mutuo. Es fácil comprender porqué Dios no deseaba que su pueblo alcanzara esa noción íntima de la vileza. El conocimiento que un hombre posee de su esposa es infinitamente diferente a su erudición sobre la historia o la química. Esta últimas es para ser utilizada, pero el primero es uno de identificación y reciprocidad. En ese vínculo, la existencia de dos personas se mezcla y se hace una.

La aspiración de Pablo de conocer a Jesús es un anhelo de fusionar su realidad con la de Cristo de tal manera que no se puedan separar. Los dos llegan a ser uno, no en esencia, sino en relación.

19/febrero

el idioma de pentecostés

hechos 2

Cada uno los oía hablar en su propia lengua (Hechos 2.6).

El lenguaje más importante para la comunicación del evangelio no es el de la cultura o el de la experiencia común. La auténtica expresión del alma es la del Espíritu. No es por casualidad que todos los presentes en el día de Pentecostés oyeran el mensaje en su propio idioma. Nunca estaremos listos para alcanzar a todos hasta que hayamos tenido nuestro Pentecostés particular. El bautismo del Espíritu Santo, con la facultad para limpiar, transformar, iluminar y capacitar, produce un punto de concordancia con otras personas. De repente construimos puentes hacia gente que nunca imaginamos o esperamos tocar. Éste es el poder de Pentecostés. Cuando un predicador o un testigo laico que antes eran ineficaces vienen bajo la unción divina, comienzan a hablar en un estilo que todo el mundo entiende y con el cual todos logran identificarse. El que habla refleja la autoridad con la cual ha sido ungido.

Debemos creer esto, porque vivimos en una época cuando muchos cristianos preguntan: «¿Cómo conseguimos explicarles el evangelio a individuos que no son como nosotros, que han sido condicionados para pensar de otra manera?» Francamente, esta predisposición no es de gran trascendencia. Puesto que cada ser humano está hecho a la imagen de Dios, su Palabra puede ser traducida al dialecto de cada uno, ya que nadie es capaz de percibir verdaderamente el evangelio hasta que haya accedido a él en su lengua materna. Observe el respeto que Dios demostró para todos los asistentes a la fiesta de Pentecostés. No le dijo al egipcio: «Bueno, sé que tú no conoces mucho de arameo, pero el evangelio se anuncia en arameo, y si escuchas atentamente, tal vez lo comprendas». En cambio, un varón se puso de pie y empezó a declarar, y de pronto el egipcio se apartó de la multitud gritando: «¡Espérese un segundo! ¡Esto es para mí!»

Dios declara que cada persona merece la oportunidad de atender las Buenas Nuevas proclamadas en su propio idioma, con los enunciados, connotaciones y resonancias familiares a su oído. ¡Cuántas veces nos olvidamos de esto e insistimos en que otros se enteren del mensaje en nuestra lengua! Que Dios nos perdone.

20/febrero

amor extravagante

marcos 14.1–9

Pero estando él en Betania, sentado a la mesa en casa de Simón el leproso, vino una mujer con un vaso de alabastro de perfume de nardo puro de mucho valor, y quebrando el vaso de alabastro, se lo derramó sobre su cabeza (Marcos 14.3).

En el séptimo capítulo del Evangelio según Lucas, se registra la historia de una cena dada para Jesús en la casa de Simón. En medio del banquete una mujer ingresa y, quebrando un vaso con ungüento, lo derrama sobre el Señor. También le lava los pies con sus lágrimas y los seca con su cabello. Mateo y Marcos indican que la comida de la Pascua se celebraba en el hogar de Simón, y narran un episodio similar que ocurrió en esa ocasión. Juan escogió demostrar el cariño extravagante que María de Betania volcó sobre el Maestro por lo que él había realizado para ella y para su familia. Le mojó los pies con sus lágrimas y lo ungió con un perfume muy caro. En un paréntesis interesante, Juan nos dice que habría costado el equivalente de ocho meses de salario básico el alimentar a los cinco mil, y doce meses del mismo jornal el comprar la esencia que María vertió sobre los pies de Jesús. Esto es lo que llamamos el amor extravagante.

Otra señal de la devoción estrafalaria de María es el hecho de que le secó los pies a Jesús con su cabello. Hay un cuento fascinante en la literatura rabínica que se relaciona con una señora cuyos hijos todos llegaron a ser sumos sacerdotes. Ella gozaba de un alto prestigio en la comunidad judía porque tuvo seis hijos que entraban en el Lugar Santísimo, un suceso maravilloso e inigualado en la historia de Israel. Cuando la gente le preguntó sobre el secreto de su santidad, respondió: «Dios me ha favorecido porque las paredes de mi dormitorio nunca me han visto con la melena suelta». Una dama judía no se desataba el pelo excepto en la presencia de su esposo.

María desamarró so cabello y limpió los pies de Jesús. Se entregó a sí misma completa y abundantemente. Juan anota que un aroma llenó el aire del lugar. Tal amor es una ofrenda fragante y agradable ante Dios.

21/febrero

la luz del mundo

isaías 58.9–12

Así alumbre vuestra luz delante de los hombres, para que vean vuestras buenas obras y glorifiquen a vuestro Padre que está en los cielos (Mat. 5.16).

En el tabernáculo de Yahwéh, dentro del Lugar Santo, había un candelabro con seis brazos hechos de oro puro y que sostenía siete farolas. El candil se puso en el lado sur del santuario. El aceite puro de olivo se usaba en los mecheros y éstos permanecían encendidos desde el atardecer hasta el amanecer. Su fuego continuo simbolizaba la adoración ininterrumpida y la emisión incesante de luz para el pueblo de Dios.

Esta claridad debía recordarles dos cosas. Primero: Fue el único fulgor al interior del tabernáculo. Apocalipsis 21 presenta un retrato de la nueva Jerusalén en la cual no hay ni templo ni luminosidad. El Señor Dios Todopoderoso y el Cordero son el santuario y la iluminación de esa nueva ciudad. El esplendor dentro del tabernáculo apunta hacia Aquel que es la Luz del mundo. Cristo mismo es nuestra lámpara.

Segundo: La refulgencia nos hace acuerdo de nuestra misión; Jesús dijo que sus seguidores serían luminares para una humanidad oscura. Es la responsabilidad de los creyentes brillar como lumbreras en medio de una sociedad tenebrosa. Toda luminiscencia se origina en Dios, por eso cualquier resplandor que tengamos nosotros será una mera reflexión de su presencia. No brillamos por nuestra propia fuerza o poder, sino por el Espíritu Santo.

De la misma manera que él es nuestra luz, así también nosotros debemos ser el faro de la colectividad que nos rodea.

22/febrero

perdiendo al espíritu

1 samuel 15; 16.14–23

El Espíritu de Jehová se apartó de Saúl, y un espíritu malo de parte de Jehová lo atormentaba (1 Sam. 16.14).

Es posible que alguien conozca al Espíritu y que después lo pierda de su vida. Este pensamiento es bíblico, aunque no nos gusta considerarlo. La Palabra dice que el primer rey de Israel, Saúl, fue lleno del Espíritu. Es significativo que no había nada de grandiosidad en la existencia de Saúl hasta que el Espíritu descendió sobre él. Saúl era tímido y miedoso, pero cuando fue investido como soberano, el Espíritu lo cubrió y llegó a ser un gobernante justo y piadoso. Después en su propia voluntad, decidió ir por su camino individual en vez de seguir al Espíritu, y éste le fue arrebatado. En la misma hora cuando David fue ungido como rey en lugar de Saúl, el Espíritu se apartó de Saúl y descansó sobre David.

Saúl anduvo sin rumbo el resto de sus días. Se sentaba en un trono, pero toda realeza verdadera se había alejado de él. Poseía todos los atributos externos, pero ninguna de las realidades internas. Lo que le había convertido en monarca ante Dios y ante el pueblo se le había quitado. No podemos dudar que David tenía a Saúl en mente cuando escribió el grito del Salmo 51.11: «No quites de mí tu santo espíritu». David había visto a un hombre de quien se había retirado el Espíritu, y le causó repugnancia meditar en esa situación.

Una persona que ha gozado de intimidad con el Espíritu Santo es capaz de malograr esa relación especial. Es por eso que nunca hay seguridad en simplemente hablar del Espíritu sin obedecerlo.

23/febrero

la primera vez, 100%

1 samuel 15 y 18

¿Acaso se complace Jehová tanto en los holocaustos y sacrificios como en la obediencia a las palabras de Jehová? Mejor es obedecer que sacrificar; prestar atención mejor es que la grasa de los carneros (1 Sam. 15.22).

La historia del Rey Saúl es un relato trágico y conmovedor de un hombre que fracasa al no ser todo lo que Dios lo había preparado para que fuera. En un momento de su caminar observamos de manera especial el egoísmo de su corazón. Un joven llamado David había matado a Goliat, y los hebreos habían alcanzado una gran victoria sobre sus enemigos. Cuando regresaron a la ciudad, las mujeres comenzaron a cantar:

Saúl hirió a sus miles, Y David a sus diez millares (1 Sam. 18.7).

En realidad, David había liquidado a un adversario, y Saúl había guiado al ejército entero, pero la envidia distorsiona nuestra percepción de nosotros mismos y de otros, e irrumpió en el espíritu de Saúl una amargura y unos celos desenfrenados. Determinó en lo íntimo de su ser eliminar a David. Es interesante recordar que Saúl, cuando recién conoció a David, lo amó; pero cuando David llegó a ser un peligro para la fama de Saúl, éste empezó a verlo como el rival. Éste es el problema con el *yo*; si no se crucifica, si permanece sucio y contaminado, es inevitable que produzca la peor clase de maldad en nuestro interior. Si nuestra existencia va a lograr significado y valor, tenemos que pertenecer a Dios de una forma que Saúl no quiso aceptar. Nuestra esencia tiene que estar plenamente entregada a él de tal modo que otras personas no sean amenazas para nosotros sino bendiciones, una provisión divina para nosotros.

Saúl no sólo contaba con una naturaleza egocéntrica; también fue un individuo que había aprendido a contentarse con la obediencia parcial. Cuando Dios le dijo que destruyera a los amalecitas, asintió con la boca pero no con el corazón. Sus tropas inmolaron a las criaturas sucias o defectuosas como sacrificio para Jehová, pero dejaron vivo el ganado valioso. Le dieron a Dios lo menor, y él nunca se agrada con eso. Desea nuestro todo y lo mejor. Saúl estaba dispuesto a conceder la escoria de su vida, las cosas que no le complacieron, pero rehusó ofrecerle a Dios lo que él le había demandado. Así conformó con el sometimiento a medias.

Nuestra familia posee un lema que enseñamos a todos los niños pequeños cuando están formándose en la sujeción: «La primera vez, 100%.» Si no le cumples al Señor Jesús desde la primera ocasión que él te pide algo, y si no te rindes completamente, te pones en peligro a ti y a los tuyos.

24/febrero

dispuesto a esperar

1 samuel 24

Y dijo a sus hombres: --Jehová me guarde de hacer tal cosa contra mi señor, el ungido de Jehová. ¡No extenderé mi mano contra él, porque es el ungido de Jehová! Con estas palabras reprimió David a sus hombres y no les permitió que se abalanzaran contra Saúl (1 Sam. 24.6–7).

La clave del carácter de David se alcanza a ver en su reacción ante Saúl. Samuel había ungido a David, por eso él conocía que su destino era reinar; entendía que Dios lo había llamado para esa función. De hecho, el Espíritu de Dios ya se había apartado de Saúl y había venido sobre él, calificándolo y capacitándolo para que fuera monarca. Poseía toda la autoridad real, la cual había abandonado a Saúl. Es más, el pueblo de Dios sufría bajo el liderazgo de Saúl. Parecía el momento exacto para que David se estableciera como el nuevo soberano.

Un día David se hallaba en una cueva, escondiéndose de Saúl, cuando éste entró al lugar para hacer sus necesidades, sin notar que David y sus hombres se ocultaban en las sombras interiores. Uno de los guerreros de David le dijo: «El Señor ha liberado a Israel al entregar al rey en nuestras manos». La tentación para David fue pensar: *Ahora tengo la oportunidad de salvar a Israel y cumplir la disposición de Dios.* Pero David respondió: «No lo toques». Fue asunto de Dios poner a David en el trono, y éste no iba a tomar las riendas en sus propias manos; creyó que Dios lo haría gobernar en el instante que le complaciera.

No debemos apresurar la voluntad divina. David fue capaz de esperar porque sabía que podía confiar en Dios. Nuestros esfuerzos no producen nada; sólo el Espíritu de Jesús da vida y dirección. Durante este tiempo, ¿tienes alguna necesidad espiritual en tu corazón? ¿Estás empujando a Dios? Hoy es la ocasión para encontrarte con el Señor y permitir que su Espíritu asuma el control de tu existencia.

25/febrero

las marcas de un cristiano

marcos 10.17–30

Entonces Jesús, mirándolo, lo amó y le dijo: --Una cosa te falta: anda, vende todo lo que tienes y dalo a los pobres, y tendrás tesoro en el cielo; y ven, sígueme, tomando tu cruz (Marcos 10.21).

La historia del joven rico nos ayuda a entender cuáles son los rasgos que *no* cristiano a un individuo. La anécdota concluye con el llamado de Jesús al discipulado.

La sinceridad del joven rico no lo hizo cristiano. Es obvio que era noble porque corrió hacia Jesús y se arrodilló delante de él; no sentía vergüenza de su necesidad o de su deseo. Honestamente buscaba la vida eterna. De hecho, era un hombre bueno, pero esto no lo transformó en creyente.

La justicia del joven rico no lo hizo cristiano. Era un ser humano maravillosamente recto, quien guardaba todos los mandamientos. Era limpio y fiel; no hurtaba ni engañaba, ni tampoco mataba por homicidio, mala voluntad o resentimiento. No mentía y no defraudaba a nadie; honraba a sus padres. Sin embargo, todo esto no lo estableció como un discípulo de Cristo.

El amor de Jesucristo para el joven rico no lo hizo cristiano. El Señor lo amó, pero eso no fue suficiente para forjar un seguidor de Jesús.

Si la sinceridad, la justicia y el amor de Dios no alcanzan para convertir a alguien en cristiano, ¿qué es preciso? Una vez más, la reseña del joven rico nos ayuda a entender. Hacerse cristiano significa creer que Jesús es confiable y rendir nuestra existencia al control de él. Un cristiano es una persona que cree suficientemente en Cristo como para ir tras él.

26/febrero

una vez y para siempre

romanos 8.35–39

¡Yo soy de mi amado, y mi amado es mío! (Cantares 6.3)

Algunas personas niegan la posibilidad de la santificación completa e insisten en que tenemos que establecer cada día quién es nuestro primer amor. Pero cuando me despierto cada mañana, no debo resolver si estoy casado o no. Ese acuerdo ya se produjo hace mucho tiempo, y me alegro de no estar obligado a retroceder. Mi unión con mi esposa es un símbolo de mi relación con Cristo. Con ella he hecho una alianza permanente y de la misma manera soy capaz de forjar con él un compromiso eterno que no se puede desbaratar. No tengo que volver a tomar esa decisión todos los días. Una vez que se ha plasmado el pacto, la única forma de romperlo es por una traición intencional de parte mía.

Dios no quebrantará su parte del convenio, y nos da el Espíritu Santo para ayudarnos a querer mantener la nuestra. Encararemos inquietudes ocasionales acerca de este nexo, pero hay una gran diferencia entre tener preguntas sobre el vínculo y repudiarlo.

Éste es el compromiso que Dios desea que prevalezca entre sus hijos y él mismo. No debemos enfrentarlo vez tras vez; el camino es realizar una entrega interior de la totalidad de nuestro ser al Señor. Esa determinación, asumida una vez y para siempre, nos cuesta la vida y el corazón entero. Aprendamos a adorarlo más que a cualquier otra cosa en nuestra existencia. Si anheláramos entrar en una dependencia más profunda con Dios, Él tiene que ser nuestro primer amor, y esa devoción debe dominar y controlar todos los otros afectos de nuestro diario caminar.

27/febrero

la santificación y el matrimonio
isaías 54.1–5

Por esto dejará el hombre a su padre y a su madre, y se unirá a su mujer,
y los dos serán una sola carne; así que no son ya más dos, sino uno.
Por tanto, lo que Dios juntó, no lo separe el hombre (Marcos 10.7–9).

Si nuestra relación con el Señor es una de amor, ¿hay algo más que el pacto matrimonial es capaz de enseñarnos acerca de ser enteramente santificados en nuestra unión con Jesús? Existen tres características del matrimonio que se pueden aplicar a nuestro vínculo afectivo esencial.

Primero: El matrimonio es exclusivo. Es la contraparte del primer mandamiento: «No tendrás dioses ajenos delante de mí» (Éxodo 20.3). Un cónyuge demanda el amor exclusivo y también lo hace Dios.

Segundo: El matrimonio toca cada aspecto de nuestra realidad; la totalidad del compromiso es por completo. No hay ninguna área de nuestra vida que no esté afectada por nuestro convenio conyugal. El lazo con Jesús es similar; debe ser una conexión absoluta, que influencia y determina todo lo demás en nuestro caminar.

Finalmente, el matrimonio es un enlace permanente. Es un dar incondicional del ser a otra persona para siempre. Nuestro nexo con Jesús también ha de ser indestructible, un juramento que no violaríamos bajo ninguna condición.

Es aterrador pensar en comprometerse con Dios de una manera exclusiva, íntegra y definitiva, a menos que uno entienda que se trata de una alianza de amor. El casamiento les provoca temor a algunos, pero es un estado anhelado por el corazón humano. Las exigencias de estar en unidad con Jesús son simplemente las necesarias para un matrimonio bello y entrañable.

28/febrero

la identificación con dios
juan 1.1–5, 14

Lo que hemos visto y oído, eso os anunciamos, para que también vosotros tengáis comunión con nosotros; y nuestra comunión verdaderamente es con el Padre y con su Hijo Jesucristo (1 Juan 1.3).

¿Cómo es posible que una persona se identifique con Dios de tal manera que sea capaz de compartir en la comunión de la Trinidad sin convertirse en un dios? ¿Cómo se logra cuadrar esta intimidad con la increíble distinción que existe entre el ser humano y Dios? En el Islam no hay probabilidad alguna de tal conexión; Dios (Alá) es completamente otro y no puede tener interacción profunda con nadie. Por el otro lado, en las religiones orientales como el hinduismo y en las filosofías de la Nueva Era, las criaturas consiguen equipararse tanto con Dios que llegan a formar parte del «alma divina»; la diferencia entre lo terrenal y lo celestial se nubla más y más hasta que la humanidad se fusiona con la deidad. Ninguna de estas perspectivas es consistente con el pensamiento bíblico acerca de la relación humana con Dios, el cual da espacio tanto para la aproximación como para la separación.

En el cristianismo a un individuo se le concede estar en Dios pero nunca será Dios. La posición de ser *otro* jamás se pierde. Dios puede encarnarse, y en un momento histórico lo hizo, pero el proceso de ningún modo ocurre en la dirección opuesta. La base para esto es la Trinidad, en la cual las tres personas mantienen su singularidad plena pero a la vez gozan de coincidencia total. Es una unidad con diversidad, una mezcla sin la formación de un compuesto. La correspondencia y la adhesión entre los miembros de la Trinidad es ontológica—es parte de su esencia. La ligadura entre los seres humanos es psicológica y ética. El vínculo entre las personas y la Trinidad es condicional; disfrutamos de la confraternidad con Dios mientras él conserva su particularidad y nosotros retenemos nuestra filiación propia. Nuestro enlace con el Señor nos hace más verdaderamente humanos que nunca antes; sana nuestra naturaleza y perfecciona nuestra identidad.

1/marzo

las oportunidades perdidas
números 13–14

Si Jehová se agrada de nosotros, él nos llevará a esta tierra y nos la entregará; es una tierra que fluye leche y miel. Por tanto, no seáis rebeldes contra Jehová ni temáis al pueblo de esta tierra, pues vosotros los comeréis como pan. Su amparo se ha apartado de ellos y Jehová está con nosotros: no los temáis (Números 14.8–9).

Una de las historias bíblicas más trágicas ocurrió en Cades-barnea cuando el pueblo de Israel perdió el privilegio de entrar en la tierra prometida. Un hombre de cada tribu fue seleccionado para ir a investigar el suelo de Canaán antes de que atacaran los israelitas. Pasaron cuarenta días allá y regresaron llenos de temor por los gigantes que andaban en el lugar y por las murallas y las tropas que lo guardaban. Sólo Josué y Caleb urgían a sus semejantes a que se levantaran para tomar la heredad. Números 14 es un capítulo triste en las Escrituras porque registra cómo los hebreos rehusaron acceder a la Tierra Prometida debido a su miedo y cómo clamaron para volver a Egipto, el sitio de su esclavitud.

Es asombroso cuán rápidamente olvidamos lo que Dios ha hecho por nosotros. Esa gente había sido liberada de Egipto por los grandes milagros y el poder de Dios; el liderazgo divino había sido completamente confiable, pero ellos no estaban dispuestos a continuar creyendo en él. Dios los había guiado con seguridad, y habían construido su identidad sobre juramento divino de darles el territorio de Canaán. Por esa proposición salieron de Egipto y habían llegado al borde de la zona, pero no pudieron ver la fidelidad de Dios por el informe negativa de los diez espías. La certeza de la presencia divina, de la cual Caleb y Josué les hicieron acuerdo, no significaba nada para Israel, porque escogieron no descansar en Dios.

A diferencia de Yahwéh, quien se había probado siempre fiel, los judíos se mostraron indignos de la oportunidad que Dios les ofrecía. El Señor perdonó su pecado debido a la intercesión de Moisés, pero como castigo se negó a permitirles ingresar en la tierra prometida, con la excepción de Caleb y Josué. Los israelitas tuvieron que marchar sin rumbo en el desierto porque rechazaron la gran ocasión cuando ésta se les presentó. De la misma manera que los espías estuvieron cuarenta días observando la comarca, los israelitas iban a deambular cuarenta años en el arenal. Cuando Moisés les dijo estas cosas, el pueblo lloró amargamente y le rogó a Dios otra oportunidad, pero fue demasiado tarde.

La tristeza de esta reseña es particularmente conmovedora, porque refleja acertadamente la vida. Hay un sendero en la existencia humana que conduce a la grandeza, si optamos seguirlo; si lo perdemos, nos debemos resignar a movernos sin horizonte. Los beneficios no se quedan parados en la puerta. ¿Caminas por la vía de las ventajas aseguradas por Dios, o vagas sin dirección en el desierto?

2/marzo

un solo tesoro

hechos 6.8–7.60

Y yo estoy con vosotros todos los días, hasta el fin del mundo (Mateo 28.20).

Juan Crisóstomo fue un predicador en la iglesia primitiva. Por su testimonio de Cristo, fue llevado ante el emperador, quien le informó que sería echado a la cárcel por su fe. Crisóstomo contestó que el Señor le acompañaría a la prisión. El soberano le aumentó el castigo, diciéndole que se le quitarían todas sus posesiones. Esto no le molestó a Crisóstomo, quien respondió simplemente: «No es posible que vuestra majestad me despoje de todo, porque mis tesoros están en el cielo y usted no los puede alcanzar».

Finalmente el gobernante, consternado, proclamó: «Le voy a enviar al exilio en el rincón más remoto del reino». Crisóstomo le manifestó tranquilamente que el lugar más lejano del mundo formaba parte del reino de su Salvador y por eso su Señor estaría allí también.

Dios desea que seamos personas libres de la necesidad de sitios, individuos o cosas particulares, para que no tengamos estorbos. Sólo entonces es capaz de darnos responsabilidades mayores. Cuando no requerimos nada más que él, llegamos a estar verdaderamente disponibles para su servicio.

Los regalos divinos son simplemente bendiciones para disfrutar; debemos poseer una sola riqueza esencial, y ésta es nuestro Señor Jesucristo.

3/marzo

ojos abiertos (parte 1)

génesis 21.8–21

Entonces Dios le abrió los ojos, y vio una fuente de agua. Fue Agar, llenó de agua el odre y dio de beber al muchacho (Génesis 21.19).

Las Escrituras registran muchos ejemplos de momentos cuando Dios les abrió los ojos a sus criaturas. Uno de estos es la historia de Agar, la sierva egipcia que fue expulsada del campamento de Abraham con su hijo, Ismael. Se le terminó el sustento y perecía. Clamó a Dios en su desesperación y, como el texto dice en palabras sencillas: «Dios le abrió los ojos, y vio una fuente de agua». Fue suficiente líquido para salvarles la vida.

Dios le abrió los ojos, y vio una fuente de agua. Algunos tal vez piensan que el Señor plasmó en el desierto un oasis y que Agar después reparó en lo que Dios había producido. Yo creo que todo el tiempo hubo un manantial allí que ella no observó, y cuando Dios le despejó los ojos, fue capaz de mirar algo que ya formaba parte del sitio pero que nunca habría divisado si no fuera por el toque iluminador del Señor.

Hay increíbles recursos en tu existencia que tal vez pierdas si no permites que Cristo te toque los ojos. Hallarás que hay cosas dentro de tus posesiones naturales que nunca habrías conocido o utilizado si no hubiera sido por su roce vivificador.

Gocé del privilegio de sentarme en Corea con un misionero que tenía el compromiso de alimentar a dieciocho mil huérfanos y viudas cada día. Nos acomodamos encima de una colina que daba visibilidad a un lago de agua salada. Eso es lo que yo noté: una laguna configurada por la marea. Pero el misionero, al contemplar el mismo escenario, vislumbraba sembríos de arroz que alcanzarían a sustentar a sus desamparados. Divisaba un muro de piedras que conseguiría retener el agua y lluvias que llenarían los lugares bajos para hacer factibles los cultivos de arroz que le suministrarían comida a su gente. Dios le había proporcionado a ese hombre una responsabilidad y una carga, y también le destapaba los ojos para distinguir lo que podía hacer a fin de responder a esas demandas. Y ese siervo realizó exactamente lo que Dios le había mostrado que lograría efectuar.

¿Te ha entregado Dios una tarea? Hay todo lo que se requiere para que cumplas con esa obligación, pero necesitas el contacto esclarecedor de Dios en los ojos de tu imaginación para que sepas apreciar las riquezas que ya están disponibles para ti.

4/marzo

ojos abiertos (parte 2)

números 22–23

Entonces Jehová abrió los ojos de Balaam, que vio al ángel de Jehová en medio del camino, con la espada desnuda en la mano. Balaam hizo una reverencia y se postró sobre su rostro (Números 22.31).

El segundo relato en el Antiguo Testamento sobre ojos abiertos se relaciona con un varón y su asna. Esta historia se narra en Números 22.

Un rey pagano deseaba que Balaam maldijera a Israel, y le prometió riquezas abundantes para hacerlo. Mientras el profeta salía para cumplir la tarea contratada, su pollino se paró y rehusó moverse a pesar de los latigazos y el abuso que Balaam le propinó. Finalmente, Dios le abrió los ojos a Balaam para que viera al ángel del Señor que estaba parado delante del animal con una espada desnuda en la mano.

Es interesante que la bestia haya podido atisbar mejor que el ser humano, pero posiblemente es así con frecuencia. Escogemos observar sólo lo que queremos; Balaam eligió mirar la riqueza prometida, y por eso no fue capaz de percibir al ángel de Dios que había venido para matarlo. Dios nos ha proporcionado esta reseña medio ridícula para darnos a entender que, a menos que él nos roce los ojos, es posible que pasemos toda la existencia persiguiendo cosas que son incorrectas, inútiles o hasta malévolas. Sin que él nos toque, tal vez jamás estemos conscientes de encontrarnos en el camino hacia la destrucción.

Hay muchas personas en la cultura contemporánea que creen que se entregan a causas nobles, pero algunas de ellas serán, al final, dañinas para nuestro bienestar. Los individuos involucrados en ellas quizás nunca se enterarán de que su devoción ha lastimado a otros en lugar de ayudarlos. Si no le permitimos a Cristo despejar nuestros ojos, perderemos nuestras vidas en cosas que son esencialmente vacías, sin sentido y destructoras.

Cuando vayas a la casa de Dios, guarda tu pie. Acércate más para oír que para ofrecer el sacrificio de los necios, quienes no saben que hacen mal (Ecles. 5.1).

5/marzo

ojos abiertos (parte 3)
2 reyes 6.8–23

Y oró Eliseo, diciendo: «Te ruego, Jehová, que abras sus ojos para que vea.» Jehová abrió entonces los ojos del criado, y este vio que el monte estaba lleno de gente de a caballo y de carros de fuego alrededor de Eliseo (2 Reyes 6.17).

La tercera historia de ojos abiertos es un relato fascinante sobre el profeta Eliseo y su sirviente. Los planes militares del rey de Siria habían sido frustrados vez tras vez por Eliseo, y el soberano estaba furioso. Sospechaba que había un espía dentro de su círculo íntimo porque en cada oportunidad que hacía un movimiento estratégico, los israelitas lo esperaban y se preparaban para detenerlo. Sin que él supiera, el Señor le estaba detallando a Eliseo todos los proyectos del gobernante de Siria, y el profeta se los contaba al rey de Israel, quien ubicaba sus tropas de acuerdo a las intenciones del enemigo.

El rey de Siria se enojó tanto que maquinó capturar a Eliseo por medio del cerco a la ciudad donde éste moraba. Cuando el servidor del profeta observó al ejército que rodeaba a su pueblo, se atemorizó y buscó temblando a Eliseo. Éste clamó que Dios le abriera los ojos al criado para que pudiera mirar que quienes estaban con ellos eran más que los adversarios. Dios lo hizo, y ese mozo divisó los cielos llenos de carros de fuego, los siervos del Señor Altísimo que sitiaban a la milicia de Siria.

Esto no ocurrió todos los días en la vida de Eliseo, y tampoco sucederá a diario en tu experiencia personal. Sin embargo, si permites que Cristo te despeje los ojos, descubrirás que hay ocasiones cuando tienes recursos disponibles de los cuales no estabas consciente anteriormente. A veces habrá riquezas sobrenaturales que te envuelven y que nadie más será capaz de notar. Existirán momentos en los cuales requerirás estos factores y necesitarás fijarte que los que te acompañan son mayores en número y fuerza que los que se te oponen. Cuando vengan tales tiempos, accede a que Cristo te aclare los ojos.

6/marzo

ojos abiertos (parte 4)

lucas 24.13–35

Y aconteció que, estando sentado con ellos a la mesa, tomó el pan, lo bendijo, lo partió y les dio. Entonces les fueron abiertos los ojos y lo reconocieron; pero él desapareció de su vista (Lucas 24.30–31).

Fue el domingo después de la crucifixión. Había dos hombres que marchaban desde Jerusalén hacia Emaús. No eran predicadores o apóstoles, sino simplemente laicos que amaban a Jesús. Ahora el Cristo a quien conocían y en quien habían confiado estaba muerto, y lamentaban y lloraban mientras andaban por el camino. De repente un forastero se unió a ellos en el sendero. Cuando supo la razón de su tristeza, les habló del Antiguo Testamento en el que tanto creían y les explicó el significado de la Cruz. Paró con ellos para cenar, y cuando partió el pan, se les abrieron los ojos y entendieron que era el Maestro mismo.

El Cristo resucitado está verdaderamente presente, tan literalmente presente en la vida de usted como lo estuvo con Cleofas y su amigo esa noche. No se dieron cuenta de su aparición hasta que él les despejó los ojos. Sean cuales sean las circunstancias de usted hoy, no son tan terribles como las que imaginaban Cleofas y su compañero. Jesús se encuentra ahí en esas situaciones que nos parecen más horribles y más desamparadas, y es esa realidad la que les dará sentido a las circunstancias tuyas. Es la presencia de Cristo que traerá esperanza y gozo a tus eventualidades. Cristo está contigo. ¿Lo has olvidado? Permite que él te aclare los ojos para que lo veas.

7/marzo

el sumo sacerdote

hebreos 7–8

Tal sumo sacerdote nos convenía: santo, inocente, sin mancha, apartado de los pecadores y hecho más sublime que los cielos; que no tiene necesidad cada día, como aquellos sumos sacerdotes, de ofrecer primero sacrificios por sus propios pecados, y luego por los del pueblo, porque esto lo hizo una vez para siempre, ofreciéndose a sí mismo (Hebreos 7.26–27).

Es imprescindible que entendamos el rol de los sacerdotes en el Antiguo Testamento porque esto nos ayudará a comprender el papel de Cristo en nuestra redención. Los sacerdotes eran los mediadores entre Dios en su santidad y la humanidad en su falta de santidad. ¿Ha cambiado la perfección de Dios? ¿Ha disminuido la maldad de las personas? ¡De ningún modo! La misma urgencia de intervención existe hoy, pero se cumple de otra forma. Ya no encontramos conciliación por medio del ministerio de clérigos mortales; tenemos un gran Sumo Sacerdote que no necesita hacer expiación por sí mismo, como sí debían realizar los sacerdotes israelitas. Nuestro Sumo Sacerdote es Cristo Jesús, el que no sufre pecado.

Una segunda cosa para aprender sobre la función sacerdotal es que el ser humano no puede aproximarse a Dios a la ligera. En la época del Antiguo Testamento Yahwéh puso barreras entre el pueblo y él mismo para protegerlos a ellos. Sólo a los miembros de una tribu específica se les permitía servir en la casa de adoración, y ciertos integrantes de esa familia poseían de manera exclusiva la facultad de ofrecer sacrificios. Es más, únicamente un miembro especial de ese clan estaba autorizado para entrar en la presencia de Dios detrás del velo en el Lugar Santísimo, y esto lo efectuaba una vez al año. Ese oficiante era responsable de presentar holocausto por sus propias transgresiones antes de repetirlo por los demás; si no lo consumaba así, perecía.

La santidad de Dios sigue siendo pura y poderosa, pero ya no nos acercamos a él a través de un canónigo terrenal y transgresor. Gozamos de acceso al Padre por la conciliación de Jesús, quien con su muerte rompió el velo del templo y les abrió paso a todos para que llegaran con confianza ante Dios. Pero no penetramos solos. Ingresamos por los méritos de Jesús, así que nuestra seguridad no es arrogancia porque se basa en la obra salvadora de Cristo. En la institución del sacerdocio, vemos un retrato de lo que Cristo vino a plasmar. Abolió el sacerdocio del Antiguo Testamento, pero tomó en sí mismo el ministerio y la realidad de esa labor y la ejerce a favor nuestro hoy.

Por eso, encamínate con tranquilidad por medio de Cristo al trono de la gracia (Heb. 4.16).

8/marzo

¡duplíquelo!

salmo 4

Jehová, de mañana oirás mi voz; de mañana me presentaré delante de ti y esperaré (Salmo 5.3).

Es maravilloso el impacto que puede causar en la existencia de uno una sola frase pronunciada por otra persona. Yo estaba en mi primer año de universidad, y el aspecto sobresaliente de mi caminar cristiano era un anhelo profundo de conocer mejor a Dios y de complacerle. Un alumno de cuarto año, un individuo de gran madurez, hizo amistad conmigo, y decidí preguntarle cómo conseguiría crecer más rápido en mi vida espiritual. Su respuesta fue una interrogante: «¿Cuánto tiempo oras?» Estoy seguro que en ese momento le mentí. Su contestación fue sencilla: «¡Duplícalo!» Esa expresión cerró nuestra conversación. Fue un solo imperativo: «¡Duplícalo!» Salí con esas palabras resonando en mi oído.

Yo sabía que mi compañero acostumbraba tener un espacio devocional a primera hora todos los días. Yo debía trabajar para pagar mis estudios; en aquel entonces laboraba en una panadería y mis responsabilidades iniciaban en la madrugada. La idea de seguir el ejemplo de mi amigo no me iba a ser fácil; yo era tan indisciplinado como la mayoría de los otros chicos de mi edad. Pero puse el despertador para una hora más temprana y comencé a intentar el curso de acción sugerido por mi consejero. Sólo Dios conoce cuántas veces me dormí arrodillado mientras trataba de empezar mi día con él. No me arrepiento, porque se iba formando un hábito sin el cual mi ser habría estado trágicamente vacío. Poco a poco lo que yo hacía como obligación se convertía en un deleite; descubrí que era capaz de permanecer sin muchas cosas pero no lograba subsistir sin el intervalo pasado con Cristo.

Mi vida se ha beneficiado con muchos momentos significativos, pero al mirar hacia atrás, necesito confesar que ese escueto precepto emitido por un amigo ha sido uno de los más importantes.

9/marzo

haz lo que tienes que hacer
lucas 23,6–12

Respondió Jesús: --A quien yo le dé el pan mojado, ése es. Y, mojando el pan, lo dio a Judas Iscariote, hijo de Simón. Y después del bocado, Satanás entró en él. Entonces Jesús le dijo: --Lo que vas a hacer, hazlo pronto (Juan 13.26–27).

Fue la última vez que Jesús iba a ver a Judas en este mundo. Habían pasado tres años juntos. Ahora el discípulo sale para su propia destrucción y Jesús no eleva ninguna plegaria a favor de él; su palabra es simplemente: «Lo que vas a hacer, hazlo pronto».

Las Escrituras dejan en claro que puede presentarse un momento en la vida de una persona, después del cual Dios no tiene nada más que agregar. Todo ya se ha explicado, y lo hemos rechazado. Observamos esto en la interrogación de Jesús por parte de Herodes, cuando Jesús ni siquiera advirtió la presencia del soberano. No es frecuente que uno ignore a un rey, especialmente cuando uno es prisionero delante de él. Tampoco es común que un detenido desestime contestar al juez, sobre todo cuando su existencia está en peligro. Pero Jesús no tenía nada que comentarle a Herodes; todo ya se había dicho.

Herodes había conocido a Juan el Bautista, quien le había hablado de la justicia, la verdad y las cosas santas. Herodes había respondido con la decisión de decapitar a Juan para satisfacer el capricho de una joven bailarina. Después el monarca escuchó de Jesús; se complació cuando oyó que él iba a su territorio, porque había sabido de los milagros del Señor. En su superstición y curiosidad, suponía que conseguiría pedirle a Jesús que realizara una de sus señales delante de él. Sin embargo, Jesús no vino para entretener o divertir; llegó para salvar. Si un individuo no experimenta ningún interés por la redención, Jesús no tiene nada que expresar; por eso, rehusó participar en el juego de Herodes y se negó a dialogar con él.

¿Quién es este Jesús? Es el Salvador de amor infinito que extiende sus brazos para recibir a un mundo pecaminoso. Pero siendo el Dios que nos emancipa, no se impondrá en nuestra libertad. Cuando hayamos decidido, cuando hayamos confirmado nuestra elección, él respetará nuestra determinación. Simplemente no hay nada más que sea capaz de añadir.

10/marzo

discípulos de gozo
salmo 100

Perseveraban unánimes cada día en el Templo, y partiendo el pan en las casas comían juntos con alegría y sencillez de corazón, alabando a Dios y teniendo favor con todo el pueblo. Y el Señor añadía cada día a la iglesia los que habían de ser salvos (Hechos 2.46–47).

Los primeros creyentes eran personas de gozo. La Biblia dice que «con alegría y sencillez de corazón comían juntos, alabando a Dios y teniendo favor con todo el pueblo». Hay un pasaje en los Salmos que habla de rendirle a Dios «los sacrificios de gratitud» (Salmo 107.22). El alborozo cristiano no resuelve todos nuestros problemas, ni tampoco es automático. El júbilo no es algo que se nos da; es algo que escogemos. No es un bien que Dios nos pone en nuestro corazón como un obsequio; es una opción, una elección.

Ciertamente esto fue verdad en la iglesia primitiva. Los primeros convertidos prefirieron sufrir con contentamiento porque fue la voluntad de Cristo para ellos. El mundo se asombra al ver a quienes aceptan las dificultades que enfrentan y optan por contarlas con deleite. Esta actitud de gozo hará una diferencia enorme en el ministerio al cual usted ha sido llamado, sea en la oficina, en la congregación o en el hogar. No sentirá tanta tentación de huir de su situación cuando la mire a través del lente del entusiasmo y cuando la reciba como el regalo divino para su vida. La felicidad es una decisión.

Escuche las palabras del Salmo 100, los primeros tres versículos:

Cantad alegres a Dios, habitantes de toda la tierra.
Servid a Jehová con alegría; venid ante su
presencia con regocijo.
Reconoced que Jehová es Dios;
Él nos hizo y no nosotros mismos;
Pueblo suyo somos y ovejas de su prado.

Me gusta este término, *regocijo*. ¿Te regocijas con él?

11/marzo

pioneros por diseño

salmo 8

«Ejerced potestad sobre los peces del mar, las aves de los cielos y todas las bestias que se mueven sobre la tierra» (Génesis 1.28).

Algunas de las sorpresas más encantadoras de mi existencia han venido de las porciones de la Biblia con las cuales la gente tiene más objeciones. De estos textos controversiales salen las percepciones más iluminadoras. Por ejemplo, el relato de la Creación, el cual a veces se lee a través de una neblina de confusión, ha llegado a ser la base de mi libertad intelectual. Génesis 1 y 2 ponen el fundamento para todo lo que sigue en las Escrituras y en la historia humana.

- Lección 1: Hay un solo Dios, quien es Creador de todas las cosas.
- Lección 2: Todo lo que Dios ha hecho es bueno.
- Lección 3: Ha establecido el universo no sólo para mi deleite, sino también para mi señorío, y éste no sólo para control sino también para mayordomía.

Estas enseñanzas revelan que soy libre—o mejor dicho, obligado—para explorar y descubrir todo lo que forma parte de mi entorno. Esta autonomía ofrece los desafíos más emocionantes. Todo lo que me conceda un mejor entendimiento y verificación de los propósitos divinos para esta tierra es una vocación cristiana válida. Dios les ha dado a las personas una curiosidad maravillosa y nos ha colocado en un planeta proyectado para estimular nuestra investigación.

El pueblo de Dios se ha olvidado de esta responsabilidad porque estamos preocupados principalmente por nosotros mismos. Nuestra negligencia, sin embargo, no anula el imperativo divino. Los creyentes, más que nadie, deben sentirse muy cómodos con la búsqueda de erudición. Somos el grupo cuya filosofía básica justifica el estudio. Fuimos concebidos para inspeccionar el cosmos que Dios nos entregó; somos pioneros por diseño. Si escogemos vernos de esta manera, nuestro acercamiento a la vida será diferente. Perseguiremos con perseverancia crecer y aprender; nos gozaremos en el mundo que el Señor nos regaló.

12/marzo

presencia: la base de la revelación

juan 16.12–15

La justicia irá delante de él y sus pasos nos pondrá por camino (Salmo 85.13).

Únicamente Dios puede introducirse en la experiencia humana. La revelación es simplemente la presencia divina en la historia del hombre a través de la cual los individuos alcanzan a comprender quién es y qué hace. Hay cierto tipo de conocimiento que es entendimiento *de* algo. Esta clase de saber no demanda la interacción individual; simplemente requiere la observación y el estudio. La teología cristiana y la revelación divina son más que esto. La teología cristiana es el discernimiento propio de las tres personas divinas en un solo Dios. Entramos en una relación íntima con él y aprendemos de él a través del intercambio particular. De esta correspondencia sale un conocimiento que es más profundo y más verdadero que cualquier información obtenida de una tercera parte.

Cuando yo era pastor, tuve la oportunidad de ministrar a una pareja joven, ambos galenos, que pensaban servir como misioneros. Me contaron su historia de amor. Cuando estaban en la universidad, a Tomás le asignaron un cadáver, y cuando levantó la vista para atisbar a su compañera en el análisis del muerto, se encontró contemplando los ojos de una muchacha muy bella. Un poco aturdido, titubeó: «¿Qué realiza usted aquí?»

La señorita respondió: «Voy a ser médica misionera».

«Yo también», contestó Tomás. Cuando escrutaban esos despojos, lograban erudición científica, pero también ocurría otro modelo de instrucción mientras los dos se miraban. Después de un tiempo, Tomás se dijo: «Debo vestirme mejor cuando me dirija a examinar al difunto». La percepción que iba ganando el uno del otro fue diferente y más impactante y transformadora que los datos que asimilaban sobre la anatomía humana.

Cuando te aproximas a la Palabra o a Cristo, ¿lo haces como buscando algo que quieres indagar? ¿O es Cristo alguien que robó tu corazón aun antes de que lo notaras? ¿Estás en la tarea de escudriñar más y más a él? Tu actitud al acercarse a Cristo determinará cuánto llegarás a conocerlo.

13/marzo

no entristezca al espíritu
isaías 63.7–19

Y no entristezcáis al Espíritu Santo de Dios, con el cual fuisteis sellados para el día de la redención (Efesios 4.30).

¿Cómo es posible que alguien camine en intimidad con Dios y después pierda esa comunión estrecha? Creo que esta situación se conecta con la actitud interior, la cual determina la naturaleza de todos los vínculos interpersonales.

Las Escrituras hablan de cuatro posturas negativas que uno es capaz de adoptar hacia el Espíritu Santo. La primera de éstas se encuentra en Efesios 4.30: «No entristezcáis al Espíritu Santo de Dios». Esta frase enfatiza el carácter personal de nuestra unión con el Espíritu; es posible que lo lastimemos.

Una relación interpersonal tiene que ser muy entrañable para que se hieran los sentimientos. Usted puede acongojar a sus padres, a su cónyuge, a un amigo cercano, pero no consigue abatir a un conocido casual. Logra ofenderlo, pero no entristecerlo. Y claro que no alcanza a afligir a un enemigo. A enojarlo sí, pero eso no es pesar. La palabra tristeza implica una conexión tierna, insondable y amorosa, en la cual uno de los participantes es hondamente lesionado.

Dos preguntas: ¿Vives en esa dependencia cercana y profunda con el Espíritu Santo que hace factible el dolor? Segundo: ¿Está apesadumbrado el Espíritu contigo? Si es así, no esperes ni un minuto más para resolver el asunto.

14/marzo

no apague al espíritu

hechos 2

No apaguéis al Espíritu (1 Tesalonicenses 5.19)

La segunda actitud que alguien puede asumir hacia el Espíritu Santo se describe en 1 Tesalonicenses: «No apaguéis al Espíritu». Sólo una fogata es factible de ser extinguida. Juan el Bautista dijo de Jesús: «Él os bautizará en Espíritu Santo y fuego» (Mat. 3.11). En el día de Pentecostés, el Espíritu vino con poder, trayendo ese bautismo. Las lenguas de fuego descansaron encima de los discípulos y una pira se encendió en sus corazones. De esta efervescencia en sus entrañas, la brasa comenzó a esparcirse en todo el mundo. Cuando un creyente es lleno del Espíritu Santo, se le prende una lumbre, y arde por conocer más a Cristo y por comunicar sus buenas nuevas. Una persona exaltada con un corazón vehemente es la que ha sido henchida por el fuego del Espíritu.

Sin embargo, esa linda y chispeante hoguera de devoción es capaz de ser sofocada. Pablo declara que es posible aplacar el fuego que quema dentro de nosotros; es probable reducir esa llama apasionada en el alma hasta que sólo queden unas cenizas frías y negras. Donde antes había calor y luz, ahora hay solamente frialdad y muerte.

Es interesante que en 1 Tesalonicenses 5.19, Pablo no da ninguna explicación de cómo se reprime al Espíritu; simplemente exhorta a los tesalonicenses a que no lo hagan. Un incendio se debilita cuando se le echa agua; el pecado es «el agua» en nuestra existencia que entristece y ahoga la chispa del Espíritu.

¿Arde tu vida con la llama caliente del Espíritu? ¿O has permitido que ese arrojo se disipe?

15/marzo

no resista al espíritu

hechos 7

«¡Duros de cerviz! ¡Incircuncisos de corazón y de oídos! Vosotros resistís siempre al Espíritu Santo; como vuestros padres, así también vosotros» (Hechos 7.51).

La tercera actitud negativa que podemos asumir hacia el Espíritu Santo fue descrita por Esteban cuando se defendía antes de convertirse en mártir. Hablaba con los fariseos que buscaban destruirlo, y les dijo que tenían corazones incircuncisos o no bautizados. Los fariseos habían sido inmersos en el baño ritual de purificación *(mikvah)*, pero la ceremonia fue simplemente el símbolo sin la realidad. No reflejaba ningún cambio interno o eterno. Permítame parafrasear las palabras de Esteban: «Bueno, amigos, son muy cuidadosos con el exterior, pero andan sin la verdad interior. Son sordos al mensaje de Dios y vacíos, sin su Espíritu. Son idénticos a sus antepasados, porque ustedes también han desafiado al Espíritu Santo».

La relación del creyente con el Espíritu Santo de Dios es capaz de decaer muy rápidamente de una intimidad a un nexo en el cual el amor se ha extinguido, y por fin llega a ser un vínculo lleno de oposición y renuencia. Una vez que la persona comienza a entristecer al Espíritu, el próximo paso es apagar su voz, y finalmente la rebeldía al Espíritu hace morada en el corazón del individuo, si no hay arrepentimiento. No resistas al Espíritu; las consecuencias son demasiado peligrosas.

16/marzo

no ofenda al espíritu

mateo 12.25–37

El que viola la Ley de Moisés, por el testimonio de dos o de tres testigos muere irremisiblemente. ¿Cuánto mayor castigo pensáis que merecerá el que pisotee al Hijo de Dios, y tenga por inmunda la sangre del pacto en la cual fue santificado y ofenda al Espíritu de gracia? (Heb. 10.28–29)

La cuarta actitud que uno puede asumir hacia el Espíritu se encuentra en la epístola a los Hebreos. Está en un pasaje donde el escritor habla de individuos que una vez conocieron la verdad pero después decidieron desobedecerla. El autor dice que los que desacataron la Ley de Moisés fueron juzgados culpables y ejecutados con base en el testimonio de dos o tres testigos. Cuánto más seremos responsables y convictos por tratar a la ligera la sangre del pacto de Dios, la cual se derramó para limpiarnos del pecado. El que rechaza la alianza divina ofende al Espíritu de gracia.

Hemos avanzado desde entristecer al Espíritu hasta apagarlo y resistirlo. Hay una progresión en estas posturas negativas hacia el Espíritu que culmina en la afrenta. El redactor de la carta a los Hebreos indica que el castigo por este ultraje será mayor que la muerte.

¿Cómo logramos nosotros los cristianos asegurar que nunca desairaremos al Espíritu Santo? Los fariseos tenían una política que se llamaba «cercar la ley». En vez de preguntar hasta qué punto serían capaces de ir sin romperla, pusieron una valla alrededor de ella para que nunca se arriesgaran a quebrantarla. Llevaron a extremos esta precaución, pero la idea en sí fue válida.

Debemos enfocar nuestra atención en no afligir al Espíritu. Si nunca lo consternamos, tampoco lo ahogaremos. Si jamás lo enfrentamos, tampoco lo escarneceremos. Si no atribulamos al Espíritu, caminaremos en una relación personal, dinámica, amorosa y fiel con él, un vínculo que producirá en nuestras vidas su bendición, su gozo, su paz, su poder y su fruto.

17/marzo

sólo jesús satisface
juan 6.22–52

Respondió Jesús y les dijo: --De cierto, de cierto os digo que me buscáis, no porque habéis visto las señales, sino porque comisteis el pan y os saciasteis (Juan 6.26).

En las Escrituras parece que los milagros siempre son una espada de dos filos; conllevan un doble significado. El primero es muy obvio y sencillo: La señal suple el aprieto inmediato de una manera que es importante para los propósitos divinos. Pero siempre en estas maravillas hay un segundo nivel. El prodigio no es simplemente un acto divino para cubrir una carencia; también se convierte en una parábola con significado espiritual. Éste fue el patrón de las señales hechas por Jesús.

La alimentación de los cinco mil funciona en estas dos líneas. La multitud se encontraba con hambre, y Cristo la miró con compasión, sabiendo que algunos no alcanzarían a llegar a su casa sin ingerir algo. Habían venido para verlo a él, y él se sintió responsable por su bienestar; por eso les dio de comer. En un grado más profundo, Jesús recapituló este evento y lo hizo la base para su presentación a los discípulos de la Cena del Señor. Les enseñó acerca de los deseos y apetitos de sus propios corazones, los cuales nunca se contentarían con elementos terrenales. Si querían saturarse de verdad, tendrían que participar en lo que fue representado por su cuerpo y su sangre. Deberían poseer la vida de él dentro de la suya, porque sólo él sería capaz de deleitar sus almas.

Puede ser que Jesús esté colmando las necesidades físicas de tu cotidianidad, pero no estás consciente de su deseo de llenar una insuficiencia mucho más honda y ardiente en tu existencia. Anhela satisfacerlt consigo mismo; al fin y al cabo, nada más te saciará.

18/marzo

la auto-trascendencia

juan 15.1–8

Como el Padre me ha amado, así también yo os he amado; permaneced en mi amor (Juan 15.9).

Por su gracia, Dios ha hecho posible que yo viva en su presencia cada momento, así que el cielo ha comenzado para mí en este tiempo y en este espacio. Alberto Orsborn, el poeta-general del Ejército de Salvación, entendió esta libertad de amor cuando compuso el himno «Espíritu de eterno amor»:

Espíritu de eterno amor
Dirígeme, o andaré ciego.
Fija mi corazón en lo celestial;
Haz que te siga sin desviarme.
Lo terrenal es efímero y ligero,
Un encanto pasajero que viene y se va.
Permite que mi alma goce de
La comunión constante contigo.

Ven, oh Espíritu, toma el control;
Que el fuego apasionado y los anhelos de mi alma
Hallen su eje en ti.
Invita a tu rebaño pacífico
Todos mis pensamientos errantes;
Tranquiliza y ordena todos mis días;
Esconde mi vida en ti.

Así yo, apoyado en ti
Y consciente de tu proximidad constante,
Alcanzaré ese gozo máximo
De vivir sólo para ti.
Ningún pensamiento interior me distraerá,
Ni tampoco ninguna transgresión oculta;
De este modo el cielo estará presente en mí,
Aun en mi diario vivir.[*]

---

[*] Albert Orsburn, "Spirit of Eternal Love," *Songbook of the Salvation Army* (London: Salvationist Publishing, 1953), no. 538; parafraseado y traducido al español por R. Coleman.

19/marzo

a su imagen
salmo 104

Entonces tus oídos oirán detrás de ti la palabra que diga: «Este es el camino, andad por él y no echéis a la mano derecha, ni tampoco os desviéis a la mano izquierda» (Isa. 30.21).

El ocuparse es la obligación común de la humanidad. Uno de los regalos más grandes de Dios es que nos ofrece algo para hacer. No hay razón para perturbarnos por la dignidad de nuestra tarea; el Señor estableció el patrón de la labor manual y nosotros somos la obra de sus manos. Dios desea que todos trabajen, no como un castigo, sino para que compartan la situación divina y para que él les dé satisfacción. Las criaturas formadas a la imagen del Creador poseen una tendencia creativa que necesita expresarse. Esta inclinación hallará su realización en la faena que él les proporcione para cumplir.

Cada individuo debe encontrar un lugar de servicio. Todos fueron hechos para producir. El sujeto infeliz es el que no detenta función o la ejerce en el punto equivocado. Dios tiene un sitio para ti, y conducirá tus movimientos hacia allá. El Señor puede ajustar el caminar de todas las personas, pero si él no conserva el control, no hay orden. Ábrete a la dirección del Espíritu Santo, y tus pisadas serán guiadas por él. Tal vez se presenten momentos de preguntas o cuestionamientos, pero no habrá calles sin salida. El salmista dice que si amamos al Señor, ninguno de nuestros pasos se deslizará y terminaremos en paz (Sal. 37.37).

20/marzo

el espíritu valiente

hechos 13.44–14.28

Después de anunciar el evangelio a aquella ciudad y de hacer muchos discípulos, volvieron a Listra, Iconio y Antioquía, confirmando los ánimos de los discípulos, exhortándolos a que permanecieran en la fe y diciéndoles: «Es necesario que a través de muchas tribulaciones entremos en el reino de Dios» (Hechos 14.21–22).

Una de las características de la iglesia primitiva fue la valentía. Los 120 entraron con miedo al Aposento Alto para protegerse de las autoridades, pero partieron de allí con poder para proclamar confiadamente al Cristo vivo a todos los que les oyeran. Quizás las rodillas de usted tiemblen con nervios la primera ocasión que salga a ministrar, pero está bien. Siga adelante y haga lo que Cristo le pide que realice; él lo llenará con su Espíritu y, como consecuencia, con valor. El coraje se produce sólo cuando usted entra en acción.

Los primeros cristianos llegaron a ser imparables; el mundo no poseía categorías para entender a personas como ellos. No temían a la prisión ni tampoco a la muerte; la humanidad no tenías armas para usar con éxito contra ellos (Isa. 54.17).

Durante el primer viaje misionero de Pablo, los ciudadanos de Listra lo apedrearon tanto que los hermanos pensaron que estaba muerto. Sin embargo, sanó y siguió con su servicio en Derbe. Después de completar su trabajo allí, en vez de ir a un lugar seguro, escogió regresar a Listra para cuidar a los nuevos convertidos que había dejado allá. Estaba ansioso por retornar al sitio donde fue maltratado, porque quería animarles al contarles lo maravilloso que era ser cristiano. Volvió a Listra para fortalecer a los creyentes y para exhortarles a que se mantuvieran firmes en el camino de la fe. Después, marchó de Listra con regocijo.

¿Conocemos esta clase de intrepidez? El mismo Espíritu que moraba en Pablo y le hizo audaz, puede estar en ti y en mí.

21/marzo

el superintendente de construcción
2 corintios 3.16–4.1

Por tanto, nosotros todos, mirando con el rostro descubierto y reflejando como en un espejo la gloria del Señor, somos transformados de gloria en gloria en su misma imagen, por la acción del Espíritu Santo (2 Cor. 3.18).

Hay ciertas situaciones que le causan dolor al Espíritu del Señor, en las cuales nunca pensamos. Una de ellas es la pereza. ¿No sabes que podemos entristecer al Espíritu de Dios cuando desaprovechamos el tiempo? La ociosidad nos hace sentir contaminados porque nos separa de la presencia de Cristo. Otra aflicción para el Espíritu Santo de Dios es cuando los cristianos tratan a otros de una manera desconsiderada. Una actitud descortés insiste en una retribución exacta, en lograr que la otra persona experimente la misma sensación que nosotros. Este deseo de venganza, aun en las cosas insignificantes, invariablemente brota del egocentrismo, y éste es siempre un pecado. Un tercer desconsuelo para el Espíritu ocurre cuando un creyente se permite estar continuamente en el desánimo. El desaliento perpetuo nunca viene de Cristo sino que se origina en otra fuente.

Dios comenzó un proceso en nuestro corazón cuando nos ganó para sí mismo, y este procedimiento encierra el objetivo de hacernos a su semejanza. El Espíritu Santo de Dios es el superintendente de construcción en el proyecto de nuestra existencia. Es su trabajo llevarnos al lugar donde reflejemos su santidad. Los aspectos de mi vida que le ocasionan sufrimiento al Espíritu son los factores que intento retener, resistiendo su cirugía, su limpieza y su amonestación. Él anhela conformar mi realidad a la imagen de Cristo, en quien no hay vagancia, ni falta de amabilidad ni depresión.

22/marzo

una fragancia dulce

filipenses 4.14–20

Mi Dios, pues, suplirá todo lo que os falta conforme a sus riquezas en gloria en Cristo Jesús (Fil. 4.19).

Cuando Pablo les escribió a los filipenses, a quienes amaba profundamente, se encontraba enfrentando la muerte, por eso su corazón estaba muy tierno. Esta iglesia había levantado una ofrenda misionera y se la había enviado al apóstol, quien contestó para agradecerles y declaró que su obsequio era «olor fragante, sacrificio acepto, agradable a Dios» (Fil. 4.18). Pablo se sentía sobrecogido de gozo al saber que esa agrupación quería contribuir para su gestión a los gentiles. Aportaban para que el mundo lograra ser redimido, y el apóstol les aseguró: «Mi Dios, pues, suplirá todo lo que os falta conforme a sus riquezas en gloria en Cristo Jesús».

Tenemos el hábito desafortunado de aislar versículos bíblicos de su contexto. ¿Ha usted citado esa porción que dice que Dios cubrirá todas sus necesidades? Esta promesa no se entregó de forma genérica; fue anunciada a individuos que habían contribuido para la obra de Dios. El ofrecimiento es: Si uno colabora generosa y voluntariamente en la labor divina, el Señor compartirá también en la vida de esa persona. Emerge una reciprocidad entre Dios y su pueblo.

Una vez me tocó dirigir una serie de cultos de Semana Santa en una congregación presbiteriana muy formal en el sur de nuestro país. Esa comunidad brillaba con increíble poder y vigor, y poseía uno de los grupos más grandes de universitarios que he visto. Cuando miré su boletín dominical, me di cuenta de la razón de su dinamismo: El 51 por ciento de su presupuesto se destinó para la evangelización transcultural.

Cuando nos interesa lo que le importa a Dios y lo demostramos con una provisión sacrificial, él está libre para bendecirnos y honrarnos porque lo enaltecemos a él. Nuestra dádiva será un aroma perfumado ante Dios. ¿Anhelas complacer al Señor? Sé parte de la extensión de las Buena Nuevas en esta tierra por medio de tus donaciones, tus oraciones y tu intervención.

23/marzo

una promesa de Jesús

juan 21.13–25

Dijo a los que vendían palomas: --Quitad esto de aquí, y no convirtáis la casa de mi Padre en casa de mercado....Los judíos respondieron y le dijeron: --Ya que haces esto, ¿qué señal nos muestras? Respondió Jesús y les dijo: --Destruid este templo y en tres días lo levantaré (Juan 2.16, 18–19).

Las Escrituras enseñan cosas interesantes acerca de los símbolos. El templo es la alegoría primaria en la Palabra de Dios. ¿Recuerdas la ocasión cuando Jesús limpió el lugar, y las autoridades le preguntaron con qué autoridad lo hacía? Respondió que si derrumbaban el edificio, Él lo podría reconstruir en tres días. El modelo no era lo más importante sino la verdad detrás de él. El santuario fue una muestra de que Dios deseaba habitar entre su pueblo; le había dicho a Moisés que el tabernáculo iba a ser el centro de la vida hebrea. Pero aun esta intimidad no le era suficiente; Dios anhelaba estar más cerca que una casa, por eso decidió hacerse uno de nosotros. El templo fue una promesa de Belén—una proposición de la Encarnación misma. Cuando la Realidad, a quien la construcción apuntaba, entró a esa figura, las jerarquías eclesiásticas no la reconocieron por lo que era. Su amor por el emblema se había convertido en idolatría; reverenciaban las rocas y los ladrillos más que a Dios mismo.

Las representaciones que ya no señalan a su legítimo significado se transforman en mentiras, y Dios no admite que se queden. Cuarenta años después de que las autoridades del templo mataron a Jesús, la Presencia detrás de su símbolo querido, Dios permitió que los soldados romanos destruyeran la propiedad, piedra por piedra. Sin embargo, Jesús sufrió la devastación sólo por tres días; el símbolo de Jesús—el templo—fue demolido para siempre, porque ya no era necesario.

¿Cuáles son los símbolos en la existencia tuya? ¿Te aferras a algún símbolo y rechazas la autenticidad? ¿Tus moldes indican el camino hacia Jesús mismo?

24/marzo

el templo del espíritu

mateo 13.10–23

Pero el Consolador, el Espíritu Santo, a quien el Padre enviará en mi nombre, él os enseñará todas las cosas y os recordará todo lo que yo os he dicho (Juan 14.26).

Un predicador famoso contó una anécdota sobre un amigo suyo, quien estaba leyendo un día cuando el Espíritu Santo le anunció muy claramente: «Este libro no es para ti».

El hombre respondió: «¿Oh?» y siguió en lo mismo.

El Espíritu le contestó: «No, quisiera que no lo leyeras. No deseo que estas cuestiones estén en tu mente».

El varón dejó la obra y dijo: «Gracias, Señor».

Nunca he olvidado esta ilustración. El Espíritu de Dios anhela poseer el control de nuestro entendimiento, y esto significa que hay ciertos elementos que no deben estar allí. Nos aclara: «¿Acaso no sabéis que sois templo de Dios y que el Espíritu de Dios está en vosotros?» (1 Cor. 3.16). Hay algunas cosas que tal vez sean permisibles para otros, pero el Espíritu de Jesús nos detiene en cuanto a ellas. Estos factores pueden parecernos insignificantes, pero algunas de las elecciones más determinantes de mi vida se han relacionado con asuntos pequeños que aparentaban carecer de importancia.

¿Andas tan íntimamente con el Espíritu de Jesús que él tiene la confianza de hablarte acerca de tus actitudes, tus palabras, tus textos, tus pensamientos, tus amistades, tus finanzas y tu entretenimiento? Cuando él te pide que cambies tu conducta, ¿escuchas? Si lo haces, gozarás de una libertad interior que te impele para que seas más creativo.

25/marzo

en el lugar santísimo

mateo 27.51; hebreos 10.19–25

Así que, hermanos, tenemos libertad para entrar en el Lugar Santísimo por la sangre de Jesucristo...Acerquémonos, pues, con corazón sincero, en plena certidumbre de fe, purificados los corazones de mala conciencia y lavados los cuerpos con agua pura (Heb. 10.19, 22).

Cuando un hombre judío entraba en la parte exterior del santuario, se topaba un altar diseñado para el holocausto de animales. Allí la sangre se derramaba, la vida se quitaba y los cadáveres se consumían como expiación por la culpa. Después el varón se limpiaba en el lavabo que también estaba en la zona como figura de la purificación. Estas cosas debían completarse antes de que él pudiera avanzar: la inmolación para el perdón de pecados y el lavamiento de la regeneración.

Si alguien llegaba hasta allí, conseguía ingresar en el Lugar Santo donde hallaría el pan de la Presencia, que simbolizaba la vida. De una manera similar, cuando arribamos al otro lado de la conversión y remisión de pecados, comenzamos a caminar a la luz de la verdad divina, y Jesús empieza a alimentarnos consigo mismo.

Un individuo lograba marchar aún más dentro del templo, a un sector conocido como el Lugar Santísimo. Cuando el Sumo Sacerdote se adelantaba más allá de la separación entre el Lugar Santo y el Lugar Santísimo, se encontraba en la comparecencia misma de Dios. Bajo el viejo pacto el Sumo Sacerdote estaba facultado para acceder a ese sitio sólo una vez al año. Cristo, por su muerte, abrió ese camino para todos nosotros; la revelación inmediata de Dios es nuestro privilegio.

Si has saboreado esa rápida manifestación, no te gustará para nada la existencia sin esa intimidad. Si has alcanzado el punto donde él se ha glorificado en ti, nunca querrás salir de la esfera de su presencia santa.

¿Sigues permaneciendo en las afueras? Permite que Dios te empuje más y más hacia él. Jesús se hizo nuestro sacrificio para que tú y yo también pusiéramos nuestro ser como ofrenda. Una vez que nos entreguemos, seremos capaces de incursionar detrás del velo, y Jesús mismo será nuestra savia, nuestro gozo y nuestra victoria.

Cuando esto suceda, no necesitarás nada más. No importa si el sendero es fácil o duro; él es suficiente. No importa si tus manos están llenas o vacías; él es suficiente. No importa si tienes salud o enfermedad; él es suficiente. No importa si pereces o vives; él es suficiente. Cuando penetres en el Lugar Santísimo, no te faltará nada, porque Jesús es suficiente.

26/marzo

las bienaventuranzas

mateo 5.1–12

Bienaventurados los pobres en espíritu, porque de ellos es el reino de los cielos (Mat. 5.3).

Las Bienaventuranzas son algunos de los dichos más famosos de Jesús. En ellas Jesús habla de las cualidades de los que habitarán en su reino y de su papel en la tierra. La personalidad retratada en las Bienaventuranzas es muy diferente a la que aplaude el mundo. Los pensamientos humanos acerca de un rey y su dominio incluyen la pompa, la riqueza y la ceremonia. Cuán opuestos son estos ideales de pobreza de espíritu, humildad, misericordia, pureza, paz y hambre de justicia. Cuán distinta es esta administración de la que los discípulos anhelaban. ¡Y cuán contraria a la que normalmente preferimos! Pero éstos son los rasgos que deben estar en nuestras vidas si profesamos ser miembros del reino de Cristo.

Bienaventurado puede ser traducido «feliz», aunque significa mucho más que la alegría pasajera. Comunica la idea de disfrutar todas las riquezas de gracia que son nuestras cuando el rostro de Dios brilla sobre nosotros. Si usted percibe su miseria espiritual, siente tristeza por ella y se somete sencillamente al Señor, es cierto que experimentará hambre y sed de la justicia divina. Y no se quedará sin saciarse; Dios llenará su existencia con la plenitud divina. Los ciudadanos del reino de Dios son compasivos porque esperan obtener clemencia de él. Otros atributos que conducen a la dicha son la integridad y el sosiego. Los que están en el reino ahora poseen la naturaleza del soberano; los demás frecuentemente se les oponen y los malentienden, pero el galardón será grande para los que sufren y son maltratados por el evangelio de Jesús. De hecho, la herencia de los profetas y de Cristo será suya.

Observa la exhortación a que manifieste las virtudes expresadas en las Bienaventuranzas. ¿Ansías que Dios las haga realidad en tu cotidianidad? No estás listo para comenzar el día si no tienes apetito y necesidad de él y de su carácter. Si lo deseas, él se encontrará contigo en algún momento hoy. ¡Que lo halles!

27/marzo

«mi alma descansa en jesús»

marcos 15.21–40

Venid a mí todos los que estáis trabajados y cargados, y yo os haré descansar. Llevad mi yugo sobre vosotros y aprended de mí, que soy manso y humilde de corazón, y hallaréis descanso para vuestras almas (Mat. 11.28–29).

Deposito mis transgresiones en Jesús,
El cordero puro de Dios.
Él las lleva en su totalidad,
Y me libera de la carga de maldición.
Le entrego mi culpa y mis manchas escarlatas;
En su sangre preciosa me lava
Hasta que sea blanco como la nieve.

Deposito mis necesidades en Jesús;
Toda plenitud habita en él.
Sana todas mis enfermedades
Y redime mi alma.
Deposito mis tristezas en Jesús,
Mis cargas y mis aflicciones;
De ellas Él me libera
Y comparte todas mis congojas.

Mi alma descansa en Jesús,
Mi espíritu fatigado reposa en él.
Su diestra me abraza
Y en su seno me reclino.
Adoro el nombre de Jesús,
Emanuel, Cristo, mi Señor;
Como un perfume esparcido por las brisas
Es su dulce nombre.

Anhelo ser semejante a Jesús,
Humilde, amoroso, compasivo, templado.
Anhelo ser como Jesús,
El Hijo santo del Padre.
Anhelo estar con Jesús
En medio de las huestes celestiales,
Para cantar con los santos sus alabanzas,
Para entonar el cántico angelical.

Este himno fue compuesto por el pastor escocés Horacio Bonar, para los niños de su parroquia, pero su mensaje se expresa también a los adultos; comunica la necesidad profunda del corazón humano y la riqueza incomparable que se halla en el Señor Jesús.[*]

---

[*] Horatius Bonar, "I Lay My Sins on Jesus," *The Lutheran Hymnal* (St. Louis, Mo.: Concordia, 1941), no. 652. Parafraseado y traducido por R. Coleman.

28/marzo

la canción de salvación

salmo 100

Recibiréis poder cuando haya venido sobre vosotros el Espíritu Santo, y me seréis testigos en Jerusalén, en toda Judea, en Samaria y hasta lo último de la tierra (Hechos 1.8).

El pastor Samuel Chadwick reportó que una noche luchó con el texto: «Recibiréis poder cuando haya venido sobre vosotros el Espíritu Santo». En la madrugada de ese domingo, después de sus horas de combate, se dio cuenta de que entendía teóricamente la potencia del Espíritu Santo, pero no por experiencia. Fue durante ese espacio matutino que el Espíritu se manifestó sobre él mientras estaba postrado en su estudio. Cuando predicó esa mañana, hubo más conversiones en un solo culto de lo que había visto en los meses anteriores de su ministerio.

Cuando la verdad se transforma en una luz radiante en nosotros, otros son atraídos a esa claridad. ¿Comprendes la plenitud del Espíritu Santo en tu corazón o sólo en tu mente? ¿Estás consciente del perdón de pecados? ¿Conoces la libertad de la culpa?

Feliz yo me siento al saber que Jesús
Libróme de yugo opresor;
Quitó mi pecado, clavólo en la cruz;
Gloria demos al buen Salvador.[*]

Cuando la plena salvación llega a ser personal y real, irrumpe en una melodía. No es simplemente una proposición seca, sino una música maravillosa. No es para una repetición mecánica, sino para una exclamación gozosa. Cuando el pueblo de Dios canta de la completa redención, quienes no tienen a Cristo empiezan a prestar atención, porque anhelan que la armonía llene sus corazones vacíos y silenciosos.

---

[*] Horatio G. Spafford, 1873, "It Is Well With My Soul"; trad. Pedro Grado Valdés, "Estoy bien," *Celebremos su gloria* (Dallas: Libros Alianza, 1992), no. 373.

29/marzo

la llave de la vida

2 timoteo 3.10–17

Toda la Escritura es inspirada por Dios y útil para enseñar, para redargüir, para corregir, para instruir en justicia, a fin de que el hombre de Dios sea perfecto, enteramente preparado para toda buena obra (2 Tim. 3.16–17).

Mientras estudias la Escritura, debes siempre buscar esas claves bíblicas que te ayudarán a descifrar, como cristiano, los acontecimientos que se producen a tu alrededor. Cuánto más feliz y eficaz sería nuestro paso por este mundo si tuviéramos una perspectiva y una orientación plenamente bíblicas. La auténtica llave para abrir la interpretación de la verdad se encuentra en la Palabra de Dios. Hay muchos individuos hundidos en la confusión y la incertidumbre; Dios desea que sus hijos vean, disciernan, perciban y sepan, para que sean capaces de guiar y apoyar a otros. Nunca conseguiremos hacer esto sin llegar primero a la convicción de que la Biblia no es simplemente un tratado mágico o religioso, sino la solución de la vida. Es la pista de la realidad que nos ha dado Aquel que creó esa realidad.

Dudo que uno logre entender los axiomas fundamentales de la existencia—la naturaleza de Dios, de las personas, del matrimonio, del estado o de la vocación propia—hasta que conozca bien las Escrituras. Lo que más me impacta del Texto Sagrado a estas alturas de mi caminar es que es el más acertado de todos los libros; con seguridad puedo investigar sus profundidades y basar mi proceder en él.

Jeremías 10.23 nos dice que nuestra senda no se halla dentro de nosotros. Jesús nos asegura que nuestro camino está en él (Juan 14.6). Y descubrimos a Jesús con más exactitud en Su Palabra.

30/marzo

las instrucciones finales

juan 13–14

Antes de la fiesta de la Pascua, sabiendo Jesús que su hora había llegado para que pasara de este mundo al Padre, como había amado a los suyos que estaban en el mundo, los amó hasta el fin (Juan 13.1).

En la última noche que Jesús pasó con sus apóstoles, habló de muchos aspectos, pero tal vez tres de éstos son más significativos para nosotros.

Primero: Se refirió a la inmolación de sí mismo. La Cena del Señor, la cual Jesús instituyó en esa vigilia, nos recuerda que el sufrimiento y la muerte son parte de nuestra redención y la del mundo. Esta comida memorial enfoca nuestra atención en el amor asombroso de Dios que paga un precio indecible por nuestras vidas.

Segundo: Jesús explicó sobre el servicio en el reino. Con sus acciones ilustró que los mayores son los que ayudan. Modeló esa entrega auto-sacrificial no sólo en el Gólgota, sino también en los actos diarios de asistencia demandados por la superioridad según la perspectiva divina.

Finalmente, Jesús enseñó sobre la Persona cuya presencia les daría poder a sus seguidores para que completaran su trabajo. Jesús no quería que sus discípulos se sintieran desamparados y abandonados después de su ascensión, por eso les prometió que vendría Otro para tomar su lugar. El Espíritu Santo iba a ser su maestro (Juan 14.26); convencería a la humanidad del pecado, de la justicia y del juicio (Juan 16.8). El Espíritu le daría fuerza al testimonio de los discípulos. Fue la garantía de Jesús de que nunca estarían solos.

El hecho de que Jesús expresó estas tres cosas—la Cruz, la grandeza en el reino y el Espíritu Santo—en las horas postreras antes del Calvario indica que fueron las más cercanas a su corazón en los momentos finales de su existencia terrenal. Ciertamente debemos valorar estos énfasis si profesamos venerarlo.

- Postrémonos en adoración y alabanza al contemplar la devoción que compró nuestra salvación a un costo horrible.
- Dispongámonos a humillarnos a favor de otros, según su ejemplo.

31/marzo

haciendo a un líder
éxodo 2

Por la fe Moisés, hecho ya grande, rehusó llamarse hijo de la hija del faraón, prefiriendo ser maltratado con el pueblo de Dios, antes que gozar de los deleites temporales del pecado (Heb. 11.24–25).

El nacimiento y crianza de Moisés es una historia asombrosa. Fue descendiente de los odiados hebreos, quienes estaban sometidos a servidumbre por los egipcios. La hija del faraón, quien había ordenado el asesinato de todos los vástagos varones de los israelitas, lo adoptó y lo hizo heredero al trono de Egipto. A su propia madre judía se le permitió ser su nodriza. El nombre de la progenitora de Moisés, Jocabed, significa «Yahwéh es glorioso» o «Yahwéh es el Grande». Ella creyó que Dios era capaz de salvar a su hijo, y él la premió por su fe. El Señor protegió a Moisés de la muerte, y después lo usó para rescatar a su raza de la esclavitud. Dios liberó al libertador.

Moisés siempre estuvo consciente de sus orígenes, y deseaba ayudar a su gente. Es admirable el que se encontrara dispuesto a identificarse con ellos, una comunidad de esclavos. Desafortunadamente, agarró la justicia en sus manos cuando ejecutó a un egipcio que había pegado a un hebreo. De la misma manera que Abraham y Sara trataron de colaborar con Dios en la realización de su plan, Moisés buscó socorrer a su nación por sus esfuerzos personales. Pero él no estaba maduro para la obra de su vida; tampoco Israel lo estaba para su emancipación. Moisés requería ser preparado e instruido, por eso Dios lo envió a Madián para pastorear ovejas. Dios lo sacó de Egipto a fin de que recibiera la capacitación necesaria para ser el paladín de los israelitas.

A veces lamentamos el tiempo que Dios toma para alistarnos. Nos ponemos impacientes, pero Dios ocupó cuarenta años en el adiestramiento de Moisés. No menospreciemos el espacio que él determina para nuestro desarrollo o el lugar donde nos coloca durante nuestro entrenamiento. Para Moisés, fue un gran salto desde ser un príncipe hasta ser pastor de ovejas, pero en el aislamiento del desierto Dios preparó a su hombre. Debemos conocer algo de la soledad si vamos a entender los caminos divinos, los cuales no se pueden percibir en el correr de la existencia. Tenemos que experimentar un intervalo tranquilo. Durante su período de aleccionamiento, Moisés aprendió a vislumbrar el terreno por el cual guiaría al pueblo de Dios. Sus jornadas como un sencillo ovejero no se desperdiciaron, y ningún día se malbarata cuando estamos en la voluntad de Dios. Todas las cosas sirven a sus propósitos.

1/abril

temiendo únicamente a mí mismo
números 13

Allí estaban también Josué hijo de Nun y Caleb hijo de Jefone, los cuales habían participado en la exploración de la tierra. Ambos se rasgaron las vestiduras en señal de duelo y le dijeron a toda la comunidad israelita: --La tierra que recorrimos y exploramos es increíblemente buena. Si el SEÑOR se agrada de nosotros, nos hará entrar en ella. ¡Nos va a dar una tierra donde abundan la leche y la miel! Así que no se rebelen contra el SEÑOR ni tengan miedo de la gente que habita en esa tierra. ¡Ya son pan comido! No tienen quién los proteja, porque el SEÑOR está de parte nuestra. Así que, ¡no les tengan miedo! (Números 14.6–9, NVI)

¡La única cosa de la cual debemos sentir miedo es de nosotros mismos! Sólo nosotros podemos impedir la ventura que Dios ha dispuesto para cada uno. Por eso, usted debe temer imponer en su porvenir su propio camino egoísta, porque esa intrusión complicará el asunto. En una ocasión, el profeta escuchó una palabra divina que sigue siendo nuestra para reclamar: «Porque yo sé muy bien los planes que tengo para ustedes--afirma el SEÑOR--, planes de bienestar y no de calamidad, a fin de darles un futuro y una esperanza» (Jeremías 29.11, NVI).

Doce hombres jóvenes estuvieron parados, delante del sendero preparado por Dios en un lugar denominado Cades-barnea. Diez de ellos escogieron un mañana fundamentado en su ansiedad e incredulidad personal. Esos diez se llamaron Samúa, Safat, Igal, Palti, Gadiel, Gadí, Amiel, Setur, Najbí y Geuel. Nadie selecciona estos nombres para sus hijos; únicamente un historiador los reconocerá.

Dos varones eligieron su destino con base en el conocimiento íntimo de Yahwéh y con plena confianza en sus proyectos para ellos. Siguieron al Señor por completo, y miles de años después, sus nombres se pronuncian con respeto. Todavía se los ponemos a nuestros hijos. El mundo requiere más seres como Caleb y como Josué, porque sólo esta clase de individuos es capaz de guiarnos hacia el porvenir, hacia la Tierra Prometida que necesitamos y anhelamos.

¡Levanta la vista! ¡Acércate a Dios y demanda el mañana que él ha formado para ti!

2/abril

el sendero de la vida

salmo 16

Me has dado a conocer la senda de la vida; me llenarás de alegría en tu presencia, y de dicha eterna a tu derecha (Salmo 16.11).

El salmista no escribe de la senda *hacia* la vida, sino sobre la senda *de* la vida. El que la halla, prevalecerá. El versículo 11 del Salmo 16 es el equivalente en el Antiguo Testamento de la afirmación de Jesús: «Yo soy el camino, la verdad y la vida» (Juan 14.6). Nuestra existencia está en él. El salmista creía que los seres humanos podían morar en la presencia de Dios y alcanzar la auténtica vida.

¿Es posible que nuestra obligación máxima sea conocer a Dios y sus caminos para que la petición de la oración modelo se cumpla hasta cierta medida? «Hágase tu voluntad en la tierra como en el cielo», rogó Jesús (Mat. 6.10, NVI). No hay vocación más alta ni privilegio más precioso, que habitar en su presencia y alimentarnos de los placeres que descubrimos allá. La clave para permanecer en este lugar es la sabiduría que se encuentra en Dios y en su Palabra.

Residimos en un mundo que no se parece en nada al paraíso; tanto el creyente como el incrédulo le dirán cuán corrompido es. ¿Será que el desastre sombrío que nosotros llamamos la vida moderna no sea nada más que un testigo del hecho de que los individuos han perdido al único y verdadero Dios y por eso se han extraviado a sí mismos? Nuestro sendero de vida está en Cristo Jesús y en su Palabra para nosotros.

3/abril

la realidad del infierno

lucas 16.19–31

Abraham le dijo: "Si no les hacen caso a Moisés y a los profetas, tampoco se convencerán aunque alguien se levante de entre los muertos" (Lucas 16.31, NVI).

En Lucas 16 Jesús cuenta la parábola del hombre rico y Lázaro, en la cual habla de los destinos eternos. Esta enseñanza indica que el destino eterno de uno depende de las elecciones en este mundo; no es el resultado del azar o aun de la bondad de Dios. Al decidir aceptar o rechazar la salvación divina, determinamos nuestro porvenir.

Una segunda instrucción hallada en este pasaje es el corolario de la primera: El pecado tiene consecuencias permanentes. La mayoría de las personas cree que sus transgresiones traen efectos sólo temporales, y si esperan suficiente tiempo, la culpabilidad simplemente desaparecerá. La historia del hombre rico y Lázaro nos muestra que nuestros yerros terrenales, si no son perdonados por la gracia de Dios, cosechan para nosotros un peso infinito de condenación. El fin de esta vida no es la terminación de nuestra falta a menos que hayamos recibido el perdón.

Un tercer punto de esta parábola, que tal vez nos parezca obvio, es que los frutos de la maldad no son felices. Jesús los describe como «tormentos». Es cosa grave decir adiós a este mundo si uno no está en relación correcta con Dios.

Esta seriedad se observa en la cuarta aplicación de este relato. Jesús dice que no hay segunda oportunidad después de esta vida; un gran abismo divide inmutablemente a los redimidos y los perdidos. En lo que Cristo reveló de nuestra condición después de la vida mortal, el día de gracia y misericordia pasa y la oportunidad para la salvación se acaba. Esperar más es un riesgo motivado únicamente por el deseo. El suplicio perpetuo se presenta como una existencia consciente en la cual uno se llena con remordimiento y arrepentimiento. Esta descripción se da para amonestar a los lectores a que eviten tal futuro; por su amor hacia los fariseos y los ricos, Jesús les pronuncia esta lección como advertencia.

No nos gusta referirnos al infierno, pero Jesús lo hizo. ¿Vives de tal manera que no vayas a experimentar pesadumbre y aflicción en ese día final? ¿Caminas de tal forma que tu vecino pueda regocijarse en ese momento porque ha visto a Jesús en el ejemplo tuyo?

4/abril

el sacrificio de un hijo

mateo 27.32–56

«Ahora todo mi ser está angustiado, ¿y acaso voy a decir: "Padre, sálvame de esta hora difícil"? ¡Si precisamente para afrontarla he venido! ¡Padre, glorifica tu nombre!» (Juan 12.27–28a).

Dios es soberano. Sin embargo, esto no quiere decir que protegerá a los suyos de las dificultades de la vida. El pueblo de Judá tenía muchos conflictos, pero mientras andaban con Yahwéh, esos desafíos eran oportunidades divinas. En el ministerio de Jesús, la enfermedad de un hombre se convirtió en la ocasión para que Cristo demostrara su poder sobre la lepra. La ceguera de otro fue la oportunidad para que Él le restaurara la vista. Para el cojo, su condición llegó a ser el medio para comprobar que el Señor es capaz de sanar y hacer íntegro el cuerpo entero. Dios consintió que las aflicciones tocaran a Israel para que el mundo entero observara cómo operaba en ellos la capacidad redentora de Cristo. Si le permites tener todo tu corazón, no significa que nunca vas a experimentar pruebas, pero la soberanía de Dios hace que ellas sean un instrumento para Su gloria. Si la mayor felicidad en tu existencia es la gloria de Dios, puedes regocijarte aun en sus problemas.

Un hombre que se había criado en Carolina del Norte fue llamado por Dios a su servicio; por eso decidió estudiar para ser galeno. Junto con la medicina, aprendió teología, en preparación para ser misionero. Terminó con tres doctorados, uno en medicina y dos en teología. Después de completar su educación, salió con su esposa embarazada para la región más remota de África. Trabajaron cuatro años con una tribu, sin resultados. Cada semana desarrollaban cultos de adoración, pero ningún africano asistió a las reuniones. Un día su hijo pequeño se enfermó y falleció. Ese misionero fabricó un ataúd para su vástago y lo llevó a sepultar. Estaba totalmente solo, excepto por la presencia de un varón africano. Cuando había terminado de cubrir el féretro con tierra, fue sobrecogido por el dolor y rompió a llorar, con su rostro oculto en la tierra recientemente movida. El hombre africano le cogió por el cabello y levantó su cabeza para mirarle a los ojos. Después la bajó cuidadosamente y dejó que descansara de nuevo en el suelo. El africano corrió para la aldea, gritando: «El blanco llora como nosotros». La siguiente vez que esa pareja misionera se juntó para alabar al Señor, el lugar se llenó de gente. Ahora existe una congregación por el sufrimiento de esa familia.

Hay sólo un camino por el cual el mundo puede salvarse; Dios nos lo mostró en el Calvario. Sacrificó a su Hijo. Y esa tribu africana fue ganada por el sacrificio de un hijo.

El sacrificio más grande no es el de la muerte física; la ofrenda mayor es cuando quitamos las manos de nuestra vida para que Cristo more en nosotros con victoria y gozo. Si nuestro corazón no está limpio, lucharemos contra él o nos sentiremos resentidos. Cuando dejamos que él posea todo nuestro ser, nos deleitamos en hacer su voluntad y descubrimos que ella es dulce. Esa dulzura viene de la preciosa confraternidad con Aquel que tiene las manos cicatrizadas; no hay ningún detalle terrenal que se compare con esa comunión. No la pierdas.

5/abril

a ddios le interesas

isaías 63.7–9

De tal manera amó Dios al mundo, que ha dado a su Hijo unigénito, para que todo aquel que en él cree no se pierda, sino que tenga vida eterna (Juan 3.16).

La antigua perspectiva griega acerca de Dios y la bíblica son radicalmente diferentes. La distinción radica en dos conceptos contrastantes de la perfección. Para los griegos, ésta representaba inmutabilidad; debía ser algo estático. Si algún objeto era perfecto, no podía cambiar sin negar su propia excelencia. Esta lógica concluyó que lo divino no tenía afectos porque un ser sentimental es capaz de cambiar. Por eso, Dios no podía amar ni padecer. La filosofía griega poseía un término para esta noción: *apatheia*, el origen de nuestra palabra *apatía*. Se usaba para referirse a lo divino y significaba «sin sentimientos, sin sufrimiento».

¡Cuán opuesto es el retrato bíblico de Dios! En las Escrituras, observamos que el Señor ama a Israel, se enoja con la injusticia, se entristece. Jesús llora cuando enfrenta la tumba de Lázaro y se perturba al pensar en la Cruz.

¿Qué hace la divergencia? Los dioses griegos eran fuerzas impersonales, pero el Dios de la Biblia es muy personal. Es un Padre, y como tal tiene un Hijo. Su relación con el Espíritu es una de amor, y desde esa intimidad afectiva Yahwéh creó el mundo. Cuando pecamos, a Dios le importó; por eso estableció el camino hacia el Calvario. El Señor de las Escrituras no carece de sentimientos y emociones; él es amor apasionado y nosotros somos los objetos de ese amor. Esta realidad merece nuestra gratitud y nuestra adoración.

6/abril

emanuel
éxodo 40.34–38

«Una virgen concebirá y dará a luz un hijo y le pondrás por nombre Emanuel» (que significa: «Dios con nosotros») (Mateo 1.23).

El Dios a quien adoramos tiene emociones. Es amor y ha escogido derramarlo sobre nosotros. Cuando Adán y Eva le dieron la espalda, buscó un pueblo que lo amara y entre quienes pudiera habitar. Desea estar cerca de Sus amados de la misma manera que una persona anhela encontrarse al lado de sus seres queridos. Dios halló a un hombre llamado Abraham, quien estaba dispuesto a amarlo y caminar con él. De los descendientes de Abraham el Señor estableció una nación escogida, la cual construyó una casa para Él en su medio, donde él vino a morar en toda Su gloria. Llegó a ser el centro de la existencia de ellos.

Yahwéh espera ser el eje de nuestras vidas también, el punto de referencia alrededor del cual todo gira. Por eso se nombra Emanuel, que significa «Dios con nosotros». ¿Es capaz de imaginar alguna realidad más asombrosa y maravillosa que Emanuel? Dios ansía participar en nuestra cotidianidad; desea estar más próximo a nosotros que cualquier otro. Si realmente entendiéramos su deseo para nosotros a la luz de su grandeza y nuestra pequeñez, nos arrodillaríamos en asombro y gratitud. Jamás permita que nadie diga que Dios no es amor.

7/abril

una vasija quebrada

hechos 9.1–19

Tocó en el sitio del encaje de su muslo, y se descoyuntó el muslo de Jacob mientras con él luchaba (Génesis 32.25).

Por mucho tiempo pensé que uno debía ponerse de pie durante momentos de dedicación, porque así se hacía en el grupo de jóvenes de mi iglesia. Siempre formábamos un círculo, a la luz de velas, y todos decían: «Sí, quiero entregar mi vida a Cristo». Era una cosa noble y bella, y nos ofrecíamos al Señor con coraje y orgullo. Sin embargo, no sucedió así en la historia de Jacob, lo que nos da la pauta para un camino con más potencial.

Es Dios quien pelea con Jacob; el Señor es siempre el que inicia nuestra liberación. Y antes de levantar a Jacob, le toca el muslo; Dios tiene que quebrantar al individuo antes de que éste se humille. La comunidad cristiana realmente debe hablar más sobre el sometimiento que sobre la consagración, porque los seres humanos desafían a Dios hasta el último instante cuando se ven obligados a pedirle a él que rompa la resistencia y que tome control de su existencia. Yahwéh dobló a Jacob y le dejó con una pierna coja; sólo entonces pudo bendecirlo.

Jamás he conocido a personas llenas del Espíritu Santo que no hayan pasado por experiencias de aflicción. Anhelamos pararnos con confianza y auto-suficiencia, pero Dios no puede usar u honrarnos cuando estamos en esa postura. Desea sujetarnos para que no dependamos de nuestra fuerza sino del poder del Espíritu Santo. ¿Estás dispuesto a rendirte delante de él? Es la lucha que sobrepasa todas las otras batallas, pero determina si vamos a estar libres o esclavizados.

Precisamos nuestro propio Peniel donde nos encontremos cara a cara con Jesús. Debemos mirarnos con claridad y clamar a Dios para una limpieza del corazón; hemos de permitir que él venga a colmarnos con su Espíritu. Necesitamos admitir que él nos quiebre para que nos rehaga en conquistadores, personas que prevalecen en los combates del día a día.

8/abril

resistiendo la bendición

génesis 32.1–32

No te dejaré, si no me bendices (Génesis 32.26).

Mientras esperaba el enfrentamiento crucial de su vida, Jacob se halló a solas con Dios. Esaú y sus cuatrocientos varones avanzaban hacia la familia de Jacob, y después de que éste había hecho todo lo que estaba en sus manos para proteger a los suyos, Dios lo encontró y comenzó a obrar en él. Jacob había estado maniobrando para salvar su propia alma, y el Señor sabía que todas las maquinaciones en el mundo no serían suficientes para convertir al patriarca en el hombre que Dios quería que fuera. Yahwéh deseaba cambiar el corazón de Jacob, y por eso comenzó a pelear con él.

La mayoría de nosotros creemos que Jacob estaba tratando de forzar a Dios para que le diera una bendición; también pensamos que es necesario convencer a Dios para que nos honre. La realidad, tanto para Jacob como para nosotros, es que guerreamos con él porque resistimos su gracia. El Señor anhela limpiar completamente nuestro ser interior, poseernos totalmente y liberarnos. Pero todo el tiempo que él intenta rescatarnos, lo estorbamos. Luchamos para conservar nuestras cadenas mientras él ejecuta todo lo viable para regalarnos la libertad. Dios combatió con Jacob durante toda la noche, y cuando llegó el alba, Jacob levantó la vista y el Señor le dijo: «Está bien. He hecho todo lo posible. Me voy».

Jacob confrontó el momento más exasperante para los seres humanos—acercarse tanto a Dios pero seguir batallando contra él. La respuesta divina frente a esa contienda fue: «Si tú no ansías lo mejor que te ofrezco, te dejaré solo». En ese instante le entró pánico a Jacob. «¿Me vas a abandonar? He perdido mi ganado, mis ovejas, mis corderos, mis esposas y mis hijos. He perdido todo, ¿es posible que ahora te pierda a ti también?» Fue una hora bendita para el patriarca porque al fin entendió el valor de Dios y sólo Dios.

¿Estás disputando con el Señor, aun sin darte cuenta, para impedir que él te entregue las cosas sobresalientes que ha reservado para ti? Si sigues rechazándolo, él te soltará después de un tiempo. ¿Has aprendido la trascendencia de Dios? ¿Estás desesperado por retener Su presencia en tu existencia?

9/abril

¿cuál es tu nombre?

génesis 32.22–32

—¿Cuál es tu nombre?—le preguntó el hombre (Génesis 32.27).

En el momento culminante de la larga historia de la obra divina en la vida de Jacob, Dios no sólo intentaba bendecirlo, sino también transformarlo. Jacob, cuyo nombre significa «él agarra», es el ejemplo clásico del engañador, el manipulador que siempre jala las cuerdas para salirse con la suya. A esas alturas, enfrentaba a un hermano hostil, de quien no le era factible escapar. Ya no le quedaba ninguna maquinación más, y estaba solo y lleno de temor. No era capaz de hacer nada más. Necesitaba la ayuda de Dios si él y su familia iban a sobrevivir; por eso peleó con Aquel que había estado luchando con él durante tantos años. Por fin, Jacob se rindió y le pidió a Dios su favor.

El Señor respondió con una pregunta; inquirió a Jacob: «¿Cuál es tu nombre?» Fue un instante de auto-descubrimiento máximo para el patriarca; esa vez no pudo huir, sino que se vio obligado a encarar su verdadera identidad: Era un conspirador interesado, un ladrón, un estafador y un hombre poco confiable. El nombre *Jacob* expresó muy bien quién era.

Es revelador que este relámpago de iluminación ocurriera veinte años después del encuentro con Dios en Betel. Para la mayoría de nosotros, requiere tiempo para que reconozcamos cuán firmemente arraigado está el auto-interés del pecado que penetra hasta lo más profundo de nuestro ser. El Espíritu Santo tiene que llevarnos al punto donde ya no soportamos más, porque nuestra liberación no resultará hasta que vislumbremos y admitamos quiénes somos. Por eso Dios le interpeló: «¿Cuál es tu nombre?». Aceptar su realidad hizo posible el quebrantamiento que condujo a la salvación de Jacob. El estafador se convirtió en un príncipe con Dios; su nuevo nombre, Israel, le fue dado al pueblo del Señor. ¿Estás entre los que han experimentado tal redención? La Cruz de Cristo y el regalo del Espíritu Santo la hacen viable para nosotros.

10/abril

el corazón humano avaricioso

génesis 32

Entonces el hombre dijo: --Ya no te llamarás Jacob, sino Israel, porque has luchado con Dios y con los hombres, y has vencido (Génesis 32.28).

La historia de Jacob es una crónica asombrosa de la gracia divina, que les hace acuerdo a los lectores del laberinto de egocentrismo del cual Dios nos ha sacado. Jacob simboliza a todos los seres humanos que se desenvuelven en el pecado. Su nombre es una ilustración; fue gemelo, y cuando nació, sujetó el talón de su hermano. Por eso le fue asignado el nombre *Jacob*, que significa «el que agarra» o «el que usurpa». Su carácter es uno de avaricia egoísta y es el retrato bíblico esencial del pecado: Empujar para salirse con la suya.

A pesar de todo esto, Dios amó a Jacob, y fue por medio de él que el Señor levantó una nación por la cual vendría el Salvador del mundo. Nos parece increíble que Yahwéh pueda usar a alguien tan engañador para sacar adelante el proceso de la redención. Sin embargo, el Señor indicó la manera por la cual sus planes se llevarían a cabo cuando le dio a Jacob, el usurpador, un nombre nuevo y transformador. Su flamante designación fue *Israel*, que enuncia «dejar que Dios reine». El soberano Señor, a quien le importa tanto el bienestar de un individuo codicioso que lo convierte en un reformador de la sociedad, es la única esperanza de esa persona. Los que permiten que Yahwéh reine en sus vidas y subyugan sus propios intereses, serán honrados y llegarán a ser una bendición para la humanidad entera. Únicamente en Dios hay confianza para el cambio del corazón humano mezquino.

11/abril

sorpresas preciosas

hebreos 11.8–12

Jehová había dicho a Abram: «Vete de tu tierra, de tu parentela y de la casa de tu padre, a la tierra que te mostraré» (Génesis 12.1).

Cuando Dios llamó a Abram, le pidió que dejara su hogar, su familia y su tierra. El Señor no le dijo cómo sería el viaje; simplemente le prometió estar con él y darle una tierra, una familia y un hogar. Cuando Dios nos invita a que lo sigamos, no nos cuenta los detalles del recorrido; si lo hiciera, tal vez quedaríamos paralizados por el temor y no iríamos. Él desea que nuestra atención esté enfocada en él, no en la ruta por la cual transitaremos. Quiere que confiemos en él.

La senda que Dios prepara para nosotros es rara vez la que habríamos escogido. Ésta es una de las sorpresas preciosas que el Señor conserva para nosotros en el camino. Cuando descansamos en él y lo seguimos por vías inesperadas hacia destinos no imaginados, descubrimos al mirar hacia atrás que los senderos y los lugares siempre encajan. Reconocemos que eran correctos para nosotros.

Guillermo Borden (1887–1913) iba a ser el heredero principal de una fortuna millonaria, pero después de convertirse al cristianismo, se dedicó a ser misionero a los pueblos musulmanes en la China. Durante su capacitación en Egipto, enfermó y falleció. Después de su muerte, sus amigos hallaron tres cosas escritas en su Biblia: «Ninguna reserva. Ningún retiro. Ningún arrepentimiento».

- «¡Ninguna reserva!» Así comenzó su andar con Jesús—le entregó todo.
- «¡Ningún retiro!» Así describió la fase central de la batalla.
- «¡Ningún arrepentimiento!» Así resumió su existencia con Jesús.

Abraham proferiría un amén en referencia a ese estilo de vida. ¿Puedes afirmar lo mismo? En Cristo, nuestros miedos nunca se justifican, pero ¡nuestra fe siempre tiene razón!

12/abril

un viaje con el espíritu

gálatas 5.16–26

Digo, pues: Andad en el Espíritu, y no satisfagáis los deseos de la carne...Si vivimos por el Espíritu, andemos también por el Espíritu (Gálatas 5.16, 25).

Hay cierta tensión que se siente cuando hemos estado en la presencia del Espíritu de Jesús y después tenemos que volver a las rutinas normales de nuestra cotidianidad. Cuando Dios se mueve de una manera especial en nuestro medio, ansiamos que la exaltación de ese instante perdure para siempre, pero no sucede así. En cierto sentido, es más fácil ser llenado por el Espíritu Santo que caminar con él, pero esto no es motivo para el desánimo. Es realmente una razón para regocijarnos porque Dios nos está forzando a enfrentar la cuestión de cómo seremos capaces de permanecer en el Espíritu y con su bendición. ¿Cómo logramos existir sin perder su unción y su gozo?

Aprender a andar en el Espíritu es una disciplina muy profunda en la vida de fe. Cristo desea que usted sepa mantenerse en santidad con un corazón limpio y servirlo momento a momento en las prácticas del comportamiento diario. Él le guiará en las cosas pequeñas tanto como en las grandes. En realidad, los detalles insignificantes pueden ser la clave para los mayores. Si él le dirige a estudiar o limpiar o cortar el césped, esas actividades serán tan sacramentales como una reunión de oración. Sin embargo, si él le orienta a asistir a una reunión de oración y usted sigue estudiando, limpiando o cortando el césped, estará fuera de su voluntad y la conciencia de su presencia se irá borrando.

Hemos de vivir con una mano levantada hacia Dios en alabanza y la otra inmersa en las tareas necesarias del día. Debemos asimilar la lección delicada de escuchar su voz. Es en esa labor que descubrimos cómo vivir una existencia plena del Espíritu, conducida por el Espíritu y santificada por el Espíritu.

13/abril

la vida que brota de la esterilidad
génesis 15.21–27

«¡Regocíjate, estéril, la que no daba a luz! ¡Eleva una canción y da voces de júbilo, la que nunca estuvo de parto!, porque más son los hijos de la desamparada que los de la casada» (Isaías 54.1).

Las Escrituras insisten en que Dios es capaz de traer vida a la esterilidad. Cuando el Señor se le acercó a Abraham, le contó que toda la historia humana sería diferente por la existencia de él y le hizo saber que de sus descendientes saldría un linaje que resultaría en la salvación de la tierra. Logro imaginar la conversación entre Abraham y Dios después de ese anuncio. Alcanzo a escuchar la voz del patriarca comentando: «Es obvio que usted no es de aquí.»

«¿Oh? ¿Qué quieres decir?», pregunta Dios.

«Si usted fuera de aquí, entendería que un hombre de setenta y cinco años y su esposa de sesenta y cinco no van a engendrar un hijo».

«Tienes razón, no soy de aquí. En el lugar de donde vengo, hay Uno que hace posible lo imposible».

Estoy seguro que Dios posee sentido del humor. Puso a esperar a Abraham veinticuatro años antes de comenzar a cumplir la promesa. ¿Qué ilustración más eficaz se obtendría del hecho de que Dios consigue crear vida de la infecundidad? El Señor afirma que él es quien saca agua de la roca, fruto de la sequedad, vida de la muerte. Observe las historias en Jueces 13, 1 Samuel 1 y Lucas 1. Sansón, Samuel, Juan el Bautista y Jesús son todos testigos de lo que Dios se permite realizar.

Dios puede producir algo bello de tu corazón árido también. Si se lo abres, hallarás lo inesperado. Desde tu interior fluirá agua de vida que tocará el mundo para la gloria de Dios. ¿Qué privilegio más alto conoces?

14/abril

toques del espíritu

juan 20.19–23

Digo, pues: Andad en el Espíritu, y no satisfagáis los deseos de la carne. Porque el deseo de la carne es contra el Espíritu y el del Espíritu es contra la carne; y éstos se oponen entre sí, para que no hagáis lo que quisiereis. Pero si sois guiados por el Espíritu, no estáis bajo la Ley (Gálatas 5.16–18).

Dios desea que todos sus hijos estén llenos del Espíritu Santo. Por eso, en la noche antes de ir a la Cruz, Jesús habló tanto del Espíritu con sus discípulos. Cuando los comisionó, les invitó a recibir al Espíritu Santo (Juan 20.19–23). Dijo que el Padre ansiaba darle el Consolador a cada creyente (Lucas 11.13). Pablo tenía la misma preocupación por todos sus amigos (véase Gálatas 5.16–18). ¿Pero por qué? ¿Cuáles son las evidencias del Espíritu en la vida de un cristiano?

Una es simplemente el apetito por las cosas espirituales. El Espíritu es quien nos estimula (Romanos 8.11) y aviva dentro de nosotros un hambre por la Palabra de Dios. Las Escrituras llegan a ser un alimento imprescindible sin el cual no podemos continuar; se convierte en la comida para nuestra alma.

Una segunda característica es el gusto por orar. Anhelamos la compañía del Espíritu, y nos urge mantenernos con él. La comunión con él no es una carga, sino un deleite.

Una tercera prueba de la morada del Espíritu en nosotros es el afecto que sentimos por la confraternidad del pueblo del Señor. Queremos vernos con los que participan de nuestra fe porque en su presencia hallamos al Espíritu.

Un cuarto rasgo, y tal vez el que muestra más claramente la labor del Espíritu en nosotros, es la necesidad de compartir nuestra experiencia y conocimiento del Espíritu con otros. El amor de Dios se orienta hacia los demás; mientras el Señor nos extiende la mano, respondemos haciendo lo mismo para los que no han experimentado el amor divino que permanece en nosotros.

¿Cómo está tu salud espiritual hoy? ¿El Espíritu Santo se encuentra realizando su obra perfeccionadora y motivadora en ti? Si es así, regocíjate. Si no, busca su rostro.

15/abril

caminando con dios

génesis 5.21–24

*Hombre, él te ha declarado lo que es bueno, lo que pide
Jehová de ti: solamente hacer justicia, amar misericordia
y humillarte ante tu Dios (Miqueas 6.8).*

Enoc es uno de los héroes de la Biblia aunque lo único que sabemos de él es que «caminó con Dios» (Génesis 5.24). Pero esta información es suficiente. Marchar con el Señor es la esencia de la vida cristiana.

Lo vemos en la historia de la creación: En la frescura del día Yahwéh bajó para conversar con sus criaturas y pasear con ellas. También se nos dice que Noé fue un hombre íntegro y sin mancha que transitó con Dios (Génesis 6.9). Este recorrido no brotó de su justicia y su existencia impecable. ¡No! La conducta recta y sin mancilla derivó del diario andar de Noé con Dios. Observe 1 Juan 1.7: «Pero si andamos en luz, como él está en luz, tenemos comunión unos con otros y la sangre de Jesucristo, su Hijo, nos limpia de todo pecado».

Abraham fue el padre de los fieles. Nunca leemos que hizo el trabajo de un predicador, un misionero o un obrero social, pero las Escrituras sí nos cuentan que peregrinó con el Señor. Se llama «amigo de Dios» (Santiago 2.23; véase también 2 Crónicas 20.7; Isa. 41.8). La predicación, el servicio misionero y la labor social son importantes, pero resultan auténticos sólo cuando surgen de un trajinar con Dios.

¿Caminas con él?

16/abril

palabras de sabiduría

hechos 1–2

¡Conozco, Jehová, que el hombre no es señor de su camino, ni del hombre que camina es el ordenar sus pasos! (Jeremías 10.23)

Jeremías reconoció que el camino hacia la realización personal nunca se halla en nosotros mismos, sino fuera de nosotros. Creo que si el profeta estuviera aquí hoy, nos expresaría dos cosas.

Primero: «Sepa bajo cuál autoridad se mantiene». El centurión cuyo siervo se encontraba enfermo le manifestó a Jesús: «Yo mismo obedezco órdenes» (Lucas 7.8, NVI). Todos estamos en la misma condición. Podemos permanecer bajo el dominio del *yo*, pero ésa es la ruta hacia la muerte. Por eso Dios nos ha dado su Palabra, para que entendamos cómo permitir que Él haga su obra salvadora en nuestras vidas. Una lectura diaria de su mensaje nos ayudará a vislumbrar y seguir el sendero de luz que nos conducirá a la libertad y la justicia.

Pienso que Jeremías también nos aconsejaría: «Comprenda de dónde viene el poder que usted requiere. Admita que no procede de usted, sino de más allá». Zacarías percibió esto cuando declaró:

«No con ejército, ni con fuerza,
sino con mi espíritu,
ha dicho Jehová de los ejércitos» (Zacarías 4.6).

Los recursos que necesitamos para lograr las metas que Dios nos ha puesto no son nuestros; radican en Aquel que fue la clave para la existencia terrenal de Jesús, el Espíritu Santo. Por eso debemos ser sensibles a este invitado celestial, quien es capaz de guiar, iluminar, limpiar y llenar nuestro ser.

17/abril

recuerda el futuro

1 crónicas 16.7–36

Porque Dios es el que en vosotros produce así el querer como el hacer, por su buena voluntad (Filipenses 2.13).

En Filipenses 2.12 Pablo les dice a los creyentes de Filipos que deben ocuparse en su propia salvación «con temor y temblor», porque es Dios el que produce en ellos «así el querer como el hacer». Nunca indica que el Señor obra en forma redentora en nuestras vidas a pesar de nosotros. Él anhela trabajar *con* nosotros para nuestro porvenir, transformándonos en las personas que desea que seamos.

¿A veces te sientes ansioso sobre el futuro? Uno de los mejores antídotos para esa angustia es mirar hacia el pasado y evocar los milagros de la gracia previniente de Dios: la manera por la cual él actuaba en tu existencia aun antes de traerte a sí mismo. Reflexiona en cuántas cuerdas él tocó y qué poder empleó para dirigirte al lugar donde te encontraste con Cristo. Observa su mano soberana y providencial sobre ti desde ese día. Recuerda que la disposición divina hacia ti no se ha alterado; es tan buena hoy como ayer, tan excelente ahora como cuando eras un pecador que no le conocías y él intervenía cariñosamente para conducirte hacia sí. Y él seguirá procediendo para llevarte a la liberación final y plena.

Es por eso que Pablo es capaz de contemplar con gozo las circunstancias que parecen negativas. Cuando está encarcelado (Filipenses 1.7) y cuando le falta apoyo económico (Filipenses 4.12), puede regocijarse, porque sabe que la tierna voluntad del Soberano está orientada hacia él. Esa voluntad benévola no cambiará. Cuán apropiado es cooperar con ella.

18/abril

la adoración y el estudio
isaías 40.28–31

¿No has sabido, no has oído que el Dios eterno es Jehová, el cual creó los confines de la tierra? No desfallece ni se fatiga con cansancio, y su entendimiento no hay quien lo alcance (Isaías 40.28).

La adoración no sólo debe estar en el centro de nuestra vida espiritual, sino también de nuestros esfuerzos académicos e intelectuales. La existencia es diseñada para ser una totalidad íntegra porque cada aspecto de ella tiene su fuente y su sustento en el único Dios. Es él que nos otorga el desafío de estudiar y comprender todo lo relacionado con la creación y con Dios mismo.

Este mundo pertenece a nuestro Padre, y él nos lo ha entregado para que lo cuidemos como sus mayordomos. Un espíritu de veneración hacia el Dador nos hará más abiertos, sensibles y creativos en nuestra búsqueda de la verdad.

La fe y la erudición no son adversarias; la fe no es enemiga del conocimiento. Anselmo dijo: «No busco entender para creer, sino creo para entender». Regocíjate en la libertad que Dios nos ha regalado para instruirnos, y permite que el Espíritu que respiró sobre las aguas primordiales te guíe. Dios se glorifica cuando aprendemos.

19/abril

dependiendo de él

josué 1

«Nadie podrá hacerte frente en todos los días de tu vida: como estuve con Moisés, estaré contigo; no te dejaré ni te desampararé» (Josué 1.5).

En Josué descubrimos que Dios está listo para efectuar algo nuevo a favor de su gente. Los israelitas habían sido esclavos en Egipto y en su agonía habían clamado a Yahwéh. Él escuchó su llanto y los liberó de la opresión para que fueran su pueblo. Pero por su pecado, ellos anduvieron en el desierto al otro lado del Río Jordán, sin tierra propia. Comenzaron a anhelar algo más estable, y el Señor aspiraba darles esa seguridad. Es interesante reconocer cuántos de los deseos más profundos del corazón humano se originan en el corazón divino. El Soberano observa con agrado los anhelos básicos del ser humano porque nos los ha puesto, y él espera tener la oportunidad de satisfacerlos.

Admitamos que dependemos de Dios para la realización de nuestras necesidades. No tratemos de forzar las circunstancias para que encajen con nuestras pretensiones. Debemos confiar en él. Si somos receptivos ante él, no hay ninguna fuerza terrenal que sea capaz de impedir que disfrutemos todo lo bueno que Dios quiere regalarnos. La promesa de Yahwéh a Josué enfatiza esta verdad: «Nadie podrá hacerte frente en todos los días de tu vida: como estuve con Moisés, estaré contigo; no te dejaré ni te desampararé» (Josué 1.5). Muchas veces contemplamos nuestra situación y pensamos que hay demasiados obstáculos y enemigos para que los ofrecimientos de Dios lleguen a cumplirse. Sólo nuestra miopía provoca la duda; su juramento es que no hay nada que consiga detenernos de gozar de todo lo que él ansía entregarnos. Nada tiene la potestad de frustrar los propósitos divinos para mí—excepto yo mismo.

20/abril

un reino de sacerdotes

hebreos 7.26–8.6

Vosotros me seréis un reino de sacerdotes y gente santa (Éxodo 19.6).

¿Qué significa que los cristianos sean un reino de sacerdotes? Los ministros del Señor no viven para sí mismos, sino para aquellos a quienes sirven. Toda la nación hebrea guardaba el propósito de existir no para sí misma sino para otros. Este proceder generoso es el que Dios concibió para Israel y es el plan que conserva para la Iglesia. Por eso una congregación a la que le falta la visión misionera y un presupuesto misionero no es la clase de grey que Cristo quiso establecer.

Los sacerdotes son mediadores; se ubican entre el pueblo y Dios. Su sentido radica en aquellos entre quienes están. El Señor ha dejado a los cristianos en el mundo para que éste conozca a nuestro Padre que está en los cielos. Los creyentes tienen que situarse entre el Todopoderoso y la humanidad, como intermediarios. Los seguidores de Cristo son responsables de llevar la firma divina para que la sociedad sepa a quién pertenecen. Cuando los discípulos han sido lavados por la sangre de Jesús, comienzan a parecerse a él. Su carácter debe ser lo que define sus vidas.

Una cosa importante de los clérigos en el Antiguo Testamento era su indumentaria: No podían servir a menos que usaran los vestidos sacramentales. Para actuar como intercesores entre las personas incrédulas y Dios, tenemos que ataviarnos con la justicia divina para que todos vislumbren su presencia en nosotros. No es suficiente colocarnos un abrigo de justicia que cubra nuestros pecados; es preciso que permitamos que el Espíritu nos cambie desde adentro para que realmente empecemos a ser como Cristo.

Jesús es nuestro Sumo Sacerdote. Se puso entre Dios y nosotros, e hizo posible que la gracia divina supliera nuestras necesidades; por eso hemos sido redimidos. Como cristianos estamos entre Cristo y su Cruz por un lado y el mundo perdido por el otro. Nuestro compromiso es lograr que el don de Jesús y la penuria del género humano se encuentren. De la misma manera que el Padre envió a Jesús, Cristo nos envía a toda la tierra que es suya y nuestra.

21/abril

viviendo como jesús
mateo 14.3–12

Al llegar Jesús a la región de Cesarea de Filipo, preguntó a sus discípulos, diciendo: --¿Quién dicen los hombres que es el Hijo del hombre? Ellos dijeron: --Unos, Juan el Bautista; otros, Elías; y otros, Jeremías o alguno de los profetas. Él les preguntó: --Y vosotros, ¿quién decís que soy yo? Respondiendo Simón Pedro, dijo: --Tú eres el Cristo, el Hijo del Dios viviente (Mateo 16.13–16).

Cuando Jesús les preguntó a sus discípulos: --¿Quién dicen los hombres que es el Hijo del hombre?, su respuesta fue bien interesante. El Señor había deambulado por toda la región, predicando y sanando enfermos. Había restaurado a los débiles, había limpiado a los leprosos, les había dado la vista a los ciegos, había hecho andar a los cojos y hasta había levantado a los muertos. Por eso es significativo que los seguidores, cuando catalogaron a las personas similares a Jesús, no incluyeran a nadie que hubiera hecho un milagro, según lo que sabemos de estos personajes. Juan el Bautista y Jeremías no fueron forjadores de prodigios, sino varones con un mensaje, quienes sufrieron a causa de ese anuncio.

Existe algo mayor que el poder y mucho más deseable—la santidad individual. Juan el Bautista y Jeremías vislumbraron el camino de la Cruz y lo siguieron. Las señales y proezas atestiguan sólo de la libertad de problemas temporales; la Cruz comunica la naturaleza de Dios y lo que él ansía hacer de cada uno de nosotros. Las señales y proezas proclaman la terminación de la aflicción; la Cruz nos invita a abrazar el dolor para que otros vean a Cristo en nosotros. Pablo entendió esto. Observa Filipenses 3.10, donde el apóstol habla de su anhelo supremo de «conocerlo a él y el poder de su resurrección, y participar de sus padecimientos hasta llegar a ser semejante a él en su muerte».

En tu vida, ¿hay evidencia del mensaje de la Cruz? ¿Quiénes te miran también contemplan a Cristo?

22/abril

una ofrenda para dios
lucas 18.18–25

Porque es más fácil que pase un camello por el ojo de una aguja que un rico entre en el reino de Dios (Lucas 18.22).

Uno de mis héroes es un hombre que no se graduó de ninguna universidad pero es uno de los individuos más inteligentes que he tratado. Su influencia cristiana se ha extendido a los confines de la tierra. La clave de su vida fue una conversación que sostuvo con Letty Cowman, autora de *Manantiales en el desierto*. La Sra. de Cowman compartió con mi amigo la experiencia definitiva de su existencia.

Cuando Letty y su esposo estaban recién convertidos al cristianismo, asistieron a una conferencia misionera dirigida por A. B. Simpson, el fundador de la Alianza Cristiana y Misionera. Cuando el Dr. Simpson concluyó su mensaje, dijo: «Vamos a recibir una ofrenda, pero no será una ofrenda rutinaria. Observarán que las canastas para recolectarla no están vacías; están llenas de relojes. Éstos no son de oro, pero son buenos y marcan bien el tiempo. Si usted pone su reloj de oro en la canasta, tiene la posibilidad de llevar uno de los más baratos. Venderemos los relojes de oro para poder enviar el mensaje de Cristo a los que no lo han oído». Cuando la cesta llegó a Letty, se la pasó a su esposo. Para asombro de ella, él se quitó el reloj de oro que había sido un regalo de su mujer, lo colocó en la canastilla y seleccionó uno de los más baratos. Letty le reprochó: «Yo te obsequié ese reloj». Pero la canasta ya se había ido.

El Dr. Simpson volvió a anunciar: «Debemos pedir otra donación. Esta vez las canastas están vacías. Muchos de nosotros traemos más joyas de las que necesitamos para vestirnos bien. Si usted deposita en las canastas las alhajas que no requiere, las venderemos para lograr mandar las buenas nuevas de Cristo hacia quienes no las han escuchado». Cuando la cesta retornó a Letty, se la pasó a su marido. Él la recibió con la mano izquierda, pero extendió la derecha, tomó de Letty su anillo de compromiso y lo metió en la talega. Horrorizada, Letty le retó: «Tú me diste ese anillo». Pero la canasta ya se había ido.

Una vez más el Dr. Simpson habló. «Ahora vamos a recibir una contribución en dinero». Cuando se les acercó la canastilla, Letty se la entregó a su cónyuge y miró atónita mientras él sacó de su bolsillo un sobre que contenía su sueldo de dos semanas. Lo dejó en la cesta. Ella le preguntó: «¿Cómo vamos a comprar comida?» Pero la canasta ya se había ido.

Por última vez el Dr. Simpson se paró y anunció: «Ahora llegamos a la verdadera ofrenda, la rendición de vidas. Si usted está dispuesto a dar su vida para llevar el evangelio al mundo, póngase de pie». El Sr. Cowman se paró. Letty recordó: «Fue el momento crucial de mi existencia. Yo sabía que si mi esposo se comprometía a ir, lo haría, fuera cual fuera mi determinación. Por eso me puse de pie».

El impacto de esa historia en mi amigo fue tal que decidió someter íntegramente su vida a Cristo y dedicarse completamente a él. No se hizo predicador; ha pasado toda su vida como hombre de negocios que vive para testificar de Jesús. El resultado es que su influencia ha sido más ancha y más fructífera en el mundo que la de cualquier otra persona que conozco. Es maravilloso lo que Dios hace cuando tiene nuestro todo.

23/abril

¿a dónde fue?

mateo 28.16–20

Aconteció que, mientras los bendecía, se separó de ellos y fue llevado arriba al cielo. Ellos, después de haberlo adorado, volvieron a Jerusalén con gran gozo (Lucas 24.51–52).

Durante mis años como pastor nunca había predicado un sermón sobre la ascensión. Había proclamado mensajes acerca de la vida, la muerte y la resurrección de Cristo, pero jamás sobre su exaltación. Al volver a leer los textos sobre ese evento, me di cuenta de que había algo peculiar en ellos; por eso comencé a preparar un sermón sobre la ascensión, buscando entender su contenido. Mientras trabajaba, se me ocurrieron dos preguntas: ¿A dónde fue Jesús? ¿Cuánto tiempo tardó en llegar? Y después me reí de mi propia tontería. *A dónde fue* es una cuestión de espacio. Pero el Señor lo creó; Él existió antes de que lo hubiera. No está en el cosmos sino que lo trasciende. *Cuánto tiempo* es una interrogación de tiempo, el cual también fue hecho por Él y es un reflejo del espacio, del universo. Los días, minutos y horas son parte de la experiencia finita, no de la experiencia divina. Jesús no está limitado por el tiempo y el espacio.

Cuando alcancé esas alturas en mi proceso de reflexión, pasé por un momento de claridad. Cuando Jesús regrese, no deberá viajar por el espacio, ni tampoco demorará en venir, porque Él es el Señor del espacio y del tiempo. Esto significa que Él ya está aquí; en realidad nunca se apartó. Simplemente no poseemos la capacidad de reconocer su presencia santa. Hablamos de tener a Cristo en nuestro corazón, pero la verdad es que nosotros nos hallamos en Él porque no hay ningún lugar donde Él no se encuentre. Como Pablo les dijo a los habitantes de Atenas: «Ciertamente no está lejos de cada uno de nosotros, porque en Él vivimos, nos movemos y somos» (Hechos 17.27–28). De repente descubrí una conciencia nueva de su presencia conmigo. Cuando Jesús retorne y nuestros ojos sean abiertos para vislumbrarlo, creo que comprenderemos que Él ha permanecido con nosotros siempre.

24/abril

un corazón agradecido
daniel 6

Entró en su casa; abiertas las ventanas de su habitación que daban a Jerusalén, se arrodillaba tres veces al día, oraba y daba gracias delante de su Dios como solía hacerlo antes (Daniel 6.10).

La clave para la existencia de Daniel fue: Adondequiera que se moviera, el Señor lo acompañaba. Los que odiaban a Daniel decretaron que nadie rezara a ninguna deidad por 30 días. Después de oír el edicto, Daniel volvió a su casa y abrió su ventana hacia Jerusalén. Me encanta el que se orientara hacia la ciudad santa. Ninguna magia radicaba en esa dirección, pero Jerusalén simbolizaba el lugar donde Yahwéh había morado. Daniel invocaba así tres veces al día; no creo que esas plegarias fueran algo rutinario. Su ser interior encerraba tanta hambre que sentía la necesidad de conectarse regularmente con la fuente de su guía, seguridad y gozo. Cuando habló con Dios en esa posición, arrodillado con su rostro hacia Jerusalén, sabía que la consecuencia potencial era morir en el foso de los leones; sin embargo, su oración fue de gratitud.

Siempre es más fácil percibir la presencia del Señor cuando uno posee un corazón agradecido. Antes yo pensaba que los cristianos más eficaces eran los que predicaban ante multitudes o los que daban cantidades enormes de dinero; ahora estoy convencido de que lo más sagrado y creativo, la mayor obra que uno es capaz de hacer, es reconocer a Dios, exaltarlo y orar. El individuo sentado en una silla de ruedas, ocupado en la adoración y la alabanza que se complace en el Todopoderoso, alcanza a valer más que cualquier otro en el reino de Dios. El Señor no muestra preferencias, pero tampoco descarta a las personas. Nadie tiene que ser inútil; todos podemos expresar satisfacción por lo que nuestro Soberano realiza y clamar. Hay potencia en estas cosas.

25/abril

una realización falsa y pasajera
salmo 46

Dios es nuestro amparo y fortaleza, nuestro pronto auxilio en las tribulaciones (Salmo 46.1).

Una de las características de los seres humanos es que nunca hallamos nuestra realización en nosotros mismos. Debemos mirar más allá de nosotros para conocer la satisfacción genuina. Como personas necesitamos disfrutar de propósito y significado; anhelamos poseer algo de lo cual podamos jactarnos, un elemento que nos brinde confianza, auto-estima y gozo. Pero el efecto del pecado en nuestra existencia es tal que tendemos naturalmente a esculcar este contentamiento en sitios equivocados. Buscamos algo en vez de buscar a Alguien. Nuestra verdadera compensación, la auténtica dicha, se encuentra únicamente en Dios.

Mientras rastreamos el placer, también ansiamos la seguridad y la perseguimos en las criaturas, las instituciones y las pertenencias. Otra vez, nuestra maldad nos hace ciegos y nos engaña. Todas las cosas son abrigos temporales, excepto Cristo. David lo descubrió y declaró: «Dios es nuestro amparo y fortaleza» (Salmo 46.1). Es el resguardo al cual todos precisamos recurrir. Pedro también lo percibió cuando le dijo a Jesús: «Señor, ¿a quién iremos? Tú tienes palabras de vida eterna» (Juan 6.68).

¿Indagas por un refugio hoy? ¿Un lugar no sólo de protección sino también de plenitud y complacencia? Corre a Jesús; él es Aquel por quien preguntas.

26/abril

en la prosperidad y en la adversidad

deuteronomio 30.1–6

Ponme como un sello sobre tu corazón, como una marca sobre tu brazo; porque fuerte como la muerte es el amor (Cantares 8.6).

Jesús murió para eliminar la distancia que prevalecía entre Yahwéh y el individuo; sufrió para quitar la hostilidad que tiñe nuestra relación con él y para borrar las barreras que nos separan. La circuncisión fue el distintivo del pueblo de Dios bajo el viejo pacto; fue una señal de familiaridad. En el lugar más secreto del cuerpo masculino, el sitio del amor y la unión, Dios puso su propia marca. Pero ese signo corporal fue solamente un símbolo de lo que el Señor quería hacer en cada corazón (véase Deuteronomio 30.6). ¿Sabes que Dios también puede circuncidar nuestro corazón testarudo hasta el punto de la intimidad más profunda? Es capaz de efectuar una cirugía divina para que lo alcancemos a amar con todas nuestras entrañas y con todo nuestro espíritu. Según Moisés, hasta que permitamos que él realice esa operación, nunca experimentaremos la verdadera vida.

La culminación de la fe cristiana es cuando dejamos que él transforme nuestro ser interior para que él mismo llegue a ser el deleite de nuestra existencia. El Señor desea ser el gozo de nuestra alma para que sintamos que el privilegio más grande posible es someternos a él. Nuestra petición debe ser: «Señor, soy tuyo en lo próspero y en lo adverso, en la salud y en la enfermedad, para adorarte y respetarte todos los días de mi vida». Y lo bello es que aun la muerte no nos consigue separar; sólo aumentará nuestra confianza.

¿Has arribado al punto donde Jesús es tu alegría? ¿Has logrado creer que tu seguridad radica en pertenecer completamente a él? La mejor imagen de esto es el regocijo que el novio halla en la novia, pero ni la mejor esposa merece compararse con Dios. El Señor anhela darse a nosotros de la manera que el marido y la esposa han de entregarse el uno al otro, y ansía que nosotros también nos rindamos a él con el mismo compromiso y pasión. ¡Completamente! ¡Sin condiciones! ¡Para siempre!

27/abril

«sed imitadores de dios»
efesios 4.20–5.2

Sed, pues, imitadores de Dios como hijos amados.
Y andad en amor (Efesios 5.1–2).

Un día mientras leía la Epístola a los Efesios, comencé a reírme cuando llegué al primer versículo del capítulo 5: «Sed imitadores de Dios». ¿Cómo puede alguien como yo pretender copiar al Señor? Pensé inmediatamente en muchos de sus atributos. Primero: Es el Omnipotente. Algunos individuos a través de los siglos han intentado ser todopoderosos, pero han terminado como necios. Segundo: Es el Omnisciente, el que sabe todas las cosas. Pero cuando yo estoy realizando investigaciones, cada vez que hallo una respuesta surgen diez preguntas más; mi experiencia es una de ignorancia creciente, no de conocimiento. Más aprendo, más tengo que aprender. Tercero: Él es el Omnipresente. Pero yo estoy limitado a los confines del tiempo y el espacio. ¿Cómo logro duplicarlo?

Revisé una vez más el texto. Dice también: «Andad en amor, como también Cristo nos amó y se entregó a sí mismo por nosotros, ofrenda y sacrificio a Dios en olor fragante» (Efesios 5.2). Mi carcajada disminuyó cuando me di cuenta de que Dios desea que repitamos su estilo de vida, no sus atributos. Pablo le exhortaba a la iglesia a que reprodujera la existencia de amor que se demuestra en el modelo auto-sacrificial del Señor Jesús.

¿Pero cómo alcanzo a dejar atrás mi egoísmo que parece envenenar todo lo que hago y todo lo que toco? Pablo nos da la clave, que se encuentra no en nosotros mismos sino en el amor que envió a Cristo al Calvario. Pablo cree que Dios es capaz de poner en nosotros su propio amor, si lo anhelamos y lo buscamos.

Si permitimos que su Espíritu nos llene, descubriremos que su amor acompaña su presencia, y así conseguiremos conducirnos como él, porque él actuará por nosotros.

28/abril

agua de vida

juan 4

El que beba del agua que yo le daré no tendrá sed jamás (Juan 4.14).

La historia de Cristo y la mujer samaritana provee un gran ejemplo de la eficacia del testimonio de Jesús. Él estaba cansado y tenía sed; ella se encontraba amarrada en el pecado, consciente de la futilidad de su vida. Jesús esperaba ayudarla; la mujer era inferior a Él en términos sociales, morales y espirituales, pero no había nada de menosprecio en la actitud de Jesús hacia ella. De hecho, le instó a que hiciera algo que lo dejara endeudado con ella y así abrió, para el diálogo, puertas que antes se hallaban cerradas. Lo importante no es simplemente que le solicitó algo; lo que requirió es también significativo. Cuando le pidió agua y ella respondió con sorpresa, él pudo ofrecerle el regalo de agua de vida. Jesús estimuló la curiosidad y el interés de la mujer; ella comenzó a preguntarle acerca de ese líquido, y Jesús le reveló la clave para recibirlo.

Lo que impide que los individuos tomen el agua vivificadora y disfruten la presencia de Jesús es la culpabilidad. Debemos romper con nuestra maldad si queremos conocer el agua de vida que refresca, sana y limpia. Jesús suave pero firmemente trata con el problema de los vicios de la mujer samaritana. Expuso su transgresión y ella no tenía dónde esconderse. Éste es un aspecto imprescindible para entrar en una relación con el Señor; hemos de ser purificados y descubrirnos ante él. Para nuestro asombro, la mujer samaritana continuó con la conversación; estaba tan ansiosa de que Jesús le diera esa agua, que se dispuso a ser vulnerable ante él. ¿Está listo usted para que él saque a flote los lugares ocultos de su corazón?

Esa mujer necesitada y hambrienta, considerada una intocable por los judíos en Jerusalén, es la primera persona a quien Jesús reveló su identidad mesiánica. Lo que era demasiado peligroso decir en la ciudad santa, «la capital del Mesías», Él se permitió anunciarlo a una mujer pobre y penitente que anhelaba la salvación. Sus secretos mayores no se guardan para los mejores sino para los que admiten la miseria más grande. ¿Coincides en esta categoría?

29/abril

llamando a los discípulos
juan 1.29-51

Felipe encontró a Natanael y le dijo: --Hemos encontrado a aquél de quien escribieron Moisés, en la Ley, y también los Profetas: a Jesús hijo de José, de Nazaret (Juan 1.45).

Las historias del llamado de los doce apóstoles nos dan percepciones maravillosas de cómo alcanzar a hombres y mujeres para el Señor. Según el Evangelio de Juan, sólo uno de los primeros cinco discípulos fue invitado directamente por Jesús; ése fue Felipe, a quien el Maestro le dijo: «Sígueme» (Juan 1.43). Los demás fueron tocados por la manifestación de una tercera persona acerca de Cristo.

Andrés y otro seguidor anónimo (tal vez Juan) llegaron como resultado de la revelación de Juan el Bautista. Simón vino convidado por su hermano Andrés, y Natanael fue atraído por su amigo Felipe.

Tú y yo ostentamos papeles significativos que jugar en el avance del reino de Dios. Si la gente alrededor de nosotros va a conocer a Cristo, será porque llevamos una proclamación atractiva acerca de Él. Esos primeros discípulos no fueron ministros religiosos, sino simplemente laicos que habían quedado impresionados por el argumento de otro acerca de Jesús. No conocían a Cristo por mucho tiempo antes de convertirse en ganadores de almas, y transfirieron el evangelio originalmente a sus familiares y amigos. Hemos de empezar nuestro testimonio de Cristo con los más cercanos, quienes son nuestra responsabilidad inicial.

¿Qué haces para conducir a otros a Cristo? Nuestras vidas y nuestros labios tienen que declarar su mensaje, y debemos comenzar con nuestros seres queridos.

30/abril

dios, la fuente de la vida

1 juan 5.1–13

Porque contigo está el manantial de la vida (Salmo 36.9).

La historia cristiana es ésta: Cuando elegimos apartarnos de Dios, descubrimos que no existía en nosotros ningún camino de regreso. No poseíamos el poder de salvarnos; únicamente Dios era capaz de ayudarnos. Pero Él no consiguió redimirnos desde su trono celestial, porque el problema estaba aquí en la tierra; por eso él tuvo que suplir la necesidad donde se encontraba—dentro de nosotros. Así que la Encarnación y la Cruz fueron imprescindibles. El Omnipotente debió hacerse humano para triunfar sobre la separación y la muerte que radicaba en nosotros.

El personaje central en todo este drama no es el Hijo, sino el Padre, de quien vino el Hijo. El Progenitor envió al Unigénito para que se convirtiera en uno de nosotros, Emanuel. Nuestra destrucción eterna se venció cuando él tomó en sí mismo nuestra maldad con sus consecuencias mortales. El Padre, quien es la Fuente de toda vida, la devolvió al Hijo en la Resurrección. Nunca olvidemos el costo enorme del pecado; causa el aniquilamiento del transgresor. Pero el precio del rescate es aún más grande; significa que Uno pereció no por su propia culpa, sino por la de los demás. En los dos casos, la ruptura con el Soberano hace inevitable el fin.

Es por eso que hemos de permanecer cerca del manantial de la vida, Dios mismo. Nuestra única seguridad es una intimidad no interrumpida con este oasis. ¿Perseveras en tal confraternidad?

1/mayo

liberado de mí mismo

filipenses 2.5–8

El amor...no busca lo suyo (1 Corintios 13.4–5).

¿En algún momento has considerado el deleite increíble de una libertad negativa—no una licencia para hacer algo, sino una liberación de algo? ¿Conoces el gozo de darte cuenta de que hay ciertas cosas que no estás obligado a realizar? Tal vez la más emocionante de estas libertades descuidadas es la de no tener que salirse con la suya. No existe una esclavitud más grande que la que insiste en perseguir lo propio en cada situación. No hay nada en el mundo que destruya con más rapidez y totalidad las relaciones humanas que esta atadura a los deseos de uno mismo. Esta tiranía contamina los matrimonios, las amistades y los vínculos entre padres e hijos. La Palabra de Dios revela muy claramente que podemos ser librados de este problema.

Cuando el apóstol Pablo declara en 1 Corintios que el amor no busca lo suyo, está tratando con esta terquedad de llevar a cabo nuestra agenda privada. En el centro del pecado está mi propia voluntad egoísta y la demanda de salirme con la mía. Si voy a ser seguidor de Cristo, estoy comprometido a determinar una vez y para siempre que la ley de mi vida no es mi voluntad, sino la del Señor. Su voluntad tiene que ser suprema; esto quiere decir que la mía debe ser crucificada.

El Señor Jesús permite que nos equivoquemos muchas veces en la vida para que descubramos si somos capaces de mantenernos sin demandar lo nuestro. Con tantos errores personales, es preciso entender que no nos toca obstinarnos en nuestra agenda a menos que sea divinamente evidente que escudriñamos la decisión de Dios y no la propia. Es sorprendente cuánto crecimiento y cuánta sanidad pueden producirse en las relaciones humanas cuando llegamos al punto de inclinarnos ante otros y, sobre todo, ante él.

2/mayo

dreciendo en dulzura

filipenses 4.4–8

No lo digo porque tengo escasez, pues he aprendido a contentarme, cualquiera que sea mi situación (Filipenses 4.11).

No somos verdaderamente libres hasta que seamos liberados de la auto-compasión. Esta condición atrapa a muchos, pero Jesús puede establecernos en un lugar donde no cabe la lástima por nosotros mismos. Es posible que la auto-conmiseración sea un problema más serio para los adultos mayores, aunque la he observado tanto en los jóvenes como en los viejos.

Mi suegra habitó con nosotros durante los últimos tiempos de su existencia, y su estadía fue una de las mejores lecciones de mi vida. Tenía setenta y pico de años cuando llegó a la casa, y nuestra familia gozó del privilegio de vislumbrar su proceso de envejecimiento. Hubo períodos cuando ella no fue capaz de hacer ningún tipo de trabajo físico y se sentía inútil. Recuerdo momentos cuando yo discernía sus sentimientos de futilidad, y entonces le aseguraba: «Madre, eres la persona más importante en este hogar. Todos mis cinco hijos se portan mejor cuando tú estás aquí.» Era la verdad. Mis hijos tenían la oportunidad de contemplar a una anciana que crecía en dulzura y en contentamiento con cada día que pasaba. Entraban al cuarto de ella y allí la hallaban sentada, con una hoja de papel en su regazo. Al mirar más cercanamente la cuartilla, descubrieron sus nombres escritos en ella. Su abuela estaba intercediendo por las personas de su lista de oración. En vez de sucumbir a la tristeza, mi suegra ocupó sus años finales en darse a otros por medio de sus plegarias y su presencia.

Creo que si permitimos que Dios opere en nuestras vidas, seremos una bendición increíble simplemente por el amor divino esparcido en nuestro corazón por el Espíritu Santo. La piedad por uno mismo contradice la naturaleza, la bondad y la sabiduría del Señor, y pienso que podemos vivir sin desafiarlo a Él. ¿Admites que Dios te convierta en una bendición para los demás, sea cual sea la manera que Él escoja?

3/mayo

liberado de las apariencias

2 corintios 5.12–20

El amor es sufrido, es benigno; el amor no tiene envidia; el amor no es jactancioso, no se envanece (1 Corintios 13.4).

Me alegro de que Cristo sea capaz de conducirnos a un lugar donde no estamos obligados a preocuparnos sin cesar con nuestra apariencia. ¿Has tratado con individuos que permanentemente llevan una máscara? No importan los sucesos, constantemente han de salir del evento con mejor pinta que los demás. No es posible alcanzar la humildad si se está siempre enfocado en uno mismo.

Muchos de nosotros nos mantenemos excesivamente intranquilos con las formas externas. No hablo de la ropa o la presentación exterior, aunque estas cosas pueden formar parte del problema. Me refiero a la necesidad de impresionar perpetuamente a los demás, de rehusar perder delante de otros, de elegir no aceptar el segundo lugar. A veces llegamos a resentirnos con los parientes que, intencionalmente o no, resaltan nuestras falencias, y nos negamos a identificarnos con ellos. Qué esclavitud tan insoportable para nosotros y para nuestros seres queridos cuando nos encerramos en proyectar una imagen de primera clase en toda situación y en todo acontecimiento.

Esto explica la descripción que Pablo da del amor: la persona que no tiene que jactarse y que no se envanece. Cuántas veces destruimos relaciones preciosas por nuestra insistencia en conservar el talante en vez de olvidarnos de nosotros mismos.

4/mayo

libertad para no defenderme (parte 1)
isaías 53.7–12

*Angustiado él, y afligido,
no abrió su boca;
como un cordero fue llevado al matadero;
como una oveja delante de sus trasquiladores,
enmudeció, no abrió su boca (Isaías 53.7).*

Existe una libertad gloriosa para las pocas almas suficientemente valientes como para confiar en las manos de Cristo su reputación, su futuro y su vida. ¿Ha estado usted en alguna situación en que alguien lo haya atacado o criticado? Tal vez se sintió malentendido; quizás cometió algún error y otro se lo señaló. Cuán rápido salen de nuestros labios las excusas y las coartadas, pero qué maravilloso es no tener que defendernos.

Permíteme preguntarte algo: ¿Quién es más libre, la persona que responde a un impulso incontrolable para hablar en su propia justificación, o el que también experimenta la misma presión pero se queda callado? Rehusar argumentar en mi propio favor requiere mucho más autonomía y potencia que simplemente reaccionar al ímpetu de disculparme.

¿Cuántas bendiciones mayores experimentaríamos en nuestros matrimonios si disfrutáramos de ese tipo de libertad? ¿En las relaciones entre padres e hijos? ¿En nuestras asociaciones profesionales? ¿Posees la clase de libertad que Dios desea que tengas?

5/mayo

libertad para no defenderme (parte 2)
isaías 53.7–12

Yo tenía un maestro de Filosofía en Princeton que ejerció una influencia profunda en mi vida. El Dr. Emile Cailliet fue un hombre piadoso y recto y también un pensador astuto. Había publicado un pequeño libro para laicos titulado *La vida de la mente*. Un día en un curso sobre la vida cristiana nos contó el encuentro que había sostenido con un estudiante de la Universidad que le confrontó acerca de ese texto. «Dr. Cailliet, usted es profesor en el Seminario Teológico de Princeton, una de las escuelas más prestigiosas del mundo. Posee dos doctorados y es un erudito de renombre internacional. ¿Cómo es capaz de componer algo tan sencillo como ese volumen sobre la vida de la mente y editarlo bajo su propio nombre? Con toda su fama y la importancia de su nombre, ese tipo de escrito no es digno de usted.»

El alumno siguió: «Sobre todo, el contenido del manual no ostenta fundamento psicológico. No entiendo cómo usted se permite difundir algo así sin tratar con la reciente obra psicológica de uno de sus paisanos, el Dr. Foucault.»*

El Dr. Cailliet nos dijo ese día en el aula: «Es interesante recibir la crítica y el menosprecio de su propio discípulo.» Después continuó con su relato: «Hubo ese primer calentamiento dentro de mí, ese impulso inicial de protegerme. Pero el Espíritu de Dios me detuvo y le respondí sencillamente: "Gracias." Terminé la clase y decidí dar un paseo por la calle para que se me bajara el enojo. Mientras caminaba, recordé los tres años que había pasado laborando con el Dr. Foucault, precisamente encargado de llevar a cabo sus investigaciones. En realidad, yo sabía tanto sobre el trabjo de Foucault como él mismo. Pero ese estudiante mío nunca se enteró.»

Mientras el Dr. Cailliet seguía con su recorrido aquel día, un automóvil se le acercó y paró. Un hombre bajó del coche y llegó corriendo, preguntando: «¿Es usted el Dr. Cailliet?»

El profesor afirmó su identidad. El hombre le manifestó: «Tenía que acercarme; no podía salir de la ciudad sin conversar con usted. Quisiera expresarle algo acerca de ese pequeño libro que usted lanzó, *La vida de la mente*. Fue para mí una luz en la oscuridad; me proporcionó percepciones de mí mismo y de la existencia que nunca había hallado en ningún otro lugar. Por ese ejemplar, mi vida ha sido más rica y más libre. Gracias, Dr. Cailliet.»

---

* Michel Foucault (1926–1984), filósofo, historiador, crítico y sociólogo francés.

El Dr. Cailliet concluyó la anécdota: «Avancé por la senda y levanté mi corazón en gratitud a Dios que me había contenido de justificarme, que me había dado la libertad para no hacerlo. El Señor mismo se había hecho cargo de mi defensa.»

6/mayo

libertad para ser diferente
daniel 3

Nuestro Dios, a quien servimos, puede librarnos del horno de fuego ardiente; y de tus manos, rey, nos librará. Y si no, has de saber, oh rey, que no serviremos a tus dioses ni tampoco adoraremos la estatua que has levantado (Daniel 3.17–18).

¿Cuántos de nosotros hemos conocido la esclavitud de ser parte de un grupo y de sentirnos obligados a realizar algo ajeno a nuestras inclinaciones sólo porque temíamos disgustar a los otros? En tales instantes somos como Pedro, parado al lado de la brasa, cuando la sirvienta le dice: «¿No eres tú uno de los seguidores de ese hombre?» Pedro no poseía la autonomía de tomar una posición a favor de Cristo; estaba subyugado y controlado por la presión de los demás, y por eso traicionó a Aquel a quien amaba tanto.

Qué triste historia. Cuánto más animadora es la de Daniel o la de sus tres amigos, Sadrac, Mesac y Abednego, quienes enfrentaron a la raza humana y eligieron hacer lo correcto, sin preocuparse por las consecuencias. Tenían la libertad para ser distintos. Nunca gozaremos la verdadera independencia hasta que nos permitamos ser diferentes a quienes nos rodean.

En una ocasión pasaba en la casa de un gran varón de Dios, y me contaba de un sermón suyo sobre «entonar la canción del Señor en tierra extraña». Me explicó: «Si usted va a cantar la música del Señor, deberá hacerlo en suelo extranjero. Sólo los que saben interpretarla en lugares foráneos van a corearla en la tierra del Señor.» Nunca llegaremos al sitio donde Él desea que estemos hasta que seamos capaces de testificar para Jesús en una sociedad indiferente o aun hostil a su mensaje.

Dispongámonos hoy a encarar el mundo y afirmar: «Yo soy discípulo de Cristo.»

7/mayo

amar a pesar de ser humillado
mateo 27.35–44

Éste es mi mandamiento: Que os améis unos a otros, como yo os he amado (Juan 15.12).

Cuando Jesús nos libera de nosotros mismos y de todas las ataduras de nuestros deseos, logra llenar nuestro corazón con tanto amor que seamos capaces de amar aun cuando recibamos la crítica, el malentendido y hasta el rechazo.

Estuve en el hogar de una señora muy piadosa que me relató la historia de su padre. Walter se había hecho cristiano, y después de su conversión escuchó el mensaje del amor perfecto y lo buscó. Dios llegó y se lo dio. Un nuevo predicador fue asignado a la congregación, y antes del primer servicio con el nuevo ministro, Walter extrajo de su bodega un buen jamón, destinado como regalo de amor para el reverendo. Durante el culto había un espacio para testimonios; Walter se puso de pie y contó su transformación y cómo el Espíritu de Dios después lo había purificado del egoísmo. Mientras todavía hablaba, el ministro se paró y le dijo: «Siéntese, Sr. Shehan. Lo que usted afirma es fanatismo, y mientras yo sea pastor aquí, no tendremos ese tipo de discurso.»

Después del culto, Walter Shehan sorprendió a su familia cuando fue al carro y sacó el jamón. Se lo entregó al ministro expresando: «Pastor, estamos muy contentos de tenerlo en nuestra comunidad. Hay muchas iglesias sin pastores, y la nuestra necesita a uno que nos guíe y nos alimente. Lo amamos, y si podemos servirle de alguna manera, por favor, déjenos saber.»

Al día siguiente, un automóvil desconocido arribó a la casa de la familia Shehan, conducido por el clérigo. Éste anunció: «Sr. Shehan, he venido a pedirle perdón. Si usted quiere testificar de algo en nuestras reuniones, hágalo, porque es evidente que ha hallado algo que yo no conozco. Que Dios lo bendiga.»

Hay una potencia que se manifiesta cuando somos rescatados de nosotros mismos, sueltos para amar.

8/mayo

el libro negro
mateo 18.21–35

El amor...no guarda rencor (1 Corintios 13.4–5).

Recordarás que una de las características del amor, según la lista de Pablo en 1 Corintios 13, es que no guarda rencor. ¡Qué maravilloso es vivir así! ¿Puede imaginar cuán distintos serían nuestros lazos si permitiéramos que Dios los lavara todos los días? ¿No sería liberador comenzar cada mañana con tabla rasa, sin las distorsiones o dificultades relacionales del día anterior? Un gran pastor me relató su experiencia de consejería con una pareja de cónyuges que estaba en el proceso de divorciarse. Por fin persuadió a la esposa de que consintiera convivir con su marido; después se dirigió a éste y le preguntó: «Bueno, ella está dispuesta a intentar otra vez. ¿Qué de usted?»

El hombre replicó: «Jamás dormiré una noche más bajo el mismo techo con ese librito negro de ella.»

Después de recuperarse de la sorpresa, el ministro interrogó a la esposa: «¿Qué hay en su libro negro?»

Con renuencia ella contestó que mantenía un registro detallado de cada ofensa y error de su marido.

Hay suficiente amor y suficiente poder en la Cruz de Cristo para capacitarnos a abandonar los agravios del pasado y seguir con nuestros vínculos como si nunca hubiera existido ninguna falta. Aun con la mejor determinación, esto jamás se alcanzará por esfuerzo humano; sólo el Espíritu de Jesús logra habilitarnos para enterrar nuestros dolores y heridas. Si usted opta por almacenar las memorias de los sufrimientos que otros le han infligido, va a contaminar, corromper y desbaratar todas sus relaciones. El rencor posee una fuerza destructora, pero la gracia de Cristo tiene una potencia más profunda para mantener los enlaces humanos tan limpios y frescos como la primavera.

Requiere el amor de Dios; Él es capaz de hacer que nuestro amor olvide.

9/mayo

deseos venenosos

filipenses 4.10–13

No codiciarás la mujer de tu prójimo, ni desearás la casa de tu prójimo, ni su tierra, ni su siervo, ni su sierva, ni su buey, ni su asno, ni cosa alguna de tu prójimo (Deuteronomio 5.21).

El descontento es un veneno que destruye amistades y arruina a los seres humanos. Sólo Jesús consigue capacitarnos para vivir de tal manera que no prestemos atención a las pertenencias de compañeros y vecinos y seamos felices con lo que Dios nos ha provisto. ¿Has pensado en cuánta insatisfacción hay en el mundo simplemente porque cada uno mira que el prójimo cercano tiene un poco más que él? ¡Cuánta avaricia y ambición permanecen en nuestras entrañas! Creo que el individuo independiente es aquel preparado para subsistir con lo mínimo en vez de poseer lo máximo. La falta de gozo es la atadura que nos vincula a las cosas pasajeras y sin significado. ¿Es posible que Dios ponga suficiente amor en mi corazón de modo que logre observar la abundancia tuya y regocijarme en su bendición? Eso sería el verdadero amor, el amor divino.

Algo dentro de mí me dice que esta clase de amor es la que Dios planificó para mi existencia. Amar a otros, tengan lo que tengan ellos, sería mi auténtica libertad. Juan Wesley afirmó que el décimo mandamiento, «No codiciarás», es realmente una promesa de que Dios puede librarnos de la mezquindad y el egoísmo, porque no alcanzaremos a obedecer al Señor hasta que seamos capaces de vivir sin desear lo que disfruta otra persona.

10/mayo

libre para dejar que ganes
1 samuel 24

Retén la forma de las sanas palabras que de mí oíste, en la fe y amor que es en Cristo Jesús. Guarda el buen depósito por el Espíritu Santo que mora en nosotros (2 Timoteo 1.13–14).

¡Jesucristo puede librarte de la insistencia en tener la última palabra! Todos hemos experimentado el deseo increíble de terminar una discusión, cerrándola con nuestras palabras brillantes e incontestables. Ésta es una trampa clásica para los cónyuges. ¿Por qué sentimos esta necesidad de decir la última palabra? No es una señal de fuerza sino de una inseguridad grande y profunda. Rehusamos parecer menos que lo mejor para evitar que nuestra autoestima sea reducida. Es una cosa maravillosa llegar a ser tan libre que no nos es esencial ganar en cada situación. No alcanzamos a ser verdadera y genuinamente autónomos hasta que seamos capaces de perder sin que se nos derrumbe el respeto por nosotros mismos.

Todas las relaciones humanas poseen una rivalidad inherente. Dios permite que permanezca esa competencia para que aprendamos a perder—sea justa o no la victoria del ganador. El Señor quiere enseñarnos a descubrir el punto donde no siempre estamos obligados a salirnos con la nuestra y no nos es indispensable hablar la última palabra, el lugar donde nos es posible encarar la derrota sin que ésta nos destruya.

11/mayo

libre para fracasar

hechos 17

La paz os dejo, mi paz os doy; yo no os la doy como el mundo la da. No se turbe vuestro corazón ni tenga miedo (Juan 14.27).

Estoy convencido de que hay elementos que aprendemos a través del descalabro que nunca podríamos asimilar con el éxito. Nunca seremos ministros adecuados hasta que hayamos fracasado en algo, porque la mayoría de los individuos a quienes vamos a servir conocerán el infortunio. Nadie será un buen pastor de almas (sea clérigo, maestro de la escuela dominical, madre o vecino) sin haber experimentado los momentos amargos de la vida. Si no estamos dispuestos a encarar la Cruz en nuestra propia existencia, limitamos nuestra habilidad de glorificar a Jesús.

Estoy seguro que Abraham Lincoln fue tan buen presidente porque naufragó muchas veces. Sufrió la derrota a cada paso hasta convertirse en el mandatario de la nación. Los reveses acumulados hicieron posible que no le interesara tanto el ganar, sino el forjar lo correcto. Entre los cristianos se da una presión para efectuar las cosas espirituales por motivos equivocados, para que luzcamos una alta espiritualidad. Esto es el equivalente moral del pecado. Tenemos que llegar al punto de realizar lo apropiado sin que nos importe si el mundo lo considera un triunfo o una falla. No debemos construir lo justo sólo para evitar el rechazo; hemos de producirlo sean cuales sean las consecuencias, simplemente porque es lo acertado.

12/mayo

golpeando dedos para liberar

juan 21.15–23

Así que, si el Hijo os liberta, seréis verdaderamente libres (Juan 8.36).

Hacía ya unos seis años que yo era cristiano cuando me di cuenta de que una gran parte de mi ambición estaba motivada por el orgullo. Conservaba mi propio concepto de lo que significaba alcanzar el éxito en el ministerio, y el Señor me confrontó sobre esas ideas. Me preguntó: «¿Estás dispuesto a que yo tome tu vida y la use donde yo quiera?»

«¿Qué vas a efectuar con ella?», le interrogué.

En una voz callada, me respondió: «No confías en mí, ¿verdad?»

«Bueno, no es que no confíe en ti, pero me ayudaría si me explicaras lo que proyectas realizar con mi vida.»

«No te voy a contar mis planes. Nunca conocerás la verdadera libertad hasta que me mires a la cara y me digas: "Dios, puedes hacer lo que desees conmigo."»

Así que intenté mirarle a la cara y darle mi existencia total. «¿Qué es eso que está aplastando el borde de tu vida?», me inquirió.

«Es el dedo pulgar. ¿No me es dado mantener ni un dedo de control sobre mí?»

«No, hijo. Si me los vas a soltar, debes quitar todos los dedos.»

Traté de remover ese dedo y descubrí que no fui capaz de actuar. Es sólo por la gracia de Él que somos rescatados. Por fin, levanté la vista y afirmé: «Dios, ¿puedes tú apartar ese dedo?»

«Si me permites golpearlo con suficiente fuerza y por suficiente tiempo, lo puedo hacer.»

«Bueno, comienza a pegar, por favor,» contesté, atemorizado. A esas alturas, me encontraba postrado ante Dios. Paulatinamente, Él comenzó a desatarme.

Hay potencia en la Cruz para salvarnos de la tiranía del interés propio que controla o contamina nuestra existencia. Si dejamos que Él nos redima, lograremos relajarnos y descansar en Él—ya no tendremos que pelear por nuestros propios deseos. Aprenderemos que los anhelos suyos llegan a ser nuestros. Esa unidad es la verdadera libertad.

13/mayo

dones peligrosos

1 corintios 12

*Pero a cada uno le es dada la manifestación del Espíritu
para el bien de todos (1 Corintios 12.7).*

Una de las bellezas de la obra divina con nosotros es que Dios nos trata como una comunidad. Te concede a ti lo que yo necesito, y milagrosamente me otorga algo que vas a requerir. El Espíritu Santo es quien nos regala dones y el que desea vigilar su uso. Por eso es absolutamente esencial que una persona que tiene un don espiritual sea llena del Espíritu. Por la naturaleza corporativa de los dones, no sólo son estériles sino peligrosos cuando se emplean para nuestro usufructo o separados del Espíritu de Dios. Fácilmente lastimamos a otros y a nosotros mismos cuando los dones no se encuentran sujetos al control divino. Es posible tener un don y no obedecer a su Dador. En tal caso, aparentamos un poder espiritual, pero éste se mancha con el egoísmo, el mal humor, el espíritu crítico y la actitud carnal.

El don espiritual que poseo debe de estar bajo su dominio y no el mío si va a ser verdaderamente fructífero. El Espíritu ha de gobernar mi existencia por completo. Cuando llego al lugar donde Él está al mando, entonce todo lo que me ofrece es suyo y puede ser utilizado por Él. Cuando me he rendido al Señor, Él es capaz de santificarme a mí y también al don que me ha entregado; de esta manera, el don se convierte en un instrumento de su gloria.

14/mayo

dones para la comunidad
efesios 4.1–16

Y él mismo constituyó a unos, apóstoles; a otros, profetas; a otros, evangelistas; a otros, pastores y maestros, a fin de perfeccionar a los santos para la obra del ministerio, para la edificación del cuerpo de Cristo (Efesios. 4.11–12).

Los dones espirituales no se relacionan con nuestra santidad personal. Se nos dan para el beneficio de otros. Los dones de Dios a nosotros, con la excepción del regalo de Sí mismo, siempre están orientados hacia los demás. Son diseñados para contestar la pregunta sobre cómo los cristianos deben coexistir y cómo han de funcionar en un mundo no creyente. Efesios 4 nos dice que Cristo proporciona dones para perfeccionar a los santos, a fin de equiparlos para el servicio a otros. Nuestros dones son aptos para ayudar a otros a conocer más íntimamente al Señor.

Nunca entenderemos nuestras propias fallas y fracasos si vivimos solos. Es en la fricción que ocurre en nuestros intercambios con otros que descubrimos quiénes somos. El poder perfeccionador del Espíritu opera más activamente cuando estoy en contacto con otras personas. Dios me obsequia la presencia y los dones de otros, y por ellos hallo perspectiva, balance y gracia. Si quiero ser íntegro y completo, tengo que ser un miembro activo del cuerpo de Cristo.

Así que los dones espirituales se les entregan a otros para nuestro provecho y a nosotros para el bien de ellos. No son otorgados para el privilegio o el placer privado sino para los demás. ¿Permites que Dios use los dones que te ha concedido para el favor de tus hermanos y hermanas en Cristo y para la humanidad entera?

15/mayo

decidiendo la historia

génesis 41.37–57; jeremías 5.1

Tomó Taré a su hijo Abram, y a Lot hijo de Harán, hijo de su hijo, y a Sarai, su nuera, mujer de su hijo Abram, y salió con ellos de Ur de los caldeos para ir a la tierra de Canaán. Pero cuando llegaron a Harán se quedaron allí (Génesis 11.31).

Al leer el libro de Génesis, uno descubre que menciona muy poco acerca de los asuntos internacionales de ese período. Pero sí registra los anales de una sola familia en una tierra remota. Un patriarca tuvo un hijo y doce nietos, y esos hombres ejercieron más influencia en el destino humano que cualquier individuo señalado en los titulares de *El Tiempo Sumerio* o la *Crónica Babilónica*. El provenir fue decidido por esos doce varones y no por las corporaciones o movimientos mundiales del día. Vivimos en una época en que la mayoría de la gente cree que las grandes organizaciones son el factor determinante. Muchos piensan que cambiar las instituciones resultaría en una sociedad renovada; ésta es la atracción de la política. Las Escrituras, en cambio, nos sorprenden con la cantidad de espacio dedicado a las personas en vez de a las entidades. Parece que el instrumento preferido de Dios para efectuar transformaciones es el ser humano.

Las implicaciones son claras. En términos finales, hombres y mujeres definen la identidad de las asociaciones, no al revés. Las resoluciones que se toman en la profundidad del corazón humano, en la intimidad de su soledad con Dios, son las que serán históricamente elocuentes para precisar el futuro. Es posible que los individuos no estén conscientes del sentido de sus elecciones o de la magnitud de las consecuencias de ellas. Lo más significativo ocurre cuando cada uno confronta ante Dios sus responsabilidades y las oportunidades y los privilegios de gracia que se le han dado uno en Cristo. Es por eso que la intercesión, el evangelismo y el discipulado son tan importantes. Y es por eso que eres tan valioso—lo suficientemente precioso como para que la vida de Dios en Cristo fuera sacrificada por ti.

16/mayo

él no se equivoca

marcos 11.15–19

Si alguno quiere venir en pos de mí, niéguese a sí mismo, tome su cruz y sígame. Todo el que quiera salvar su vida, la perderá; y todo el que pierda su vida por causa de mí y del evangelio, la salvará (Marcos 8.34–35).

Recuerdo una noche durante la Segunda Guerra Mundial cuando hablé con un grupo de soldados en un servicio evangelístico. Uno de ellos se quedó después del culto para conversar, y cuando estuvimos solos, anunció: «Me gustaría ser cristiano.»

«¿Por qué?», le pregunté.

«Porque no deseo ir al infierno», replicó.

«Bueno, supongo que ésta es una razón buena, --le dije--. No sé si es una motivación noble, pero es perfectamente legítima. Entonces, ¿le darás a Cristo tu vida?»

El soldado se puso tenso. Manifestó: «No sería capaz de hacer eso. ¿Está usted seguro que un hombre debe actuar así para ser cristiano?»

Abrí el Nuevo Testamento en las palabras de Jesús: «Si alguno quiere venir en pos de mí, niéguese a sí mismo, tome su cruz y sígame. Todo el que quiera salvar su vida, la perderá; y todo el que pierda su vida por causa de mí y del evangelio, la salvará.»

Después de una pausa, volvió a inquirir: «¿Es necesario entregarle a Cristo mi vida para convertirme en cristiano?»

«Así es. ¿Por qué no estás dispuesto a hacerlo?»

«Pues, ¡tengo proyectos para mi vida! –exclamó--. ¿Cómo puedo otorgarle la dirección de mi vida si ya la tengo planeada?»

Ansiaba ofrecerle mi mano a ese soldado en reconocimiento a su honestidad tan clara. Como pastor, había pasado gran parte de mi existencia tratando con individuos que no percibían ninguna contradicción entre afirmar: «Le rendiré mi vida a Jesús» y anunciar: «Conozco lo que voy a realizar con mi vida». Ese varón entendió la contradicción.

Los sacerdotes en Jerusalén no percibían ninguna ruptura entre asegurar: «Ésta es la casa del Señor» y administrarla de tal manera que no fuera un lugar digno para Él. Jesús se vio obligado a entrar y pregonar: «Se han equivocado terriblemente. Ésta es la casa de mi Padre y debe manejarse según sus normas.» Los clérigos reaccionaron con pánico.

La mayoría de nosotros respondemos de una forma similar cuando Cristo penetra en nuestro ser. La causa principal para esta crisis es nuestro temor desmesurado de lo que pueda innovar en nuestra existencia si le conferimos el control. Pero, ¿hay algún fundamento bueno para sospechar que Jesús se vaya a equivocar con nuestras vidas?

17/mayo

no puedo vivir sin ti

efesios 4.25–32

Por eso, desechando la mentira, hablad verdad cada uno con su prójimo, porque somos miembros los unos de los otros. Airaos, pero no pequéis; no se ponga el sol sobre vuestro enojo (Efesios 4.25–26).

¿Cuáles son las cosas que entristecen al Espíritu Santo? Efesios 4 nombra dos específicas. La primera es la mentira. El Apóstol Pablo se refiere no sólo a los engaños flagrantes sino también a las pequeñas falsedades que contamos para proteger nuestro ego. Cuando se tiñe un poco la autenticidad para lucirnos y comprendemos que no merecemos ese honor, es embuste. Embellecer la verdad para mejorar nuestra fama es dar falso testimonio.

El segundo factor que aflige al Espíritu es cuando abandonamos el control sobre nuestro enojo. Uno de mis modelos en la vida cristiana ha sido un graduado de la Universidad de Asbury que nació en Grecia. Nos relató una experiencia cuando acongojó al Espíritu con su conducta. Era un inmigrante recién llegado y un cristiano recién convertido. Trabajaba en un equipo de obreros que sacaban carbón de las bodegas para llenar los vagones del tren. Uno de sus colaboradores era muy profano, y el señor griego le solicitó que dejara de expresarse así. Cuando el otro rehusó cambiar su forma grosera de hablar, el creyente griego lo golpeó y lo dejó inconsciente por un tiempo. Describió las horas después del incidente: «Todo el resto de ese día, estuve solo. La paz de Dios se me había ido. Entré a mi cuarto esa noche, me postré y clamé: "Dios, no puedo vivir sin ti. ¿Qué hice mal?"»

El Señor respondió: «Ya sabes lo que hiciste.» Al día siguiente el hermano fue donde su colega irreverente y le pidió perdón. Había perdido su tranquilidad y no la recuperó hasta que restauró esa relación a través de la confesión.

¿Hay algo en tu corazón que necesita ser reparado? Como un gran predicador ha dicho: «Cuando el Espíritu se abate, el Espíritu sale.»

18/mayo

visión opacada

marcos 8.1–26

Respondiendo Jesús, les dijo: --Id y haced saber a Juan las cosas que oís y veis. Los ciegos ven (Mateo 11.4–5).

La conciencia de la naturaleza pecaminosa de uno es el primer paso para hacerse cristiano. Ahora, no me es difícil creer que *usted* es un ser caído; el problema es entender que *yo mismo* soy transgresor. Aun los mejores hombres y mujeres, no importa la nobleza de su corazón, encuentran dentro de sí mismos el impacto de la decadencia. La condición culpable de la humanidad encaja con la realidad del planeta en el cual vivimos y afecta nuestra habilidad de ver con claridad.

La marca del nuevo nacimiento es ojos abiertos y visión iluminada. La pregunta es hasta qué punto han sido destapados nuestros ojos. Tal vez fueron despejados y alumbrados, pero ahora nos hemos dormido y no observamos las necesidades que nos rodean. Quizás hayamos permitido que se distorsione nuestra perspectiva eterna. No hay nada más peligroso que tener una visión opacada pero pensar que está diáfana.

Si evaluamos nuestra vista según nuestras propias normas, es muy fácil sacar una conclusión demasiado positiva acerca de nuestra capacidad para percibir. En cambio, debemos medirla según el diseño del Padre para nosotros y para el mundo, y según el propósito de Cristo para nosotros y para la redención de la creación. Si lo hacemos, reconoceremos abiertamente los puntos de ceguera con los cuales hemos estado cohabitando. Nos percataremos de los requerimientos de la sociedad circundante, y comprenderemos que fue nuestra complacencia egoísta que nos llevó a imaginar que poseíamos una mirada cristalina y aguda.

19/mayo

destinados para una boda

apocalipsis 21

«Ven acá, te mostraré la desposada, la esposa del Cordero» (Apocalipsis 21.9).

En los primeros siglos del cristianismo, mientras los teólogos intentaban entender plenamente el misterio de la Encarnación, surgió una pregunta fascinante. Si los seres humanos nunca hubieran caído, ¿habría enviado Dios a Cristo de todos modos? Algunos resolvieron que sí, fuera cual fuera la decisión de Adán y Eva, el Hijo eterno habría venido a este mundo en carne humana. Su razonamiento fue: Dios se complace en nosotros, desea que estemos cerca de Él y que seamos uno con Él.

Un factor clave en este pensamiento fue la aseveración bíblica de que Cristo se reveló en la tierra para conseguir una novia. Juan el Bautista concibiió así el rol de Jesús (Juan 3.22–30), y Jesús mismo describió su misión en esos términos (Marcos 2.18–20). Para ellos, la verdadera filosofía de la historia humana es nupcial. Las últimas escenas del libro de Apocalipsis confirman esta tesis (cap. 18–22). Los que creen en Cristo están destinados a un lugar con Él en el trono de Dios, donde se sentarán como la desposada del Señor. ¡Qué llamamiento!

Si realmente comprendiéramos esta verdad, descubriríamos que de ella fluye una influencia santificadora que purifica toda nuestra existencia. Nos forzaría a percibir que nuestra sexualidad es una parábola para cosas divinas. El matrimonio llegaría a ser una preparación para nuestro destino final. Y la salvación se inferiría en el orden de darse en vez de considerarla algo que recibimos. Nos encontraríamos buscando a una Persona, no las cosas.

Admito que me gusta la idea de que Cristo se habría manifestado aun si no hubiéramos pecado, pero las Escrituras no tratan esta cuestión. Sin embargo, dejan claro que el Señor busca una relación íntima con nosotros a pesar de nuestra condición transgresora. ¿Estás disfrutando el noviazgo con Él?

20/mayo

jesús, nuestro modelo

marcos 8.27–38

Todo el que quiere salvar su vida, la perderá; y todo el que pierda su vida por causa de mí y del evangelio, la salvará (Marcos 8.35).

Jesucristo en la Cruz es el modelo para todos los cristianos. El Nuevo Testamento explica esto de dos maneras. La primera tiene que ver con las burlas y el escarnecimiento de los enemigos de Jesús mientras lo miraban colgado allá. Dijeron: «A otros salvó; sálvese a sí mismo, si éste es el Cristo» (Lucas 23.35). A estas alturas, el prototipo es de uno que elige no ayudarse o defenderse con palabras. Es el ejemplo seguido por el Apóstol Pablo, el patrón que propuso en su desafío a la Iglesia: «Sed imitadores míos, así como yo lo soy de Cristo» (1 Corintios 11.1). Cristo no se rescató a sí mismo sino que se dio por la humanidad; del mismo modo Pablo se entrega por otros. El mensaje para nosotros es claro: Sigamos esta pauta; permanezcamos en amor y ofrezcámonos por otros. Ésta debe ser la preocupación principal de todo creyente: Preferir no socorrernos a nosotros mismos sino vivir para redimir el mundo para Jesús.

La segunda faceta del arquetipo de Jesús para nosotros es su humanidad. Es la persona a quien todos los seres humanos han de parecerse, nuestro espejo. Desde la transgresión de Adán, nunca ha habido ningún individuo ajeno al interés propio, y por eso, cada ser humano ha sido menos que completo. Ahora Jesús ha venido y está exento a esa forma de egoísmo; por eso Él es un ser íntegro y completo. Es sólo cuando estamos en comunión con este Jesús libre de pecado que somos salvos. Llega a nosotros, deposita su vida en nosotros y nos cambia desde adentro hacia fuera. Nos hace capaces de rendirnos voluntariamente, de escoger regalar nuestros días para el bien de otros.

21/mayo

enviando a timoteo

1 corintios 4.9–17

Porque no tengo a ningún otro que comparta mis sentimientos y que tan sinceramente se interese por vosotros, pues todos buscan sus propios intereses y no los de Cristo Jesús (Filipenses 2.20–21).

El egoísmo es uno de los frutos de nuestra naturaleza caída. Aun después del nuevo nacimiento, somos capaces de estar llenos de interés propio. No hay interrupción de la tiranía del egocentrismo aparte de la gracia, pero inclusive en presencia de ésta, es factible concentrarnos más en nosotros mismos que en los demás.

Recuerdo la ocasión cuando descubrí por primera vez la oración lastimera en Filipenses 2.20–21. Pablo escribe: «Porque no tengo a ningún otro que comparta mis sentimientos y que tan sinceramente se interese por vosotros, pues todos buscan sus propios intereses.» Pablo se halló en una situación triste cuando necesitaba enviar un animador a la iglesia de Filipos, para fortalecerlos y explorar su condición espiritual. Al considerar a los compañeros que lo rodeaban, el apóstol decidió que había sólo uno en quien lograba confiar. Timoteo fue el único miembro de su grupo que valoraba más el bienestar de otros que el suyo.

¿Estás luchando con la egolatría? Es posible que Jesús te rescate de tal manera que ames más a otros que a ti mismo y que te preocupe más el bien de otros que el tuyo. Cuando permitas que Dios te lleve a ese lugar, reconocerás que es un sitio de libertad, no de esclavitud.

Si hubieras sido integrante del equipo de Pablo, ¿podría él haberte mandado a los filipenses?

22/mayo

¿te está llamando?

mateo 4.18–22

Lo llamó de en medio de la zarza: --¡Moisés, Moisés! (Éxodo 3.4)

Un día mientras Moisés pastoreaba las ovejas, levantó la vista y observó un evento inexplicable que sucedía ante sus ojos. Una zarza en el desierto ardía pero no se consumía; las llamas de fuego subían, pero las hojas de la planta no se secaban y no se caían hechas cenizas. Sospecho que justamente así empieza la vida cristiana para la mayoría de nosotros: De alguna forma intencional, Dios se introduce en nuestra experiencia consciente. Cada creyente tiene una comprobación de la presencia de Cristo; percibimos su realidad y sabemos que no estamos solos, y reconocemos que el que nos acompaña no es humano. Es en ese instante que nos damos cuenta de que ese Otro nos invita a que vayamos con Él.

Recuerdo bien la llegada de ese llamado cuando era adolescente. Había estado en la iglesia desde siempre, asistiendo a cuatro servicios cada domingo y a veces al del miércoles también. Pero no discernía la presencia de Dios en mi vida. Un día Jesús me confrontó repentinamente de tal modo que no había ninguna ruta de escape. Lo escuché diciéndome: «Te quiero y deseo que me sigas.» Ese requerimiento no admite huida, y cuando aparece, usted entiende que está experimentando algo sobrenatural. No puede sacar una foto de Jesús o agarrarlo con la mano, pero comprende que está en la presencia de Uno que es más grande que usted y que Él tiene un propósito para su vida. La manera en que usted responde a ese designio y a esa invocación determina su destino eterno.

¿Te está llamando ahora?

23/mayo

la intimidad de la trinidad

juan 14–17

Y se oyó una voz de los cielos que decía: «Éste es mi Hijo amado, en quien tengo complacencia» (Mateo 3.17).

¿Es posible que lo que el Padre desea tener conmigo sea lo mismo que ha tenido con el Hijo? La doctrina de la Trinidad es un fundamento de nuestra creencia en una religión de confianza amorosa—tres Personas en una, quienes se aman y se entregan el uno al otro. En el comienzo absoluto, cuando no existía ningún otro ser aparte de Dios, no era uno solo; era Dios en amor—Padre, Hijo y Espíritu Santo. Observa la intimidad de su relación el uno con el otro.

Jesús expresó de su Padre: «No puede el Hijo hacer nada por sí mismo, sino lo que ve hacer al Padre... Mi doctrina no es mía, sino de aquel que me envió... Padre, yo te he glorificado en la tierra; he acabado la obra que me diste que hiciera» (Juan 5.19; 7.16; 17.4).

O escucha la palabra del Padre acerca de su Hijo: «Éste es mi Hijo amado, en quien tengo complacencia» (Mateo 3.17).

O presta atención a lo que asegura del Espíritu: «Cuando venga el Espíritu de la verdad,...no hablará por su propia cuenta sino que dirá sólo lo que oiga...El Espíritu tomará de lo mío y se lo dará a conocer a ustedes» (Juan 16.13, 15, NVI).

Hay una confianza absoluta y una interdependencia entre las tres Personas de la Trinidad. Viven para ensalzar a los otros miembros de la confraternidad divina. Esto es lo que Dios anhela de usted y de mí; quiere que nuestras acciones estén de acuerdo a la iniciativa suya para que lo honremos. Somos sus hijos amados, y debemos sacar de lo que oímos en la comunión con Él y ofrecérselo al mundo. ¿Es probable permanecer en tal unión con Él? Las Escrituras afirman con claridad que no sólo es factible sino que es la condición para la cual fuimos creados.

24/mayo

por devoción

juan 15.9–17

A lo suyo vino, pero los suyos no lo recibieron. Mas a todos los que lo recibieron, a quienes creen en su nombre, les dio potestad de ser hechos hijos de Dios (Juan 1.11–12).

Si Dios sólo quisiera de nosotros la obediencia, le sería muy fácil conseguirla en una de dos maneras. Primera: La podría forzar. Antes yo pensaba que Dios únicamente deseaba la sujeción y que sería un milagro si la lograra en mí. En una ocasión Jesús dijo que le era factible pedirle al Padre que enviara una legión de ángeles para protegerlo (Mateo 26.53). Gozaba de la autoridad suficiente para apremiar el sometimiento, pero eligió no utilizarla, porque no ambicionaba una rendición servil. Creo que el infierno será una subordinación absoluta al Señor sin ningún amor hacia Él. Jesús va a reinar sobre el cielo y sobre el infierno; es Rey de reyes y Señor de señores. En última instancia exigirá la sumisión completa de cada persona, pero ansía algo más. Anhela lo que no se otorga bajo demanda.

Lo que Dios pretendo no es posible imponer ni comerciar, aunque Él posee íntegramente los recursos necesarios para adquirirnos. Pero comprándonos, tendría sólo esclavos y siervos, cuando espera mucho más. Aspira tomar hijos e hijas para el Padre y una novia para el Hijo. Un vínculo de amor involucra mucho más que la mera disciplina.

¿Cómo consigue Dios esta unión? Para asombro de todos, el Creador se para ante la criatura en humildad y mansedumbre. Aguarda a que lo elijamos libremente, a que nos juntemos con Él en su labor de salvar al mundo, no bajo presión sino por devoción. El Señor nunca nos obligará a que formemos parte de su equipo, pero nos solicita que seamos voluntariamente dóciles y nos invita a una relación de amor.

25/mayo

«me caes bien»

éxodo 25.1–9

Vosotros sois mis amigos si hacéis lo que yo os mando. Ya no os llamaré siervos, porque el siervo no sabe lo que hace su señor; pero os he llamado amigos, porque todas las cosas que oí de mi Padre os las he dado a conocer. No me elegisteis vosotros a mí, sino que yo os elegí a vosotros y os he puesto para que vayáis y llevéis fruto, y vuestro fruto permanezca; para que todo lo que pidáis al Padre en mi nombre, él os lo dé (Juan 15.14–16).

Dios ama al mundo y a su pueblo y desea permanecer en medio de nosotros. Le caemos bien. No sólo me ama, sino que le caigo bien; esto me conmueve mucho. Hemos utilizado tanto el término *amor* en conexión con Dios que pensamos que Él está obligado a amarnos; Dios es amor, por eso debe amar a todos. ¿Pero te das cuenta de que le caes bien a Dios? Tal vez no le complace lo que haces, pero siente un cariño profundo hacia ti. Hay una gran diferencia entre los vínculos que mantienes con seres queridos hacia quienes experimentas el deber de amar y los que sostienes con la gente que te simpatiza. He observado que me esfuerzo por juntarme a las personas con quienes me entiendo; ambiciono pasar tiempo con ellas. Tiendo a migrar en su dirección para la confraternidad y la comunión. Ansío poseer en mi vida algo de la riqueza que percibo en ellas; por eso, las busco para gozarme en la amistad con ellas.

Así es el Dios de quien leemos en las Escrituras. Le agrada estar próximo a nosotros y aspira acercarse más y más. Es por eso que encontramos en el libro de Josué que Dios procura una tierra para sí mismo, una porción de terreno que sea suyo. Él es dueño de la humanidad entera, pero ésta lo ha repudiado. Anhela un poco de territorio donde los presentes levantarán la vista al cielo y dirán: «Somos de Él. Nos cae bien. Nos ha creado y nos sostiene. Somos suyos y Él es nuestro, y nos cautiva la relación.»

Si una persona te simpatiza, permitirás que él o ella invada tu espacio. ¿Dios te cae bien? ¿Le das permiso para ocupar tu despacho o tu sala? ¿Goza Él de libertad para arreglar tu horario y tus planes? ¿Tiene acceso a la totalidad de lo que hay en tu hogar? Dios espera que elevemos la mirada para expresarle: «¡Nos caes bien! Somos tuyos. Nos gusta pertenecerte. Este lugar que habitamos es tuyo y nos alegramos en ti.»

26/mayo

un tabernáculo en medio de ti
salmo 24

Me erigirán un santuario, y habitaré en medio de ellos (Éxodo 25.8).

Los últimos dieciséis capítulos del libro de Éxodo tratan sobre la construcción del tabernáculo—un santuario en el cual Dios podría morar. Los hebreos iban a ser el pueblo de Yahwéh, y el Señor anhelaba venir y habitar en medio de ellos porque los amaba. La posición de Dios debe ser el centro de nuestra vida social cotidiana—en realidad, de toda nuestra existencia. El elemento clave en la auténtica vivencia cristiana es una experiencia diaria de adoración al Señor como nuestro eje.

Nunca he conocido a un creyente eficaz que no haya mantenido un ejercicio devocional regular y consistente. He escuchado testimonios emocionantes, pero no han perdurado sin que la persona estableciera un tiempo diario en la presencia de Dios con su Palabra.

Cuando yo era universitario, Dios me dio un compañero de cuarto que fue un ejemplo para mí. Cada mañana al despertarme, percibía una luz prendida en nuestra habitación y avistaba a mi colega arrodillado al lado de una silla, donde tenía abierta su Biblia. Lo miraba allí día tras día y algo dentro de mí quería lo que él poseía. Soy un tipo piadoso y me sentía culpable si me quedaba en la cama mientras él oraba; por eso, con motivos no muy nobles, empecé a instituir mi propio espacio devocional con la misma puntualidad que mi amigo. Le agradeceré eternamente a ese joven, porque la vergüenza que yo experimentaba al contemplar su fervor me impulsó hacia un patrón de consistencia en mi comunión con Dios. No importan sus razones para iniciar tal modelo; una vez que usted comience a practicar un tiempo reiterado con el Señor, Él es capaz de tomar el control y transformar su motivación hasta que ansíe verdaderamente encontrarse con Él. Cualquier cosa que le fuerce a usted a pasar momentos con Cristo y a estar alerta ante su Palabra hará una diferencia dramática en su observancia cristiana. Él se ubica en el núcleo de nuestras vidas para que lo alcancemos a ver y para que hablemos con Él todos los días. Desea morar («hacer su tabernáculo») con nosotros.

27/mayo

él es mi deleite

cantares 2.3–4

Deléitate asimismo en Jehová (Salmo 37.4ª).

Cuando yo tenía treinta y pico de años, experimenté algunas dificultades físicas, y en cierto momento pensé que iba a perder la voz. Esa posibilidad me llenó de pánico; nunca me había ganado el sustento de otra forma que predicando y enseñando, y debía proveer para mi familia. Desde la edad de dieciséis años, mi existencia había girado alrededor de una ocupación para la cual mi voz era una herramienta necesaria. Empecé a decir: «Señor, no me puedes hacer esto.»

Dios me respondió: «¿Así es? ¿Qué amas más—a mí o a mi servicio?»

Para alegría mía, descubrí que era capaz de afirmar sinceramente: «Señor, eres mi primer amor. Toma mi voz, toma todo lo que quieras. Tú eres la fuente de mi gozo.» Disfruto mucho el ministerio de Cristo, pero Él es sumamente más deleitoso y enriquecedor que su trabajo; la relación con Él es la más importante de la vida.

Ésta es la razón por la cual el Espíritu Santo es tan esencial. Es Él quien testifica de Cristo, quien glorifica a Cristo, quien nos torna conscientes de las cosas en nuestra cotidianidad que no le agradan a Cristo y quien transforma nuestro corazón para que se ajuste al patrón de Cristo. Hemos que estar llenos del Espíritu Santo para no entristecer al Señor y para que Jesucristo halle en nosotros alguna complacencia mientras reconocemos nuestro placer máximo en Él. Dios nos llama a una vida cristo-céntrica y es el Espíritu quien lo hace factible. ¿Es Él el deleite tuyo?

28/mayo

cambiando el fin por los medios
romanos 1.18–24

Cambiaron la verdad de Dios por la mentira, honrando y dando culto a las criaturas antes que al Creador, el cual es bendito por los siglos. Amén (Romanos 1.25).

Nos es muy fácil tomar los medios y convertirlos en un fin, y esto es la esencia de la idolatría. El universo alaba a Dios, pero cuando hacemos de él o de sus partes un fin en sí mismo, somos culpables del fetichismo. Nuestras organizaciones, trabajos, instituciones y relaciones humanas deben ser para la honra de Dios. Cuando hallamos nuestra seguridad y nuestra realización en ellos, les damos el espacio que pertenece exclusivamente al Señor. Es simple para mí, desde mi cotidianidad común y corriente, criticar al que edifique un imperio para glorificarse a sí mismo, sin darme cuenta de cuán sencillo es que yo también construya un pequeño reino donde mantenerme. ¿Estamos usando la creación divina para nuestra propia exaltación?

Esto es exactamente lo que les pasó a los judíos en el tiempo de Jesús. ¿Recuerdas cuando el Señor dijo que destruiría el Templo y que lo restauraría en tres días? Los judíos se horrorizaron tanto con esta declaración que la emplearon tres años después para afirmar la sentencia de muerte sobre Jesús. Los que observaban su muerte al pie de la cruz utilizaron esa proclamación para burlarse de Él. En el Libro de los Hechos leemos que los acusadores de Esteban evocaron las palabras de Jesús y las incluyeron en los cargos contra el discípulo. El Templo había llegado a ser sacrosanto para los hebreos, y la idea de verse sin él les era inconcebible. Habían caído en la idolatría. El edificio que simbolizaba la presencia de Dios usurpó el sitio de Dios en sus vidas.

Seiscientos años antes, el profeta Ezequiel registró que la gloria de Dios salió del Santuario y los sacerdotes ni se dieron cuenta de su ausencia. Es poco sorprendente que lo perdieran cuando apareció en forma humana; el Lugar Santo y su servicio les eran más reales que el Santo Dios. El Espíritu del Señor es invisible; te puedes quedar sin Él y nunca admitir que se ha ido. Permanece sensible a su presencia.

29/mayo

perdiendo su presencia

josué 7

Jehová respondió a Josué: — ¡Levántate! ¿Por qué te postras así sobre tu rostro? Israel ha pecado, y aun han quebrantado mi pacto, el que yo les mandé.... Por esto los hijos de Israel no podrán hacer frente a sus enemigos....(Josué 7.10–12).

La historia de Acán hace que la gente tiemble con temor. Fue el hombre que, por su pecado, causó que los israelitas perdieran la batalla contra sus enemigos. Cuando se expuso la transgresión de Acán, él y su familia fueron ejecutados. Existe una opinión en nuestra época: que si aceptamos a Cristo, Él se mantendrá con nosotros no importan nuestras elecciones. Esta idea es equivocada. Cristo continúa con nosotros mientras permanecemos en Él, pero cuando abandonamos su camino y nos desviamos por un sendero de nuestra preferencia, la presencia de Jesús partirá de nuestra vida. Dios no nos puede salvar si le seguimos dando la espalda.

Este concepto no es solamente un principio del Antiguo Testamento, sino una verdad eterna. Juan el discípulo amado afirmó: «Si decimos que tenemos comunión con él y andamos en tinieblas, mentimos y no practicamos la verdad» (1 Juan 1.6). El Día Final será un tiempo de exclusión tanto como de inclusión. Habrá una puerta, y todos los que no pasen por ella serán perpetuamente apartados.

Tal vez algunos cuestionen la compasión de Dios. La última palabra de la experiencia humana no será la misericordia, sino la justicia y la santidad. La clemencia conduce hacia la justificación; se nos da en este mundo para que lleguemos a conocer la justicia y la bondad del Señor. Si rechazamos su indulgencia, nos queda sólo su perfección, y nada impuro, sucio o engañoso entrará en su reino santo. Observe los términos trágicos que ayudan a clausurar el texto bíblico: «Pero los perros estarán afuera, y los hechiceros, los fornicarios, los homicidas, los idólatras y todo aquel que ama y practica la mentira» (Apocalipsis 22.15).

En verdad, Dios nunca envía a nadie al infierno; nosotros mismos decidimos acercarnos a Él o alejarnos. ¿Cuál es tu orientación?

30/mayo

¿cuán cerca puedes estar?

lucas 23.32–43

Uno de los malhechores que estaban colgados lo insultaba diciendo: --Si tú eres el Cristo, sálvate a ti mismo y a nosotros» (Lucas 23.39).

La Cruz es la verdad capital de nuestra fe. No es por azar que nuestros pensamientos regresen constantemente al Calvario. Pero la Cruz de Cristo, aunque central, nunca está sola; ese día había dos maderos más en la colina. El Dios de la providencia, quien ordenó todo el tiempo y toda la historia para que culminaran en ese momento, nunca habría permitido una casualidad en ese instante supremo. Las cruces de esos dos ladrones contienen un mensaje para nosotros.

En uno de esos maderos colgaba un alma miserable que buscaba alivio al insultar a Jesús. Añadió su voz a las que se burlaban del Señor con cruel insolencia. Éste por quien Jesús expiraba para salvar derramó maldiciones amargas sobre Aquel que lo amaba hasta la muerte.

La lección aguda para nosotros es cuán cerca puede estar una persona del Señor y todavía perderlo. El delincuente se encontraba a unos pocos metros de Jesús; sin duda, escuchó cada susurro de los labios del Señor. Dios le había dado a ese malhechor esta proximidad física al Salvador para que hiciera la paz con Él, pero la oportunidad fue rechazada con injurias y blasfemias.

Es posible hallarse junto a Cristo y quedarse sin Él, no importa si somos sus discípulos en nombre o si llevamos años en la iglesia. Juan Wesley no lo tuvo hasta que llegó a los treinta y cinco años, aunque había pasado décadas en el ministerio cristiano. Recuerde que fue el sumo sacerdote de los judíos quien se las arregló para crucificar a Jesús. La máxima tragedia de la historia humana es que muchos que permanecen en contigüidad al Señor no lo perciben y se extravían.

Él está más cerca de nosotros de lo que imaginamos. ¡No lo desaprovechemos!

31/mayo

¿hasta cuándo puedes esperar?

lucas 23.32–43

De cierto te digo que hoy estarás conmigo en el paraíso (Lucas 23.43).

Ese día en el Gólgota había dos maderos más al lado de la cruz de Jesús. Cada uno tiene su historia para contar. Una es la reseña de salvación en medio del juicio, del amor desafiado por el odio y de la vida en el corazón de los procesos de la muerte. Es un relato de esperanza que produce transformación.

El ladrón en esa cruz había comenzado la mañana en compañía de su colega criminal que estaba al otro lado de Jesús. Unió su voz a las de la muchedumbre y del otro delincuente mientras maldecían al Señor. Su amargura se juntó con la de ellos. Sin embargo, con el paso de las horas, captó la diferencia entre Jesús y los otros. Escuchó cuando el Hijo le pidió al Padre que perdonara a los que lo mataban. Esas palabras trajeron pensamientos antes inconcebibles a la mente de ese hombre. ¿Perdón? ¿Existía tal cosa para él? Al oír a Cristo y al percibir el Espíritu que moraba en Él, ese malhechor tomó una decisión. Si la absolución era una posibilidad, él la quería, y si alguien lograba dársela, sería este Varón extraño colgado en la cruz a su lado. Por eso oró: «Acuérdate de mí cuando vengas en tu Reino» (Lucas 23.42).

Las lecciones en esto se amontonan. ¿Hasta qué extremo puede ir uno en el pecado y todavía encontrar clemencia? ¿Cuán lejos de la iglesia y sus ministerios consigue estar uno y hallar la gracia? ¿Hasta cuándo uno es capaz de aguardar antes de que desaparezca la expectativa del indulto divino? Esta narración deja claro que ninguna persona, no importa cuán distante de Dios, está fuera del alcance de Su amor mientras respire y haya vida en ella. Gracias a Dios, no sólo por la Cruz de Cristo, sino también por la cruz de ese bandido.

1/junio

su obra dentro de mí

juan 3

«*De cierto, de cierto te digo, que el que no naciere de nuevo, no puede ver el reino de Dios» (Juan 3.5).*

Nicodemo era un líder innato, un hombre muy respetado por su conocimiento, posición, integridad y religión. Era fariseo, y aparentemente uno de los mejores de ese grupo. Nicodemo era una persona honesta con un deseo sincero de hacer la voluntad de Dios. Se acercó a Jesús con su mente inquisidora y su corazón dispuesto, y admitió sin compulsión que Jesús había venido de Dios. Las buenas actuaciones del rabino nazareno mostraban evidencias de su origen, y Nicodemo anhelaba saber más de él y de su mensaje.

Jesús trató decisivamente con Nicodemo. Fue inmediatamente al grano y le dijo que si realmente quería contemplar el reino de Dios, algo tenía que suceder dentro de él. Hasta ese momento, la creencia de Nicodemo había sido mayormente exterior; se había empeñado en guardar las demandas de la Ley y en practicar el bien, tratando así de complacer al Señor. Jesús le aclaró que no era asunto de sus actos sino que se relacionaba con la labor del Espíritu Santo dentro de él.

Ésta es una de las mayores afirmaciones en toda la Escritura acerca de la doctrina de la redención por la fe y no por las obras. Nuestra condición de ser cristianos no depende de ninguna manera de lo que ejecutamos para Dios; es el resultado de acceder a que el Señor realice algo en nosotros que no podemos efectuar por nosotros mismos. Estamos muertos sin Dios; Él tiene que darnos vida. Como Nicodemo, somos ciegos, incapaces de ver; debemos dejar que Él abra nuestros ojos. Cada aspecto de nuestra relación con Dios es un regalo de su gracia. Si intentamos satisfacerle con nuestros propios esfuerzos y buenas intenciones, fracasaremos. Dios se deleita y nosotros somos salvos sólo cuando permitimos que Él opere en nuestro interior.

2/junio

dios desea estar cerca
apocalipsis 3.14–22

«He aquí, yo estoy a la puerta y llamo; si alguno oye mi voz y abre la puerta, entraré a él, y cenaré con él, y él conmigo. Al que venciere, le daré que se siente conmigo en mi trono, así como yo he vencido, y me he sentado con mi Padre en su trono» (Apocalipsis 3.20–21).

Le caemos bien a Dios y Él desea estar cerca de nosotros, por eso se hizo uno de nosotros, habitó en medio nuestro y un día regresará para que vivamos todos juntos. La Revelación de Juan nos da una idea del destino para el cual fuimos formados. Una imagen en particular comunica la invitación divina: «He aquí, yo estoy a la puerta y llamo; si alguno oye mi voz y abre la puerta, entraré a él, y cenaré con él, y él conmigo» (Apocalipsis 3.20). Es posible que el Señor more dentro de mí y yo dentro de Él. El Cristo exaltado usa además otra figura: «Al que venciere, le daré que se siente conmigo en mi trono» (Apocalipsis 3.21). Cada creyente que camina con el Señor va rumbo hacia una posición de intimidad maravillosa en la cual compartiremos con Cristo su vida y su trono.

El valor que Dios le asigna a cada ser humano es incalculable. Somos suficientemente grandes para que Él venga a comer con nosotros, y también para que tomemos asiento con Él en su trono para siempre. Cada persona es una creación divina, con potencial eterno y una valía altísima. El Señor nos está preparando para la comunión y la confraternidad con Él. Ansía quedarse con nosotros pero muchas veces no le correspondemos; malentendemos su anhelo porque le tenemos miedo. Decidimos protegernos de Él, de modo que construimos muros cuando debemos edificar puentes para acercarnos a Él al máximo.

¿Permaneces paralizado por temor al Señor? ¿Has levantado tapias para salvaguardarte de Él? Si lo has hecho, es por una de dos razones: O no comprendes la profundidad de su amor y su empeño de encontrarse contigo, o subsistes con un pecado que no quieres rendir. Si te hallas alejado de Dios, eres tú quien llevas la responsabilidad. ¿Por qué no cierras la distancia?

3/junio

las marcas del pueblo de dios
josué 3–4

Las aguas del Jordán se dividieron; y estas piedras servirán de monumento conmemorativo a los hijos de Israel para siempre (Josué 4.7).

En el tiempo del Antiguo Testamento, Dios manifestó claramente las características que anhelaba hallar en su pueblo. Primera: Quería una gente cuya cotidianidad girara alrededor del arca del pacto, la cual iba a ser el enfoque de toda la nación. Dos cosas hicieron significativa el arca: el Dios que moraba encima de ella y las tablas de la Ley, la Palabra del Señor, que estaban dentro del cofre. Estas dos realidades tenían que ser el corazón de la vida israelita: la presencia de Yahwéh y su Revelación. Nunca debían separarse, porque la Escritura era el camino hacia su presencia. Dios mismo era invisible; para guardar a su pueblo de sus propias imaginaciones y engaños, Él les dio la expresión visible de la alianza. Para ser su congregación, hemos de constituirnos en una comunidad de la Palabra a través de la cual nos acercamos a Él.

Dios también deseaba poner otro símbolo dentro de las experiencias de los israelitas: una pila de piedras. Cuando la muchedumbre arribó al Jordán, el Señor les pidió que recogieran doce piedras del lecho del río mientras cruzaban, una para cada tribu. Iban a amontonarlas en un lugar como un monumento conmemorativo, para ellos mismos y para las generaciones futuras, del acto portentoso y divino que les permitió experimentar el cumplimiento de las promesas de Dios. Poseerían un emblema perceptible de la obra liberadora del Señor que sería un recordatorio permanente.

Nuestras vidas han de portar las mismas marcas. El centro de nuestra existencia debe ser su presencia, la cual nos llega a través de su Palabra, y en algún sitio dentro de nosotros tiene que haber el signo evidente que nos hace acuerdo del hecho milagroso de redención por el cual Él nos salvó.

¿Llevas esas señales?

4/junio

viviendo en el espíritu

gálatas 5.22–26

Digo, pues: Andad en el Espíritu, y no satisfagáis los deseos de la carne (Gálatas 5.16).

Cuando yo era seminarista gocé del privilegio de ser el anfitrión para uno de los predicadores metodistas notables del siglo XX, el Dr. John Brasher. Él estaba dando una serie de conferencias en el Seminario Teológico de Asbury, el cual fue fundado por otro gigante metodista, el Dr. Henry Clay Morrison. Mientras conversábamos, el Dr. Brasher me aseguró: «Mi hijo, el Dr. Morrison fue un gran hombre.» Asentí con la cabeza. El Dr. Brasher respondió: «No, hijo, no entiendes. El Dr. Morrison fue un gran hombre.» Y me relató esta historia.

El Dr. Morrison y el Dr. Brasher fueron los oradores en un campamento cristiano. Con una unción inusual, éste disertó ante una audiencia considerable el sábado por la mañana. Contó que era un culto maravilloso, en el cual muchas personas buscaban a Dios.

Esa misma noche predicó el Dr. Morrison, usando el texto sobre la dádiva de la ley en el Monte Sinaí. Él solía tener una presentación bastante dramática, y el Dr. Brasher recordó que «los relámpagos brillaron, el trueno rugió, y el piso tembló bajo nuestros pies». Mientras el Dr. Morrison seguía con el sermón, el otro comenzó a sentir una inquietud; en su espíritu le parecía que el maestro intentaba sobrepasar lo que había ocurrido en la reunión matinal. El Dr. Brasher se dijo a sí mismo: «Morrison sabe que es mejor predicador que yo. Disfrutamos de un servicio espléndido esta mañana, y él piensa que éste ha de ser aún más excelente.»

Después del culto Brasher salió rápidamente y se acostó. Poco a poco las luces del recinto se apagaban y la gente se acomodaba para la noche. En la oscuridad Brasher escuchó el sonido de alguien que buscaba desatar la puerta de la tienda. El intruso logró entrar y se tropezó con las camas hasta encontrar la del Dr. Brasher. Se arrodilló al pie de la camilla, inclinó la cabeza sobre los pies de Brasher y lloró como si su corazón se derritiera. Era Morrison.

Brasher no pronunció ni una sola palabra; tampoco Morrison. El Espíritu habló con el espíritu de cada uno. Brasher me explicó: «Hijo, una cosa es andar en el Espíritu, pero otra es vivir continuamente en Él. Lo mejor que puedes hacer cuando hayas caído en la carne es tomar la decisión de retornar a caminar en el Espíritu.» Después, volvió a afirmar: «Henry Clay Morrison fue un gran hombre.»

¿Qué es la carne? Es colocar la mano mía donde el Espíritu debe guiar. El Dr. Morrison comprendió que había pecado y sintió la necesidad de poner las cosas en orden. Esa sensibilidad fue y es la clave para la grandeza.

5/junio

¿quién es más rico?

marcos 10.17–23

Porque para mí el vivir es Cristo, y el morir es ganancia (Filipenses 1.21).

Charles Wesley abrió una estrofa de su himno *Jesús, amante de mi alma,* con este pensamiento admirable: *Tú, oh Cristo, eres todo lo que anhelo; más que todo hallo en ti.* Wesley sigue hablando de cómo Cristo puede levantar a los caídos, animar a los cansados, sanar a los enfermos y guiar a los ciegos. Parece asegurar que la respuesta a cualquier necesidad humana se encuentra en Jesús. Lo que requiera yo que se haga dentro de mí o para mí, Él es capaz de efectuarlo.

Las líneas iniciales, sin embargo, sugieren otro enfoque. No se refieren a las dádivas de Dios ni a sus proezas, sino a Cristo mismo, porque Él es mejor que cualquier cosa que realice para nosotros. Wesley parece estar afirmando que Cristo es suficiente; tenerlo a Él nos basta y así no nos falta nada.

Surge la pregunta: ¿Una persona que lo posee todo más Dios es más rica que el que sólo tiene a Dios? ¡Alguien que únicamente tiene a Dios ciertamente no es pobre! Es tan próspero como el que goza de todo más Dios. El Señor es suficiente.

Tal vez esto es una parte de lo que Pablo comunica desde la cárcel cuando les declara a sus amigos filipenses que para él, el vivir es Cristo y por eso ha aprendido a estar contento en cualquier circunstancia (Filipenses 1.21; 4.11). Es ciertamente lo que Jesús expresa cuando le dice al joven rico que venda la totalidad de lo que tiene y que lo siga. Jesús no lo llama a menos sino a más, a Sí mismo, y Él es suficiente. ¿Lo has encontrado así?

6/junio

un cántico nuevo

2 crónicas 29.20–28

Entonces mandó Ezequías sacrificar el holocausto en el altar; y cuando comenzó el holocausto, comenzó también el cántico de Jehová, con las trompetas y los instrumentos de David rey de Israel (2 Crónicas 29.27).

El cantar es una parte significativa de la vida cristiana. Tanto la doctrina de los hebreos antiguos como la fe del Nuevo Testamento han sido marcadas por la música como ninguna otra línea religiosa en la historia humana.

El nacimiento de Israel como nación se celebró con canciones. Moisés y María las entonaron cuando consideraron la salvación de la devastación en Egipto (Éxodo 15). Débora y Barac unieron sus voces en cantos cuando Dios rescató a los israelitas de la opresión cananea (Jueces 5). Jerusalén resonó con el sonido de los instrumentos y coros cuando el arca del pacto se trajo al templo (1 Crónicas 15.16–28).

Los cánticos caracterizaban la existencia del pueblo de Dios en el Antiguo Testamento cuando andaban en fidelidad con Él. Los interpretaban cuando trabajaban, cuando jugaban, cuando amaban y principalmente cuando adoraban. Fue difícil para ellos concebir la devoción a Yahwéh sin música, porque Su presencia los motivó a loar.

Esto continuó en la iglesia primitiva. Pablo y Silas cantaron después de ser azotados y tirados a la cárcel. Un creyente sin alabanza es una anomalía. No se puede encontrar mejor distinción entre el cristianismo y los otros credos del mundo que una pieza coral de Bach, el *Mesías* de Handel o un himnario ordinario en una congregación cristiana.

Cuando el seguidor de Cristo mantiene una relación de intimidad con Él, el gozo es un producto inevitable de esa comunión, y su expresión natural es el canto. David sabía eso y declaró: «Cantaré a Jehová, porque me ha hecho bien» (Salmo 13.6). Cuando permitimos que nuestra unión con Jesús languidezca, se muere nuestra melodía y nuestra voz se apaga.

¿Hoy es un día de sinfonía para ti?

7/junio

santificado por la fe

salmo 24

*Bienaventurados los de limpio corazón, porque
ellos verán a Dios (Mateo 5.8).*

Cuando nacemos de nuevo, nos volvemos conscientes de la presencia de Cristo en nuestra vida. Comenzamos a caminar con Él, y mientras nuestra comunión va creciendo, empezamos a darnos plena cuenta de la intensidad de la penetración del pecado en nuestro interior. Entendemos que una cosa es tener nuestras transgresiones perdonadas, y otra es recibir una limpieza del corazón. La iglesia no siempre ha declarado con claridad el mensaje del poder de la sangre de Cristo a través de la operación del Espíritu para purificar y santificar a los creyentes en lo más hondo de su ser. Pero siempre ha habido algunos que han sondeado las aguas profundas de la gracia y han hallado tanto una promesa como una advertencia en las palabras de Jesús: «Bienaventurados los de limpio corazón, porque ellos verán a Dios» (Mateo 5.8).

¿Pero cómo es posible? Ciertamente no somos capaces de lavar nuestro propio corazón, porque la misma voluntad que elegiría estar nítida se encuentra en un estado de contaminación. Toda salvación es obra de Dios, una acción de gracia en respuesta a la fe. La santificación, tanto como la justificación, es un resultado del creer, porque es algo que sólo Dios logra convertir en realidad. Pablo habló de esto cuando les dijo a los colosenses: «Y a vosotros también, que erais en otro tiempo extraños y enemigos en vuestra mente, haciendo malas obras, ahora os ha reconciliado en su cuerpo de carne, por medio de la muerte, para presentaros santos y sin mancha e irreprensibles delante de él» (Colosenses 1.21–22).

Es también lo que el apóstol les comunicó a los tesalonicenses cuando oró por su santificación. Sabía que nunca lo realizarían ellos mismos, y por eso concluyó: «Y el mismo Dios de paz os santifique por completo; y todo vuestro ser, espíritu, alma y cuerpo, sea guardado irreprensible para la venida de nuestro Señor Jesucristo. Fiel es el que los llama, el cual también lo hará» (1 Tesalonicenses 5.23–24). El llamado es una promesa. Puedes confiar en la sangre que fue derramada por nosotros.

8/junio

la salvación y el juicio

jeremías 29

Porque no envió Dios a su Hijo al mundo para condenar al mundo, sino para que el mundo sea salvo por él. El que en él cree, no es condenado; pero el que no cree, ya ha sido condenado, porque no ha creído en el nombre del unigénito Hijo de Dios (Juan 3.17–18).

El Dios de las Escrituras es justo y misericordioso a la vez. Por eso, juzga y salva. La mayoría de nosotros cree que el juicio y la salvación son dos prácticas muy diferentes, pero lo cierto es que son los dos lados de la misma moneda que van juntos en el pensamiento bíblico. Aquel que juzga es también el Salvador, y el que salva es el Juez eterno.

Observamos esto en la experiencia de la nación de Judá durante el ministerio de Jeremías. Los habitantes de Jerusalén adoraban a la reina del cielo dentro del santuario de Yahwéh. Su culto fetichista se expresaba en orgías sexuales que buscaban la bendición de las deidades de la fertilidad. Hasta sacrificaron a sus propios hijos ante los dioses paganos para asegurar su favor. Dios respondió con horror, y permitió que los babilonios capturaran y destruyeran a Jerusalén y al templo. El Señor dejó que su pueblo fuera llevado al exilio lejano en Babilonia, y por setenta años permanecieron dentro de una cultura politeísta. El resultado de este escarmiento fue que los judíos se curaron permanentemente de la idolatría. La sentencia divina tuvo una cara redentora.

La misma verdad se vislumbra en la historia del éxodo. La manumisión de Israel de la esclavitud en Egipto desembocó en devastación para el Faraón y los egipcios. Pablo pensaba en esta realidad cuando les escribió a los corintios:

Mas a Dios gracias, el cual nos lleva siempre en triunfo en Cristo Jesús, y por medio de nosotros manifiesta en todo lugar el olor de su conocimiento. Porque para Dios somos grato olor de Cristo en los que se salvan, y en los que se pierden; a éstos ciertamente olor de muerte para muerte, y a aquéllos olor de vida para vida. Y para estas cosas, ¿quién es suficiente? Pues no somos como muchos, que medran falsificando la palabra de Dios, sino que con sinceridad, como de parte de Dios, y delante de Dios, hablamos en Cristo (2 Corintios 2.14–17).

Lo que era fragancia de vida para uno, aseguró el apóstol, sería olor de muerte para otro. Dios le dijo de esta manera a Moisés: «Mira, yo he puesto delante de ti hoy la vida y el bien, la muerte y el mal....Escoge, pues, la vida, para que vivas tú y tu descendencia; amando a Jehová tu Dios, atendiendo a su voz, y siguiéndole a él; porque él es vida para ti» (Deuteronomio 30.15, 19–20).

Dios está actuando en la existencia de cada persona. Nosotros determinamos si será obra de salvación o de juicio. La preferencia del Señor es que sus acciones en nosotros sean liberadoras. Aun su castigo puede ser emancipador.

9/junio

recibiendo y siguiendo

juan 1.35–51

*El siguiente día quiso Jesús ir a Galilea, y halló a
Felipe, y le dijo: Sígueme (Juan 1.43).*

Frecuentemente les decimos a las personas que deben recibir a Cristo, olvidando las palabras de Jesús: «Sígueme». Las dos invitaciones encierran connotaciones muy distintas. La primera implica cierta necesidad en nosotros, un vacío, una culpabilidad, una condición de perdidos. El núcleo de la propuesta es el ser humano y la realidad de que Cristo es capaz de suplir toda nuestra limitación.

El sentido de «sígueme» es muy diferente. El enfoque central no está en nosotros, sino en Cristo. Significa reorientar nuestra existencia, no alrededor de nosotros y nuestras penurias, sino alrededor de Él y su llamado. Habla de nuestra renuncia al control y nuestra rendición ante Él. De repente cambia todo nuestro horizonte para incluir la Cruz. Éste fue el punto hacia el cual iba Jesús cuando convidó a Felipe a seguirlo.

No nos equivocamos cuando invitamos a la gente a que acepte a Cristo, porque sin Él estamos huecos cuando debemos estar llenos, cargados de pesos que no fuimos creados para llevar. Pero no podemos dejar a los demás en esa posición inicial; tenemos que avisarles que, si quieren mantener lo que han descubierto en Cristo, precisan oír y responder a la segunda frase del Señor: «Sígueme».

Cuídate mucho de cualquier presentación del evangelio que termina con el acoger y no avanza a mencionar el seguir. La salvación no se halla en una experiencia; se encuentra en Cristo, y hemos de caminar con Él si deseamos apreciar su poder liberador. La redención viene por medio de su presencia.

Juan entendió esto cuando aseguró: «Si andamos en luz, como él está en luz, tenemos comunión unos con otros, y la sangre de Jesucristo su Hijo nos limpia de todo pecado» (1 Juan 1.7).

¿Lo sigues tú?

10/junio

nunca leas un buen libro

2 timoteo 3.14–17

Me dijo: «Hijo de hombre, come lo que hallas; come este rollo, y ve y habla a la casa de Israel». Y abrí mi boca, y me hizo comer aquel rollo. Y me dijo: «Hijo de hombre, alimenta tu vientre, y llena tus entrañas de este rollo que yo te doy». Y lo comí, y fue en mi boca dulce como miel (Ezequiel 3.1–3).

Es maravilloso como unos pocos momentos en la presencia de una persona especial puede cambiar el pensamiento de uno. Un día disfruté el privilegio de servir de chófer a A. W. Tozer y así pasar varias horas con él. Ya me había influenciado profundamente a través de sus libros y editoriales. Me había impresionado su amplio conocimiento de los escritos clásicos cristianos. Por eso cuando hubo oportunidad, le pregunté sobre sus hábitos de lectura y los textos que más le habían impactado.

«Nunca lea un buen libro», me dijo, para mi sorpresa. «No tiene tiempo. Nunca examinará todos los mejores volúmenes, ¡por eso no pierda tiempo con uno que es solamente bueno!» Habló con una convicción explosiva. «Hay una diferencia entre haber leído ampliamente y haber leído bien. Prefiero mucho la segunda opción. Es por eso que frecuentemente vuelvo a repasar una obra antigua y bien acreditada en vez de buscar un tomo nuevo. Si es un gran ejemplar, merece más de una sola lectura».

Han pasado décadas desde esa conversación, pero la sabiduría de ese señor sigue vigente en mi vida. No es posible leer la totalidad de los libros más excelentes, y el número de ellos que uno es capaz de dominar bien es desconcertantemente pequeño. Por eso, cada composición que escogemos analizar es de gran relevancia. Los títulos populares irán perdiendo su atractivo, mas los clásicos nos invitarán a estudiarlos vez tras vez. No importa mucho la cantidad de material que hojeamos, sino la verdad que adquirimos con el entendimiento de lo que asimilamos.

11/junio

mi oreja, mi pulgar y el dedo grande de mi pie
levítico 8

Y el mismo Dios de paz os santifique por completo; y todo vuestro ser, espíritu, alma y cuerpo, sea guardado irreprensible para la venida de nuestro Señor Jesucristo. Fiel es el que os llama, el cual también lo hará (1 Tesalonicenses 5.23−24).

El sacerdote jugaba un papel especial en la vida de Israel. Fue él que se paró entre el pueblo y Yahwéh. Para llevar a cabo ese rol, tenía que estar limpio. Por eso, fue bañado y vestido con una túnica, y un becerro fue inmolado como ofrenda por el pecado y un carnero como holocausto. Después, la sangre del carnero se puso en la parte inferior de la oreja derecha del sacerdote, en el pulgar de su mano y en el dedo grande de su pie. Isaías más tarde les diría: «*Apartaos, apartaos, salid de ahí, no toquéis cosa inmunda; salid de en medio de ella; purificaos los que lleváis los utensilios de Jehová*» (Isaías 52.11).

¿Por qué se colocó la sangre en la oreja del sacerdote? Dios quería que este órgano fuera apartado para Él. La frase hebrea para la obediencia es «oír la voz del Señor». Si vamos a servirlo, debemos ser capaces de discernir su voz entre la bulla de alrededor, y habiéndola escuchado, cumplirla.

¿Por qué se ungió el dedo pulgar con sangre? Ése es el dígito que hace posible que sujetemos las cosas. Yahwéh desea ser el Señor sobre nuestro agarrar y nuestras pertenencias. A los sacerdotes israelitas no se les dio porción cuando se dividió la tierra, porque el Señor mismo iba a ser su herencia. Sus manos fueron hechas para agarrar sólo lo que era santo y pulcro.

¿Y el dedo grande del pie derecho? El término bíblico para la experiencia cristiana es el *andar*. En el Antiguo Testamento, Enoc y Noé caminaron con Dios. La palabra específica del Señor para Abraham fue: «Anda delante de mí y sé perfecto» (Génesis 17.1). En el Nuevo Testamento, el mensaje es: «Si andamos en luz, como él está en luz, tenemos comunión unos con otros, y la sangre de Jesucristo su Hijo nos limpia de todo pecado» (1 Juan 1.7).

¿Fueron los ministros de Israel un cuerpo élite espiritual con demandas singulares sobre sus hombros? Dios le explicó a Moisés que todo Israel sería «real sacerdocio y nación santa» (Éxodo 19.6). Las verdades simbolizadas en la figura de los clérigos debían realizarse también en la existencia de cada hebreo creyente. En 1 Pedro 2.5, el apóstol les asegura a sus lectores que son «real sacerdocio» y que precisan ofrecer «sacrificios espirituales aceptables ante Dios». ¿Y qué constituye un sacrificio aceptable ante el Señor? Una vida que percibe su voz y la acata, que avanza por todas sus sendas. Lo maravilloso es que Dios ha provisto la sangre de Cristo para lavarnos y al Espíritu Santo para hacer concordar con Él nuestro oír, agarrar y andar.

12/junio

planes para tu vida

jeremías 17.5–8

Porque yo sé los pensamientos que tengo acerca de vosotros, dice Jehová, pensamientos de paz, y no de mal, para daros el fin que esperáis (Jeremías 29.11).

El plan divino para todos nosotros es infinitamente más grande de lo que hemos imaginado. Nuestra visión es limitada; vemos solamente nuestros propios recursos y planificamos según ellos. Debemos levantar los ojos hacia Dios y pedir su programa para nuestra existencia. Si actuamos según nuestro entendimiento, siempre construiremos algo más pequeño de lo que el Señor desea que edifiquemos. Dios quiere llevarnos, ir con nosotros lo más lejos posible y usar todas las riquezas que hay dentro de nosotros para que seamos una bendición para el mundo. Muchos de nosotros habríamos sido más fieles a Dios y habríamos arriesgado mucho más, si nos hubiéramos dado cuenta de cuán bueno él iba a ser con nosotros. No pretenda determinar lo que Dios es capaz de realizar en la vida de usted sólo por lo que observa; permita que él decida qué va a lograr.

El comentarista F. B. Meyer ha dicho que la mayor desilusión en el cielo (si es que caben desilusiones allá) será cuando Dios revele lo que podría haber hecho con nosotros si lo hubiéramos dejado. La incredulidad es el temor de que, si le dejo el control al Señor, él me lastimará o me infligirá daño. La realidad es que Dios nunca fragua el mal para nadie; su voluntad es para nuestro bien. La razón por la cual nos solicita el gobierno total de nuestro destino es porque una transferencia a medias forzará la perversión y el aborto de los proyectos beneficiosos que Él ha establecido para nosotros. Los propósitos del Señor para usted son infinitamente más vastos de lo que usted ha pensado; en realidad, son más gigantescos que usted. Estos designios nunca se llegarán a saber o alcanzar sin que usted le ceda su futuro a Dios.

¿Qué estás ideando para tu caminar con Dios o para ganar a otros? ¿Lo mides en términos de tus propios recursos o de tus recursos en Dios?

13/junio

la prioridad de lo personal

salmo 16

A Jehová he puesto siempre delante de mí; porque está a mi diestra, no seré conmovido. Se alegró por tanto mi corazón, y se gozó mi alma; mi carne también reposará confiadamente (Salmo 16.8–9).

Una suposición de los cristianos es que Dios guía a los que le pertenecen. De hecho, cada hijo de Dios tiene derecho a esperar ese liderazgo divino. Sin embargo, el Señor no nos provee la dirección a través de un plan detallado con todas las particularidades. Aunque a veces anhelamos más claridad, hay una razón para este método misterioso. Si Dios les informara a los seres humanos todos los pormenores de su pensamiento, en nuestra ignorancia nos centraríamos en el programa y no en Jesús. Comenzaríamos a edificar nuestra existencia alrededor del proyecto divino, en vez de construirla alrededor de Dios mismo. Cristo no vino a llamarnos para que siguiéramos sus caminos; nos ha pedido que lo sigamos a él. La diferencia entre seguir a Cristo y seguir sus sendas tal vez les parezca minúscula a muchos; sin embargo, hay una distinción enorme entre seguir un sendero y seguir a la persona que nos orienta por ese sendero.

La prioridad debe ser lo individual. Nuestro negocio principal es conocer a Cristo. La vida que no surge de una experiencia íntima y particular de Jesús, no importa cuán buena sea, al final será frustrante, estéril e insatisfactoria. Pero la vida que brota de un contacto inmediato, diario y continuo con Él será fructífera y gozosa.

14/junio

retratos de dios

salmo 119.9–16

A Dios nadie le vio jamás; el unigénito Hijo, que está en el seno del Padre, él le ha dado a conocer (Juan 1.18).

Muchas personas tienen un concepto erróneo de Dios. Tal vez lo hayan heredado de sus padres o lo hayan aprendido en la escuela o en la iglesia. Quizás haya sido una reacción a sus propias circunstancias, o acaso surja de la ignorancia. Sea cual sea la razón, la mayoría de los seres humanos vislumbra a Dios tal como piensa que debe ser o acepta la creencia corporativa del grupo al cual pertenece.

La única ruta segura para comprender a Dios es realizar un estudio vitalicio de las Escrituras. Es preciso escoger no llevar nuestras propias presuposiciones a la Biblia, sino analizarla para ver qué dice. Puesto que los Textos Sagrados son verídicos, obtendremos de ellos una idea de cómo es Dios. De otra forma, nos quedarían sólo nuestras propias proyecciones. A través de los retratos que nos dan los profetas y apóstoles y el mismo Señor Jesús, penetramos en la esencia de Dios.

La Biblia indica que no hay nada en nosotros con capacidad de cruzar el abismo entre la criatura y el Creador. No poseemos una escalera que nos permita subir al cielo. Los ciudadanos de Babel, que intentaron construir tal escalera, se dieron cuenta de su inutilidad. El rostro de Yahwéh está escondido de nosotros a menos que Él mismo elija revelárnoslo, y lo ha hecho en la persona de Jesucristo, el Hijo de Dios y la Palabra de Dios.

Nunca te satisfagas con una imagen de Dios de segunda mano. Escudriña las Escrituras para hallar la verdadera identificación con Él, y cuando comiences a entender su auténtica naturaleza, descubrirás que Él es mejor que tus sueños más maravillosos.

15/junio

natanael y felipe

juan 1.43–51

Natanael le dijo: «¿De dónde me conoces?» Respondió Jesús y le dijo: «Antes que Felipe te llamara, cuando estabas debajo de la higuera, te vi» (Juan 1.46).

Las Escrituras están llenas de episodios fascinantes sobre las vidas de personas que gozaron del privilegio de encontrarse con Jesús. Uno de éstos es el de dos discípulos del Señor, Felipe y Natanael. Éste, un amigo de Felipe, no estaba impresionado cuando conoció que Jesús era de Nazaret, porque los judíos pensaban que toda Galilea había sido contaminada por la presencia de muchos gentiles en la región. La emoción de Felipe contrasta con el escepticismo de Natanael.

El amigo de Felipe se preguntó en voz alta si el Mesías podría salir de un lugar tan insignificante y sucio. Con inteligencia, Felipe eligió permitir que Jesús hablara por sí mismo. «Ven y ve», invitó. ¿Existe algún argumento más eficaz para el incrédulo? La respuesta de Felipe indicó que él había descubierto en Jesús lo que había estado buscando, y desafió a su compañero a decidir por sí mismo acerca de la confiabilidad e integridad del nuevo rabino. El reto amoroso que Felipe le extendió a Natanael mostró su certidumbre en la fidelidad y la autenticidad del Señor Jesús.

Aunque Natanael fue sorprendido por Jesús, éste esperaba a Natanael. Lo había divisado sentado debajo de un árbol y dijo: «De cierto, de cierto os digo: De aquí en adelante veréis el cielo abierto, y a los ángeles de Dios que suben y descienden sobre el Hijo del Hombre» (Juan 1.51). Jesús se identificó inmediatamente con lo divino, y le enseñó a Natanael en lo que debía fijarse para creer. No insiste en que todos se acerquen a Él con la fe sencilla de Felipe; tiene suficiente gracia y sabiduría para tratar con los apáticos como Natanael. Jesús quería a los dos en su equipo de seguidores. Cuando los escépticos se confronten con Jesús mismo y no sólo con las palabras acerca de Él, hallarán su bondad y su verdad.

¿Disfrutas de la confianza en Jesús que poseía Felipe? ¿Es tan eficaz el testimonio tuyo como el de Felipe? Hemos de convidar a la gente a que llegue a mirar cómo es nuestro Señor. Los que lo observan descubren que Él cumple todos los anhelos del corazón humano.

16/junio

encuentros con dios

hechos 9.1–9

Mas yendo por el camino, aconteció que al llegar cerca de Damasco, repentinamente le rodeó un resplandor de luz del cielo; y cayendo en tierra, oyó una voz que le decía: «Saulo, Saulo, ¿por qué me persigues?» (Hechos 9.3–4).

La crónica del mundo podría escribirse en términos de las personas que han tenido un encuentro con el Dios viviente. Muchos de éstos han padecido una realidad difícil y llena de desafíos; sin embargo, a través de las dificultades, el desánimo y aun la desesperación, han permanecido fieles a Aquel que conocieron. ¿Cómo fue posible? Las narraciones nos cuentan de estos hombres y mujeres que se toparon con Dios, entendieron que Él era verdadero y sacaron de esa certeza una fuerza innegable. Estos creyentes rehusaron cualquier alternativa a Dios mismo, no importa cuán tentadora fuera, porque sabían que sólo su senda conduce a la verdadera vida.

Abraham intimó tanto con Dios que el Señor lo llamó su amigo; caminaban y conversaban juntos. Moisés se tropezó con Yahwéh en medio de una zarza ardiente y siguió reuniéndose con Él durante toda su vida. Se paraba cara a cara con el Señor, y es factible argumentar que la existencia de Moisés fue más determinante para la reseña humana que cualquier otra, salvo la de Jesucristo. El Rey David trató con Dios y guió a los israelitas a la victoria. Jeremías se relacionó con Él y le fue leal hasta el fin amargo de sus días. Los discípulos descubrieron a Dios; el apóstol Pablo se rindió ante Él. Lo mismo le pasó en el siglo cuatro a Agustín, y su influencia todavía se percibe en las memorias universales. Martín Lutero y Juan Calvino y Juan Wesley—todos hallaron a Dios, y la sociedad fue cambiada por esos encuentros divinos.

Dios está obrando en nuestra historia, y lo hace a través de individuos que responden en fe y confianza a sus encuentros particulares con Él. ¿Eres una de estas personas?

17/junio

la verdad como una persona

juan 7.14–19

Jesús le dijo: «Yo soy el camino, y la verdad, y la vida; nadie viene al Padre, sino por mí» (Juan 14.6).

Jesús razonó mucho sobre la verdad. Observe con qué frecuencia aparece la palabra en el Evangelio de Juan. Cuando discurría sobre el tema, Jesús lo efectuaba en términos personales. Recordarás que, para desilusión de muchos, en particular de los filósofos, Jesús rehusó platicar sobre la verdad en vocablos abstractos, como si ésta subsistiera en y por sí misma. Anhelaba conectarla consigo mismo y con su Padre de una forma existencial. Fue aún más allá, y en última instancia identificó la verdad total y completamente con Él y con su Padre.

Las autoridades del templo, molestas por las expresiones de Jesús y deseando saber más de su mensaje, lo desafiaron. Respondió: «El que quiera hacer la voluntad de Dios, conocerá si la doctrina es de Dios, o si yo hablo por mi propia cuenta» (Juan 7.17). Jesús así afirmó la veracidad de sus enseñanzas en términos de una relación con su Padre. A veces interpretamos su contestación de este modo: «El que hace la verdad ciertamente la conocerá». Pero esta traducción no representa la manera de comunicarse y de pensar de Jesús. No nos engañemos; para Jesús, no existía ninguna verdad aparte del Padre. La verdad era simplemente la voluntad del Padre. Así que las categorías personales son apropiadas cuando discutimos sobre la verdad, porque las categorías finales son todas personales. En resumen y consumación de todo, Jesús es la verdad.

Si desarrollamos un amor por la verdad y si la perseguimos por mucho tiempo, la descubriremos. Y cuando la hallemos, habremos encontrado a Jesús y nos habremos dado cuenta de que es a Él a quien necesitamos. El atajo radica en su invitación sencilla: «Ven a mí». ¿Has venido tú?

18/junio

tragedia y esperanza

jeremías 31

Pero este es el pacto que haré con la casa de Israel después de aquellos días, dice Jehová: Daré mi ley en su mente, y la escribiré en su corazón; y yo seré a ellos por Dios, y ellos me serán por pueblo (Jeremías 31.33).

El retrato que pinta Jeremías con su anuncio a la nación de Israel es bastante realista. Penetró el corazón humano, y les contó a los hijos de Dios la tragedia de confiar en la carne. El profeta proveyó el fundamento para gran parte de la enseñanza sobre la gracia que se halla en el Nuevo Testamento. También vio el futuro. Observaba cómo el viejo pacto mosaico iba desbaratándose y cómo el antiguo vínculo legal que unía al pueblo de Dios se rompía en pedazos; pero se dio cuenta que ese proceso no iba a ser el fin. Un nuevo pacto llegaría, y éste no se escribiría en tablas de piedra sino en el ser interior. En esa naciente relación, la humanidad acataría la voluntad del Señor, no por alguna fuerza externa, sino porque conocerían a Dios y desearían cumplir sus designios.

Jeremías trazó un mensaje de esperanza mezclada con calamidad—la expectativa del nuevo pacto y la evidencia desesperada del pecado humano. Cuando nos encontramos con Dios y caminamos con Él, descubrimos quiénes somos a la luz de quién es el Señor. Él es quien provee una imagen objetiva de la vida humana. Cuando nos presenta esa impresión y la aceptamos, una autenticidad inmutable entra en nuestra existencia y nuestro testimonio.

Con ella viene la certeza de que Dios es capaz de convertir el «deber» de su ley en un deleite, como declara el salmista (Salmo 1.2; 119.14−15, 47, 92). Jeremías no se rindió aun cuando quería hacerlo, porque sabía que Dios iba a prevalecer y que él, por la gracia divina, también lograría vencer. De igual forma, la noticia es aplicable para nosotros. El sendero del Señor puede ser nuestra delicia.

19/junio

fuera de control

daniel 1

Y Daniel propuso en su corazón no contaminarse con la porción de la comida del rey, ni con el vino que él bebía; pidió, por tanto, al jefe de los eunucos que no se le obligase a contaminarse (Daniel 1.8).

Hay algo extraordinario que se observa en Daniel y en José. Los dos pudieron subsistir en una sociedad extranjera, José en Egipto y Daniel en Babilonia, centros de poder imperial. Separados del pueblo de Dios, lograron permanecer en victoria aun en medio de la idolatría y el paganismo. Una de las razones de su éxito fue que aceptaron una verdad que muchas personas luchan por tolerar: La vida incluye abundantes factores que están fuera de nuestro dominio inmediato. No hay nada más difícil que admitir que suceden cosas que uno no es capaz de controlar o cambiar. A veces somos responsables por nuestros propios dilemas y dificultades, pero en otras ocasiones el mundo se nos viene encima sin que lo provoquemos. En tales momentos nos encontramos en la prueba de la vida, en la cual sobresalieron José y Daniel.

José fue vendido por sus propios hermanos, puesto en cadenas, llevado a Egipto y entregado a la esclavitud. Después, por su pureza e integridad, fue echado injustamente en la prisión, donde lo olvidaron por bastante tiempo. Una evaluación aguda de la religión es lo que uno realiza cuando recibe maldad por bondad y cuando es abandonado por todos.

Daniel fue arrastrado cautivo a una tierra extraña y fue sometido bajo el mando de un rey que no conoció al Dios de Daniel. La gente a su alrededor intentó hacerle sufrir por su fe en Yahwéh y por su prestigio en la corte real.

Tanto José como Daniel sabían lo que significaba mantenerse en circunstancias que ellos no alcanzaban a aplacar. Consiguieron resistir en triunfo cuando los sucesos se hallaban fuera de control porque confiaban en que su Dios todavía tenía las riendas en la mano. ¿Posees ese tipo de serenidad y tranquilidad que te permita prevalecer invictamente en medio de situaciones tan difíciles? Es posible sólo si crees ciertamente que Dios está en control y que te va a usar todo para bien. José les explicó a sus hermanos: «Vosotros pensasteis mal contra mí, mas Dios lo encaminó a bien, para hacer lo que vemos hoy, para mantener en vida a mucho pueblo. Ahora, pues, no tengáis miedo» (Génesis 50.20–21).

20/junio

mi líder y mi proveedor
salmo 23

Aunque ande en valle de sombra de muerte, no temeré mal alguno, porque tú estarás conmigo; tu vara y tu cayado me infundirán aliento (Salmo 23.4).

Uno de los resultados más felices de nuestra salvación es que descubrimos repentinamente que no estamos solos. El Señor Jesucristo entra a nuestra existencia, y se encuentra con nosotros del mismo modo que estuvo en la barca con los discípulos cuando vino la tempestad. Liberó a sus compañeros de sus temores y de la amenaza de la tormenta. Después de nuestra conversión, reconocemos que Él no sólo está ahí, sino también que está obrando en nosotros y en nuestras circunstancias.

Deben florecer evidencias en la vida de aquel en quien Cristo reside. Otros deben ser capaces de percibir la presencia del Cristo resucitado. Cuando Israel seguía a Yahwéh, había ciertas pruebas del liderazgo de Dios. De igual forma, cuando Jesús invitó a su gente a acompañarlo, fueron apartados del resto del mundo por ese vínculo primario con Él. Ésta es la esencia de la experiencia cristiana: Cuando nos centramos en Jesús, dejamos atrás nuestros propios deseos, planes y determinaciones. Oímos el llamado del Señor, y lo seguimos. Entonces sus propósitos llegan a ser nuestros.

Cuando permitimos que Cristo nos separe de todo lo demás para que permanezcamos en su presencia, Dios nos puede abastecer en maneras comparables con su provisión para el pueblo de Israel. Cuando tenían hambre, les dio comida; cuando sufrieron de sed, les suministró agua; cuando necesitaban amparo, los rescató; cuando les faltaba dirección; les proporcionó una columna de nube para el día y otra de fuego para la noche. Cuando nos metemos en una relación con Dios, Él se constituye en nuestro Guía, nuestro Jefe, nuestro Proveedor y nuestro Protector.

21/junio

cortando el pabilo

1 corintios 3

Es verdad que ninguna disciplina al presente parece ser causa de gozo, sino de tristeza; pero después da fruto apacible de justicia a los que en ella han sido ejercitados (Hebreos 12.11).

Recuerdo que cuando yo era un predicador joven, había ocasiones en que debía leer a la luz de una lámpara de queroseno que llevaba conmigo cuando viajaba. Estaba acostumbrado a la luz eléctrica y siempre me costaba volver a la utilización del combustible. Muchas veces alargaba el pabilo para que la farola alumbrara más; evoco cómo la ceniza caía del cielo raso y cómo el globo de vidrio del candelero se ponía negro cuando estiraba profusamente la mecha y la dejaba alta por mucho tiempo.

Demasiado pabilo significaba que habría ceniza. Hallamos en esta realidad una parábola para la vida. Si alguien te empuja excesivamente, ¿comienzan las escorias grasosas y sucias a conquistar la luminosidad en tu andar? La gente se dará cuenta cuando la oscuridad empiece a dominarte. Me acuerdo de haber observado a mi abuela cuando cogía sus tijeras para seccionar ese cabo desmesuradamente largo, podando la porción extra que producía la ceniza. ¿Es posible que Dios tenga que cercenarnos algo?

Hay una contaminación que resulta cuando rehusamos permitir que el Señor saque los aspectos egoístas que causan polvo espiritual en nuestra existencia. Hay una impureza que se acumula cuando las herramientas divinas no han realizado su trabajo. La Cruz hizo factible que Él nos transformara para que fuéramos usados para la gloria de Cristo. El Señor no emplea tijeras, sino los clavos del madero que penetran nuestro interior hasta que seamos puros. Cuando Él corta el cordón en nosotros, salimos limpios, felices y libres.

22/junio

nos necesitamos

romanos 15.1–7

¿Y por qué miras la paja que está en el ojo de tu hermano, y no echas de ver la viga que está en tu propio ojo? ¿O cómo dirás a tu hermano: Déjame sacar la paja de tu ojo, y he aquí la viga en el ojo tuyo? ¡Hipócrita! Saca primero la viga de tu propio ojo, y entonces verás bien para sacar la paja del ojo de tu hermano (Mateo 7.3–5).

Para nosotros los seres humanos, no es fácil ver con claridad. A todos nos cuesta aceptar el hecho de que somos seres caídos y por eso capaces de malentender las cosas. Como resultado de la transgresión, me es más sencillo discernir el problema tuyo que percibir el mío. ¿No ha observado usted cuánto más simple es identificar los errores de otros que los nuestros? Quizás no queremos admitir nuestra condición decadente porque no sabemos a dónde acudir para encontrar socorro. Sin embargo, se nos ha dado una asistencia significativa; por eso, si seguimos en nuestra ceguera, será a nuestra cuenta.

En primer lugar, se nos ha ofrecido el Espíritu Santo, quien desea morar en nosotros y transformarnos de adentro hacia fuera. Ansía enderezar lo torcido de nuestro interior. También contamos con las Escrituras, que nos otorgan un retrato de lo que significa ser humano—el ejemplo del Señor Jesús. Debemos andar como caminó Él. Hay un tercer auxilio que frecuentemente pasamos por alto: nosotros mismos, en comunión el uno con el otro. ¿Por qué no estamos dispuestos a acercarnos y decir: «Ayúdame a salvarme de mí mismo»? Agradezcámosle a Dios el que nos haya regalado la confraternidad de los santos. Le necesito a usted; requiero su cooperación.

Sería tan maravilloso si nosotros, los que nos llamamos cristianos, anheláramos tan desesperadamente complacer a nuestro Señor y tuviéramos tanto interés en su causa que nos abriéramos el corazón el uno al otro para conversar de la familia, las finanzas, la disciplina, la integridad y muchos otros temas. Nuestra pregunta mutua sería: «¿Cómo puedo mejorar?» Si lo hiciera yo, descubriría, tal vez para sorpresa mía, que eres mi amigo y mi colaborador. Este hallazgo me reforzaría para ser un creyente más excelente, y mi relación contigo sería un testimonio más eficaz que cualquier vida solitaria.

23/junio

desastre redentor

job 42

*Yo conozco que todo lo puedes, y que no hay
pensamiento que se esconda de ti (Job 42.2).*

Si verdaderamente crea que Dios reina, esto ocasionará toda una diferencia en ru vida. Nadie ha ejercido una influencia más profunda en mí que Samuel Logan Brengle, un comisario del Ejército de Salvación. Durante mi adolescencia descubrí unos libritos escritos por él, y me impactaron en lo más recóndito de mi ser: *Conversaciones del corazón acerca de la santidad, El camino de la santidad* y *Cuando el Espíritu Santo ha venido.*

Estos pequeños folletos encierran una historia muy interesante, pero no la conocí hasta mucho después de haberlos leído por primera vez. Brengle fue un predicador brillante a quien Dios había guiado al Ejército de Salvación, y se convirtió en el vocero principal de esa organización para pregonar el mensaje de santidad. Una noche un hombre ebrio interrumpía constantemente el servicio que Brengle dirigía. Por fin, Brengle lo echó de la sala. Después del culto, el ministro fue el último en abandonar el sitio. Acababa de apagar las luces y salir a la calle cuando percibió que el borracho lo aguardaba. El hombre enfurecido le pegó en la cabeza con una piedra de pavimento y le empujó contra el edificio con gran fuerza. Samuel Brengle pasó un período largo en la clínica, al borde de la muerte. Cuando por fin comenzó a recuperarse, tuvo que esperar bastante tiempo antes de poder reasumir sus actividades normales. Por eso el editor de la revista del Ejército de Salvación le pidió que redactara unos artículos mientras se reponía en el hospital. Estos ensayos, que llegaron a ser las obras que dejaron una honda huella en la formación de varios líderes cristianos, fueron el resultado de ese incidente violento.

Debemos confiar en que Dios conserva el control de nuestro destino. El diablo alcanza a provocar complicaciones menores, pero Dios es soberano, estés en la cama de un sanatorio, en una prisión como Pablo o en cualquier lugar. El Señor es capaz de usar tus circunstancias, y lo hará, para llevar a cabo su voluntad. Él es el único que consigue producir fruto de un desastre aparente.

24/junio

expectativas falsas

juan 6

Cuando lo oyeron los suyos, vinieron para prenderle; porque decían: Está fuera de sí (Marcos 3.21).

Jesús sabía desde el principio que sería desechado por la gente a quien vino a salvar, pero nunca se desvió del camino que el Padre le trazó. No significa que le fue fácil; puesto que era un ser humano normal, el rechazo resultó tan doloroso para Él como para nosotros.

El desdén que recibió en su propia aldea y de su familia debe haber sido particularmente desolador. Él había vivido una existencia modelo en santidad y servicio en medio de ellos, pero rehusaron creer. Jesús no encajaba con su imagen del Mesías, y por eso no lo aceptaron.

Los que se opusieron a Jesús tenían hambre de más señales y maravillas; no estaban interesados en una práctica de amor sacrificial. Querían un espectáculo, no la humildad; una exposición carnal en vez de la perfección. Deseaban que Jesús conquistara a los romanos usando el paradigma del imperio, pero Él apareció para iniciar un nuevo juego. Pedían que Él cambiara sus circunstancias, pero Él insistía en corregirlos a ellos. Jesús llegó a transformarlos para, modificar las circunstancias de otros.

¿Dios obra de una manera aceptable en la perspectiva tuya? ¿Hace lo que piensas que tiene que realizar? Si no es así, ¿supones que Él está fuera de foco, o es tu visión personal la distorsionada? La mayoría de nosotros ansiamos que Él arregle nuestra situación y el carácter de otros, pero es al revés—Él anhela enmendar nuestro carácter y las circunstancias de otros, por medio de nuestra renovación. Es un proceso diferente, que significó la Cruz para Jesús; si pretendemos seguirlo, representará lo mismo para nosotros también.

25/junio

una fe que persevera

2 corintios 12.7–10

Y si me fuere y os preparare lugar, vendré otra vez, y os tomaré a mí mismo, para que donde yo estoy, vosotros también estéis (Juan 14.3).

A veces me he sentido tentado a considerar que Dios se equivocó en su manera de ordenar la existencia, porque no siempre funciona como yo pienso que debe marchar. Mi idea era que si uno vivía el cristianismo por suficiente tiempo, alcanzaría la cumbre espiritual y el resto del trecho sería un camino fácil hacia el cielo. Estaba convencido de que las batallas más exigentes se producían en las etapas iniciales de la conversión. Una vez ganadas ésas, uno podría gozarse de la tierra bendecida, sin más enemigos y pruebas. Sin embargo, he descubierto que la lucha se intensifica más y más mientras avanzamos en nuestro andar con el Señor, y no sólo se agudizan los problemas sino que nuestra resistencia física desciende simultáneamente.

Esta disminución de vigor que ocurre cuando envejecemos, nos motiva a buscar medios no humanos para enfrentar los nuevos combates. A estas alturas, me alegro de que la muerte sea un ogro y que salgamos de este mundo con la espada desenvainada. Es posible que las elecciones más difíciles de la fe se tomen en esos momentos finales cuando confrontamos las consecuencias últimas de nuestra confianza en Jesús. ¿Es realmente supremo el Señor? ¿Cuidará de mí y de los míos? Nuestra aventura de fe más grande aparece al término de la vida, cuando hemos gastados todos los recursos terrenales y nos hallamos completamente dependientes de la gracia y la misericordia de Cristo.

Disfruté el privilegio de conocer a una dama que eligió creer en la provisión de Jesús hasta la consumación de sus días. Mientras agonizaba, ella llamó a todos sus empleados, y juntos repasaron las Escrituras, cantaron un himno y oraron. Como la señora siguió con aliento, les dijo: «Bueno, leamos una vez más». Repitieron la lectura, la canción y la plegaria, y la mujer continuó sin morir. Ella oró: «Señor, esto no tiene sentido. Estas personas tienen trabajo que hacer. Ven y llévame para que éstos vuelvan a sus tareas». Y el Señor llegó. Esta matrona perseveró hasta el momento final, y partió con seguridad para su nuevo estado con Cristo.

26/junio

él está comprometido conmigo
juan 18.1–11

El Señor no retarda su promesa, según algunos la tienen por tardanza, sino que es paciente para con nosotros, no queriendo que ninguno perezca, sino que todos procedan al arrepentimiento (2 Pedro 3.9).

Uno de los momentos más conmovedores en la vida de Cristo fue en el Huerto de Getsemaní cuando los soldados y la policía del templo llegaron para arrestarlo. Sabía que era el comienzo del fin, que sería humillado, azotado y crucificado. Comprendemos que no le agradaba ese destino, porque acababa de pedirle al Padre que le quitara esa copa amarga. Pero en ese instante aparecieron los militares, y Jesús aceptó que no había una ruta de escape para Él. En ese momento sin regreso, no pensó en sí mismo, sino en cómo proteger a sus discípulos.

Les preguntó a los oficiales: «¿A quién buscan?» Cuando contestaron: «A Jesús de Nazaret», Él anunció: «Yo soy. Permitan que se vayan éstos».

Es algo maravilloso cuando nos comprometemos con Cristo, pero lo más admirable es que Él se compromete con nosotros. Es muy difícil arrojarlo de nuestra existencia. Recuerde su grito de compasión sobre Jerusalén: «¡Jerusalén, Jerusalén, que matas a los profetas, y apedreas a los que te son enviados! ¡Cuántas veces quise juntar a tus hijos, como la gallina a sus polluelos debajo de sus alas, y no quisiste! He aquí, vuestra casa os es dejada desierta» (Lucas 13.34–35).

No es Jesús quien permite salir a su pueblo y a su ciudad. Son ellos quienes lo rechazan y lo dejan afuera. Él es quien une y recoge, no el que echa. Nosotros, con toda nuestra indiferencia y rebelión, somos los que quebrantamos la relación, si es que se rompe.

Jesús advertía que, en poco tiempo, todos esos hombres correrían a salvarse a sí mismos, y que Pedro negaría haberlo conocido. Sin embargo, Él se movió para amparar a los suyos, a pesar de la vacilación de ellos. Tal vez todo esto estaba en la mente de Pedro cuando escribió que Dios no desea que nadie perezca sino que todos procedan al arrepentimiento (2 Pedro 3.9).

Esta escena en el huerto nos da una mirada hacia el corazón del Padre. Vemos a un Dios a quien le importan más sus criaturas que su propio bien. Ellos pueden desdeñarlo, pero Él no es capaz de sacarlos de sus entrañas. Dios nos ama. Debemos regocijarnos en este amor, sin presumir que él nos redima cuando persistamos en nuestra terquedad.

27/junio

«Ee señor recordó»

Jeremías 2

Anda y clama a los oídos de Jerusalén, diciendo: Así dice Jehová: Me he acordado de ti, de la fidelidad de tu juventud, del amor de tu desposorio, cuando andabas en pos de mí en el desierto, en tierra no sembrada (Jeremías 2.2).

Por un tiempo Israel conoció a Dios y caminó con Él, pero por la testarudez de su corazón, le dio la espalda y se fue por su propia senda. Dejaron de seguir la ley y eligieron avanzar en pos de sus deseos particulares, por las vías más cómodas y agradables. El que selecciona lo fácil ante lo mejor, o el yo ante Dios, fracasa inevitablemente. Por eso los hebreos perdieron la presencia divina y se encontraron en cautiverio en Babilonia.

Durante su exilio, se mantuvieron lejos de la tierra prometida y de Yahwéh. Habían intentado parecerse a los otros pueblos, por eso el Señor les diseñó un castigo apropiado para su crimen; los forzó a vivir dentro de la nación que imitaron. Aun en su condición rebelde, los judíos comprendieron a Dios lo suficiente como para entender que los estaba castigando; por eso, durante el destierro confesaron su pecado y comenzaron a escuchar a los profetas del Señor. El resultado fue una sensación de pánico y desesperación porque habían desperdiciado su oportunidad para obedecer.

Lo maravilloso de Dios es que es experto en «la segunda oportunidad»--y hasta terceras y cuartas, si la persona se arrepiente. Él envió a un profeta para que les instruyera sobre lo que tenían que hacer. Cuando la gente lamentó: «No hay esperanza para nosotros, Dios se ha olvidado de nosotros», Yahwéh mandó a Zacarías, cuyo nombre significa «el Señor se acordó».

Si le has dado la espalda a Dios o si te hallas en problemas, y si asumes que Dios te abandonó, escucha la palabra de Zacarías: «El Señor se acordó». Dios no te ha desamparado; sabe exactamente quién eres y cómo es tu situación, y te está remitiendo ayuda.

28/junio

la medida de nuestro futuro

zacarías 4

No con ejército, ni con fuerza, sino con mi Espíritu, ha dicho Jehová de los ejércitos (Zacarías 4.6).

El Señor Jesús desea expandir la influencia de cada creyente. Su plan para cada uno de nosotros normalmente es más grande de lo que alcanzamos a imaginar. Debemos ser su luz en el mundo, y si Él consigue el control de una vida, es asombroso todo lo que es capaz de hacer con ella.

En nuestra propia preocupación, a veces nos preguntamos si Dios logrará usar a alguien como nosotros. Pensamos en nuestros fracasos y nuestras limitaciones, sin darnos cuenta de que la medida de nuestro futuro nunca se halla en esas cosas. Él puede perdonar nuestras fallas y darnos el mismo Espíritu que fue la clave para la existencia de Cristo. No tenemos que permanecer en la derrota.

Nuestras pequeñeces tampoco disminuyen nuestra importancia ante los ojos divinos. Zacarías 4 explica que nuestra eficacia no se determina por nuestros dones y destrezas. Cuando el profeta dice «no con ejército, ni con fuerza», utiliza dos términos hebreos que se emplean en el Antiguo Testamento para cubrir la totalidad de los recursos humanos. Uno se refiere a la fortaleza humana, la habilidad humana y el preponderancia personal. El otro se define como brío, valor, eficiencia, riqueza y poderío militar. Lo que Dios quiere producir en nuestras vidas no depende de nuestras capacidades sino de las de Él. Es por eso que el profeta habla del Espíritu, porque es el Espíritu quien libera en nosotros la plenitud de Yahwéh mismo.

El profeta Zacarías vislumbró el camino. El Espíritu Santo es el que organiza todo para que el resplandor del evangelio brille a través de nosotros y penetre las tinieblas de la sociedad. ¡Oh, que estemos abiertos para recibirlo y para permitir que efectúe su obra a través nuestro!

29/junio

El SEÑOR está contigo

génesis 39–41

Pero Jehová estaba con José y le extendió su misericordia, y le dio gracia en los ojos del jefe de la cárcel (Génesis 39.21).

Se nos dice que Enoc, Noé y Abraham caminaron con Dios (Génesis 5.21–24; 6.9; 17.1–2), que Isaac enfrentó la hambruna, que Jacob huyó de su hermano Esaú, y que Josué comenzó la conquista de Canaán—y en todas estas actividades, el Señor estaba con ellos (véase Génesis 22.3; 28.15–16; Josué 1.5). Yahwéh también acompañó a Moisés y los dos se hablaron cara a cara (Éxodo 33.12–14). La implicación es evidente: Si Dios se encuentra a tu lado, esto es suficiente para ayudarte a vencer cualquier prueba, no importan las circunstancias.

La gran tragedia ocurre cuando permitimos que el pecado o la indiferencia entren en nuestra existencia y así descuidamos la presencia de Dios. Frecuentemente la perdemos sin darnos cuenta, tal como les pasó a María y José (Lucas 2.41–52). Nunca dé por sentado la seguridad de esta relación; mantenga íntimas las conexiones. Exprésele al Señor su necesidad esencial de Él, y regocíjese en su cercanía.

Dios marcó una diferencia en la existencia de José. En verdad, fue un cambio tan significativo que tanto el jefe de una cárcel como un rey pagano reconocieron la presencia divina en José (Génesis 39.3–4; 41.38). ¿Los que están a su alrededor tienen esta misma certeza en usted?

Cuando el Señor llega a la realidad de uno, trae consigo muchas cosas, como el gozo, la confianza, la fe, la esperanza y el amor. Su plenitud suelta las garras de las eventualidades y nos deja libres. Madame Guyón descubrió esto; escuche las notas de alegría y libertad que fueron suyas mientras se sentaba en su celda en la prisión:

Un pajarito soy,
Encerrado, lejos del aire libre
Y en mi jaula me siento a cantar
A Quien me puso allí;
Contento con mi prisión
Porque, Dios mío, te complace a ti.

Nada más que hacer;
Canto todo el día;
Y Él a quien más me encanta complacer,
Escucha mi canción;

Agarró y ató mi ala viajera,
Pero se inclina para oír mi melodía.

Mi jaula me encierra;
Afuera no puedo volar;
Pero aunque mi ala atada esta,
En libertad late mi corazón.
Los muros de la prisión no son capaces de controlar
El vuelo, la libertad de mi alma.

30/junio

la unción

lucas 11.9–13

Pero cuando venga el Espíritu de verdad, él os guiará a toda la verdad; porque no hablará por su propia cuenta, sino que hablará todo lo que oyere, y os hará saber las cosas que habrán de venir (Juan 16.13).

Los grandes ganadores de almas a través de los siglos han sido individuos cuya relación con el Espíritu Santo demuestra una identificación muy íntima, una sumisión total y una sensibilidad interior. No es como si el Espíritu fuera un rival de Jesús en nuestras vidas, sino que, como Cristo afirmó, es el Espíritu que garantiza que no haya nada en la existencia del creyente que sea inconsistente con la gloria del Mesías. El Espíritu no habla de sí mismo, sino que viene como un regalo de Cristo y nos vincula con Cristo. Es Aquel que nos guía a toda verdad, a Jesús que es la verdad. Por eso Juan puede decir:

Todos ustedes, en cambio, han recibido unción del Santo, de manera que conocen la verdad...En cuanto a ustedes, la unción que de él recibieron permanece en ustedes, y no necesitan que nadie les enseñe. Esa unción es auténtica—no es falsa—y les enseña todas las cosas. Permanezcan en él, tal y como él les enseñó (1 Juan 2.20, 27, NVI).

La unción es una persona, el Espíritu Santo. Es el Protector y el Guardián de la verdad, no sólo de la verdad teológica sino también de Él que es la verdad. Cuando nuestro espíritu y nuestros propósitos son uno con los de Cristo, sólo entonces se realiza nuestro potencial pleno. Cuando estamos completamente bajo el control de Dios, el real poderío de Jesús, quien declaró que toda autoridad le fue dada, está presente, operando en nosotros a través del Espíritu Santo.

1/julio

el centro de la historia

colosenses 1.15–20

Sepa, pues, ciertamente toda la casa de Israel, que a este Jesús a quien vosotros crucificasteis, Dios le ha hecho Señor y Cristo (Hechos 2.36).

Es claro que el mensaje de los discípulos en el Libro de los Hechos es el que habían recibido. No fue de su propio designio ni de origen humano alguno; no fue idea de ellos ni su propio descubrimiento. El mensaje fue sagrado, otorgado a ellos desde la mano de Dios—entregado para revelar la verdadera naturaleza divina.

Todos los testigos en Hechos hablaron de la encarnación de Jesús, de su vida, su muerte, su resurrección y su ascensión. Jesús es el centro de la historia de la iglesia. En Él, por Él y a través de Él la salvación y la esperanza han llegado al mundo.

Jesús no vino de su propia iniciativa. Yahwéh quien es el único Dios, el Creador de quien vienen todas las cosas, por quien todas las cosas se sostienen, a quien todas las cosas irán sin excepción, el Señor que se reveló a Israel y cuya palabra se halla en el Antiguo Testamento—este Dios lo envió. Este Dios se reveló en Jesucristo.

Detrás de, más allá de, encima de y después de todas las cosas no se encuentra ningún destino inevitable, ninguna fuerza inexorable, ninguna ley impersonal, ninguna causa primitiva mecánica, sino un Ser que es personal. Tiene un nombre personal y se nos ha revelado en Jesús. En el Día del Juicio no enfrentaremos una fuerza, sino a una persona. El Juez será Aquel que ha demostrado su amor por medio de una vida de bondad, misericordia y fuerza y por medio de una muerte de sacrificio personal para que conozcamos la profundidad de su compromiso para con nosotros y nuestra redención.

¿Es el Señor Jesús el centro del testimonio tuyo? Así debe ser.

2/julio

la mazmorra

isaías 26.1–4

Y todos bebieron la misma bebida espiritual; porque bebían de la roca espiritual que los seguía, y la roca era Cristo (1 Corintios 10.4).

En la costa de Escocia hay un castillo antiguo que contiene una mazmorra especial. Fue excavada de la roca sólida debajo del castillo y se conoce como una mazmorra botella. El cuello de la mazmorra es un pozo vertical de dos metros, de una anchura suficiente para permitir caer en él a un hombre. Debajo del pozo se halla la mazmorra propia, un espacio triangular de dos metros y medio, cuyas paredes descienden en forma circular hacia un punto central. Esta botella es demasiado profunda para que el prisionero alcance el cuello de la mazmorra. El resultado es que nadie puede escapar de ella una vez que esté adentro.

Los señores del castillo descubrieron que cada prisionero puesto en la mazmorra pronto se volvía loco, con la excepción de uno. Éste pudo retener su cordura aunque estuvo encarcelado en la mazmorra durante varias semanas. Sus captores lo sacaron de allá y buscaron entender su secreto. Para sorpresa de ellos, fueron las seis piedras pequeñas que él tenía en uno de sus bolsillos.

El prisionero explicó que las paredes circulares y la oscuridad total lo habían dejado sin ningún punto inmutable de referencia. Cuando sentía que se le iban sus facultades mentales, contaba sus piedras, moviéndolas lentamente de un bolsillo al otro. Siempre había seis. Con ese punto incambiable de referencia, externo a él, pudo guardar su cordura. Cuando su existencia le parecía una pesadilla incesante y cruel, existía un punto de orden fuera de sí mismo, y su sanidad mental descansó en esa realidad.

Contrario a muchos pensamientos modernos, la clave del individuo no se encuentra *dentro* de él. Sin algún punto de referencia externo e incambiable, simplemente deambulamos perdidos y nos falta una conexión con la realidad. Ésta es otra evidencia que somos hechos para estar en relación con Otro. Ese Otro es el Dios que nos formó. Tal vez es por eso que los israelitas solían llamar a Yahwéh su Roca. Isaías habló de esa Roca y de la paz perfecta de la persona cuya mente se fija en ella. Necesitamos un centro inmutable, y lo tenemos en Cristo si lo aceptamos como tal.

3/julio

agua viviente

ezequiel 47.1–12; apocalipsis 22.1–5

Me hizo volver luego a la entrada de la casa; y he aquí aguas que salían de debajo del umbral de la casa hacia el oriente (Ezequiel 47.1).

Nunca debemos menospreciar las cosas pequeñas si Dios está en ellas. Ezequiel 47 nos ilustra esta verdad. El profeta estaba parado ante el templo del Señor en Jerusalén y vio un reguero de agua que salía por debajo del umbral. Ese riachuelo pequeño fluía hacia el oriente.

El profeta fue guiado unos 450 metros hacia el oriente y descubrió que el reguero había crecido a ser un riachuelo que le cubría los tobillos. Avanzó unos 450 metros más y el agua le llegó hasta las rodillas. Otro avance de 450 metros y estaba parado en agua que le alcanzaba la cintura. El último paso de 450 metros lo dejó en un río tan profundo que no podía pisar el fondo, un río que nadie pudiera cruzar.

En ese momento observó que el río fluía hacia el Mar Muerto. Para su deleite, notó que las aguas de ese mar se iban convirtiendo en agua fresca que abundaba con vida. El agua salada ya era fresca; los animales llegaron a beber de ella, los peces saltaban en ella y los árboles crecían a sus orillas, produciendo todo tipo de fruto y hojas con poder sanador. Una escena de esterilidad y muerte se había convertido en un cuadro de vida sana y productiva.

La escena final de la Nueva Jerusalén en Apocalipsis 22 retoma esta imagen. Allí el río fluye desde el trono de Dios y del Cordero. El árbol de vida crece a cada lado del agua, produciendo un fruto diferente cada mes, y sus hojas son para la sanidad de las naciones. La oscuridad ya pasó; el luto, el dolor y la muerte ya no existen. Todo está hecho nuevo. Los sedientos son invitados a venir y beber del agua de vida. El Cordero y su Esposa reinan con el Padre por medio del Espíritu. Y todo esto comenzó con lo que parecía ser un mero reguero.

Alguien ha dicho: «Descubra dónde está trabajando Dios y únase a la obra.» Esa labor tal vez sea pequeña, según la vista humana, atrapada dentro de los confines del tiempo. Pero si Dios está en ella, su futuro es tan grande como las promesas del Señor.

4/julio

la persona interior

salmo 119.9–16

Porque cual es su pensamiento en su corazón, tal es él (Proverbios 23.7).

El filósofo Blaise Pascal definió el pensamiento como un diálogo interior. Pensar es tener una conversación interna consigo mismo. Los seres humanos somos únicos en nuestra capacidad para ponernos fuera de nosotros mismos y criticar nuestros propios pensamientos y conductas. Nuestra conversación interior ocurre cuando nos analizamos a nosotros mismos, a otros y nuestro contexto. Lo sorprendente es que la otra persona dentro de nosotros, con quien dialogamos, no es nada original; es poco más que un eco que nos devuelve únicamente el material al que le hemos expuesto. Por eso, el cuidado y la alimentación de nuestro ser interior es de suma importancia.

Ésta es una de las razones por las cuales deseo recibir toda la capacitación posible: Quiero que mi persona interior sea tan inteligente como sea factible. Si voy a tener que escuchar su voz, deseo que tenga algo de valor para decirme. Es por eso que necesito el corazón más puro que me pueden dar la sangre de Jesucristo y el poder del Espíritu Santo. Existen tantas cosas en el mundo que me pueden contaminar y corromper para que encima de esto haya también una corriente impura fluyendo dentro de mí.

Pablo debe haber estado pensando en todo esto cuando les escribió a sus amigos en Filipos: «Por último, hermanos, consideren bien todo lo verdadero, todo lo respetable, todo lo justo, todo lo puro, todo lo amable, todo lo digno de admiración, en fin, todo lo que sea excelente o merezca elogio» (Filipenses 4.8, NVI).

Si así va a ser su diálogo interior, usted ha de exponer a su persona interior al poder purificador del Espíritu, y después tendrá que alimentarla bien. El Salmo 119 es una fuente excelente de comida para su ser interior.

5/julio

apretado y empujado

juan 2.1–11

Al tercer día hicieron unas bodas en Caná de Galilea; y estaba allí la madre de Jesús…Y faltando el vino, la madre de Jesús le dijo: «No tienen vino» (Juan 2.1–3).

Las únicas personas que claman a Dios son los individuos a quienes Él ya ha venido y en quienes ha puesto hambre de Él. Una persona se convierte en cristiano no por algo noble dentro de sí mismo sino porque es apretado y empujado hacia esa decisión por el Espíritu Santo. Cuando el Señor llega y empieza a moverse en el espíritu humano, comienza a depositar en él un hambre, una aspiración. Crea el deseo de ser una persona diferente y mejor. Nuestra alma soñadora empieza a anhelar la santidad y la justicia; comenzamos a imaginar lo que el Creador desea que seamos. En el lugar de la apatía interior se enciende una chispa de interés en la realidad final y en el sueño de una nueva vida.

Dios periódicamente permite problemas en nuestras vidas. ¿Recuerda las bodas de Caná? Nadie le prestó atención a Jesús hasta que enfrentaron el problema de la falta de vino. Hubo muchas bodas en Caná en las cuales no se produjo ni un solo milagro. La única celebración nupcial en la que ocurrió un milagro fue cuando Cristo estuvo presente y la gente reconoció su necesidad y permitió que Él se la supliera.

¿Te sientes apretado y empujado por la vida? Si es así, te encuentras en un lugar ideal para que Jesús se te acerque y haga algo a tu favor. Es cuando tenemos la espalda contra la pared que Él viene a nuestro encuentro.

6/julio

el cristianismo esencial

2 corintios 5.14–21

Y él por todos murió, para que los que viven ya no vivan para sí, sino para aquel que murió y resucitó por ellos (2 Corintios 5.15).

Dios el Padre, el Hijo y el Espíritu Santo, cuya vida es amor, nos creó para confraternidad con Él. Elegimos hacernos a nosotros mismos el centro de nuestra existencia, y dejamos atrás ese amor divino, todos yéndonos por nuestro propio camino. Esta decisión nos separó de Aquel que es luz, verdad, santidad, amor y la vida misma. La desintegración, la corrupción y la muerte llegaron a ser nuestro destino inevitable porque al darle la espalda a Dios, también rechazamos la fuente de vida y todo lo que era bueno. Necesitábamos una ayuda salvadora, y la necesitábamos en el sitio exacto del problema—dentro de nosotros.

El Padre, quien es amor que se entrega a sí mismo, envió a su Hijo para que se hiciera uno de nosotros y para que reversara este proceso de destrucción. Nuestra relación con la Fuente de la vida, perdida por nuestro pecado, tenía que restablecerse. Dios lo hizo en la Encarnación—cuando el Hijo eterno del Padre tomó cuerpo humano en la persona de Jesús de Nazaret—y en la Crucifixión. Jesús tomó nuestro pecado y sus consecuencias en su propia persona. Cuando el Espíritu lo levantó en el gran triunfo sobre la muerte, una gracia se liberó que hizo de su existencia una fuente de vida y santidad para nosotros.

Así Jesús llevó en sí nuestro juicio y nos proveyó una nueva existencia. La muerte fue conquistada por la vida, la alienación por el amor, el pecado por la justicia, el engaño por la verdad, y las tinieblas por la luz de su rostro. Por esta expiación, nuestra relación con Dios por medio del Espíritu se hizo la de un hijo con su Padre y la de una novia con su novio, el Hijo. Su vida se hizo nuestra para que nosotros, el pueblo del Señor, pudiéramos cumplir con sus propósitos para nuestra existencia. Primero: Podemos ser un reino de sacerdotes que no existen para sí mismos sino para los demás, especialmente para los que no conocen a Cristo. Segundo: Podemos ser un pueblo santo en que mora Dios y con quien camina el Santo en comunión eternal. ¿Goza usted hoy de la plenitud de riquezas que Él nos ofrece?

desde la distancia

éxodo 3

En ti confiarán los que conocen tu nombre (Salmo 9.10).

¿Cuál es el corazón de la adoración? Es cuando Dios viene desde la distancia abstracta y llega a nuestra proximidad, y sabemos que estamos cara a cara con el Señor mismo. La adoración ocurre cuando nos damos cuenta de que le importamos lo suficiente para que nos diga su nombre personal y para que nos llame sus hijos. Esto basta para llenarnos de alabanzas, y si somos las personas que fuimos diseñadas para ser, nuestra alabanza nunca cesará.

Cuando tú le dices a otro tu nombre, le permites a esa persona entrar en una relación diferente contigo, una relación más profunda. El acto de dar tu nombre en realidad le da a la otra persona cierto control sobre ti; significa que el otro ahora tiene la capacidad de captar tu atención. Le has invitado a entrar en una relación más íntima contigo. Este deseo de intimidad es una razón clave por la que el Antiguo Testamento enfatiza tanto el nombre Yahwéh y por la que el Nuevo Testamento habla con tanta atención de la bondad de Dios revelada en el nombre de Jesús.

Ésta es la razón por la que los Salmos usan con tanta frecuencia el nombre Yahwéh (SEÑOR en las traducciones al castellano). Los salmistas intentan comunicar que Dios mismo ha entrado en una relación muy personal con ellos. Celebran el hecho de que conocen a Dios por su nombre, que son amigos del Señor. Esto es el corazón de la adoración: que el Dios de toda la creación desea que conozcamos su nombre, que Él se digna acercarse a nosotros y que anhela estar en una relación íntima con nosotros. Ésta es razón suficiente para una adoración continua.

8/julio

nuestra única esperanza

salmo 121

Alzaré mis ojos a los montes; ¿de dónde vendrá mi socorro? Mi socorro viene de Jehová, que hizo los cielos y la tierra (Salmo 121.1–2).

El gran valor del Salmo 121 no se halla en un elogio de la naturaleza sino en su presentación del contraste entre la naturaleza y la gracia. El salmista no denigra la naturaleza; simplemente conoce las limitaciones de ella y proclama que no hay salvación en el mundo natural. La salvación viene exclusivamente desde arriba y más allá de la creación. Los montes representan lo mejor del orden creado, pero lo mejor que la tierra nos ofrece no es suficientemente grande ni bueno para rescatarnos de nosotros mismos.

La respuesta para nuestra necesidad no se encuentra ni dentro de nosotros ni dentro del mundo creado; descansa en Él que trasciende los confines del universo. Cuando Él viene, trae recursos sobrenaturales para responder a nuestras necesidades naturales. En este salmo el poeta pinta el trasfondo para el pesebre de Belén, donde el Eternal irrumpió en el tiempo y el espacio, se hizo humano y trajo redención al mundo.

Para los que lo puedan ver, la necesidad de esta verdad es obvia en cada aspecto de la vida. La gente moderna ha probado todas las fuentes terrenales para resolver sus problemas: el gobierno, la educación, la economía, las ciencias sociales, la sicología y el sicoanálisis. Hemos esperado descubrir, dentro de nosotros o dentro de nuestro mundo, la llave, la solución que buscamos. Hace miles de años existió un varón, más sabio que nosotros, que percibió la esterilidad de nuestros esfuerzos vanos. Determinó que la ayuda para los seres humanos viene únicamente de Yahwéh, quien creó y reina sobre todos los factores y procesos en los cuales confiamos. Nuestra única esperanza verdadera y nuestra única ayuda segura se encuentran en el Dios que hizo los cielos y la tierra.

9/julio

mi pavor y mi seguridad

isaías 44.6–8

Diré yo a Jehová: Esperanza mía, y castillo mío; mi Dios, en quien confiaré (Salmo 91.2).

En los tiempos del Antiguo Testamento, Yahwéh era el único a quien se temía. No tenía ni rival ni competidor. Él y sólo Él era la preocupación última de la humanidad, y en sus manos estaba el destino final de los seres humanos. En aquella época, la gente no buscaba en la magia o la idolatría las soluciones para sus temores y problemas diarios. Fuera el presente o el futuro el que les provocaba ansiedad, la única esperanza de ayuda se hallaba en Yahwéh. En el templo, en el hogar, o en los sembríos, Yahwéh era la única respuesta para los problemas de Israel. Él había de ser su pavor y su seguridad. El temor de Él era el comienzo de la sabiduría.

Sólo Yahwéh era Dios, y no existía ningún salvador aparte de Él. La paz perfecta se encontraba cuando uno fijaba la mente en Él. Ésta no era una religión fácil, y se distinguía en forma dramática de las demás religiones antiguas, en las que la gente creía en la magia, el destino y los dioses caprichosos. La fe del Antiguo Testamento quitó todos los soportes normales provistos por la sociedad e insistía en que una persona había de sostenerse sólo por la fe en Yahwéh, dependiendo de Él en todas las circunstancias.

En nuestros tiempos de valores cambiables y «verdades» relativas, cuando el mundo presiona a los cristianos a que acepten alguna ayuda aparte de Dios, tenemos que recordar que el Dios del Antiguo Testamento sigue siendo nuestro Señor. Jesucristo refleja la naturaleza de su Padre y pone sobre nosotros las mismas demandas que puso sobre los israelitas—insiste en que seamos un contraste agudo con la cultura que nos rodea, la cual desea conformarnos a su imagen. La sociedad ofrecerá miles de soportes sobre los cuales podríamos apoyarnos, pero cada uno fallará y será destructivo si buscamos en él nuestra seguridad en vez de hallarla en Dios mismo.

10/julio

un momento del toque divino
efesios 2.8–10

Mirad cuál amor nos ha dado el Padre, para que seamos llamados hijos de Dios por esto el mundo no nos conoce, porque no le conoció a él (1 Juan 3.1).

Hay una gran diferencia entre lo que somos capaces de hacer y lo que Dios puede hacer. Nuestro trabajo tiene un carácter finito, pero el suyo es eterno. Por eso, un momento de actividad divina vale más que una vida entera de esfuerzos y logros humanos. Entre la obra de Él y la nuestra yace la diferencia entre la religión y la gracia, y la religión sin la gracia es estéril y finalmente destructiva.

La religión sin gracia conduce inevitablemente al orgullo y a la arrogancia. Existe una ilusión dentro de ella: La religión hace que uno se sienta superior en comparación con los no religiosos. Donde Dios está operando, existe una humildad inevitable porque Dios es humilde. Sólo tenemos que mirar a Jesús para confirmar esto. Cuando Dios entra, nuestro orgullo y nuestra arrogancia siempre se quiebran. No nos sentimos superiores, porque sabemos que estamos bajo obligación. La mansedumbre reemplaza la auto-suficiencia, porque nuestra confianza ya no está en lo que hemos hecho o en lo que estamos haciendo. Cuando vivimos en la gracia, nuestra confianza está en lo que se ha hecho y lo que se está haciendo por nosotros. Sabemos que somos más receptores que dadores.

El resultado de la gracia es una libertad que los meramente religiosos nunca conocerán. Nuestra libertad es la de un niño; los religiosos viven en la esclavitud. Las personas religiosas, hagan lo que hagan, nunca serán hijos espirituales. Ningún ser humano es capaz de alcanzar esta condición por su propia cuenta. Como receptores de la gracia somos, no por nuestro esfuerzo, hijos del Padre y disfrutamos la libertad que brota de esta relación.

Dios desea que todos seamos sus hijas e hijos. No somos capaces de convertirnos en hijos. Él lo puede hacer, y es capaz de hacerlo en un momento divino, si se lo permitimos.

11/julio

una pasión santa

cantar de los cantares 3.1–4

Mi amado es mío, y yo suya (Cantares 2.16).

Jorge Croly fue un clérigo anglicano. Un varón muy talentoso, fue también novelista, historiador, teólogo, dramaturgo, poeta y escritor de sátiras. Cuando dejó a un lado todos estos logros y habilidades para enfrentarse con Dios, tenía hambre de un amor santo y consumidor hacia el Señor. Considere su oración:

> Espíritu de Dios, desciende sobre mi corazón;
> Quítale la atracción del mundo y muévete en cada latir;
> Acércate a mi debilidad, en todo tu poder,
> Y ayúdame a amarte con todo lo que soy.

> Enséñame a amar como tus ángeles,
> Una pasión santa que llena todo mi ser;
> El bautismo de la paloma que desciende del cielo,
> Mi corazón un altar, y tu amor la llama.[*]

Observa el clamor por la totalidad: «muévete en cada latir» y «llena todo mi ser». Croly sabía que sólo su todo sería una ofrenda satisfactoria para Dios; no podía contentarse con menos. Su ofrenda habría de ser, de acuerdo al pensar del Antiguo Testamento, un holocausto entero y completo.

Con demasiada frecuencia la iglesia ha ofrecido un evangelio que demanda menos de sus miembros. Cuando lo hace, no acomoda la verdad a sus adherentes, sino que les quita oportunidades a los necesitados. Un rendimiento parcial del ser ante Cristo significa también una experiencia parcial de su gracia, y esto ciertamente no es ganancia. De la misma manera que el Espíritu es mejor que la carne, una vida en la cual el Espíritu se mueve en cada latir y en la que un amor ardiente y apasionado llena todo el ser, es mejor que una existencia con lealtades divididas. Seguramente el Cristo del Calvario está de acuerdo con Croly.

---

[*] George Croly, "Spirit of God, Descend," *Hymns for Praise and Worship*, no. 239; traducción literal de la letra en inglés.

12/julio

la verdadera gloria

ezequiel 10

Jehová está allí (Ezequiel 48.35).

La gran tentación de la iglesia siempre ha sido pensar según la óptica del mundo. Esto es también la tendencia del corazón humano. Después de que el templo fue destruido en Jerusalén, los judíos comenzaron a soñar con otro. Recordaron el santuario de Salomón, con todo su oro y su esplendor arquitectónico, y anhelaban la restauración de aquella gloria. Dios, en cambio, tenía otro plan.

La verdadera gloria del templo no fue lo que Israel percibió; el esplendor real fue algo que no se podía ver con los ojos físicos. Fue la presencia real pero invisible del Señor mismo, quien en la época de Ezequiel había salido de Jerusalén. Israel tenía ojos para ver sólo el esplendor externo y perdió la verdadera gloria.

En una ocasión conversé con un misionero joven que vivía solo en medio de una tribu indígena muy primitiva en América del Sur. Él era el hijo de un banquero rico. Después de su segundo año de universidad, dejó sus estudios para ir solo y sin apoyo al campo misionero. Le pregunté porqué no pudo esperar completar sus estudios y madurarse un poco. Nunca he olvidado su respuesta: «Temía perder la intimidad que había encontrado con Jesús si no iba».

Más que la comodidad o la seguridad—de hecho, más que cualquier otra cosa para este misionero joven—fue una gloria que sus amigos y familiares no veían y no apreciaban. ¿Tenía razón en ir? Tal vez su ejemplo no sea apropiado para otro, pero la exactitud de su decisión se ha comprobado en los resultados creativos de una de las vidas cristianas más fructíferas en el siglo XX. ¿Sabe usted dónde hallar la verdadera gloria? ¿Está caminando en ella?

Ezequiel tenía ojos para ver. Vislumbró cuando la gloria partió del templo y de la ciudad. Soñaba con el día cuando ella regresara. Su libro concluye con una nota alegre; en hebreo, termina con dos palabras sencillas, el nombre del Señor y otro término que comúnmente se usa como adverbio pero en este caso es un sustantivo, «allí». Traducimos la frase «Jehová está allí». Bendito el que tiene ojos para ver la verdadera gloria—a Dios mismo.

13/julio

la palabra de dios

1 reyes 22.1–38

¡Vive Jehová, que lo que Jehová me hable, eso diré! (2 Reyes 22.14).

El mundo carece de personas que arriesgarán sus vidas por la realidad y la veracidad de la Palabra de Dios. El rey Acab de Samaria invitó al rey Josafat de Judá a que le acompañara a la batalla. Antes de que fueran, Josafat le instó al otro monarca: «Por favor, consulta la palabra de Dios en este asunto» (1 Reyes 22.5). Acab llamó a cuatrocientos profetas para preguntarles sobre la voluntad del Señor, y cada uno de ellos, hasta el último, proclamó que Dios iba a bendecir la batalla del rey.

Pero Josafat se encontraba nervioso, porque estos profetas no se parecían a los de su país. En Judá el trono no gobernaba a los profetas; eran controlados por Dios. El rey dependía de la certeza de que los profetas iban a anunciar las verdades divinas. Josafat dependía del dedo huesudo del profeta que le señalara, de un hombre con suficiente valentía para declarar la voluntad de Dios y su verdad, fuese agradable o no el mensaje. Por esta dependencia de otra clase de profeta, el rey Josafat le pidió a Acab que buscara un profeta de Yahwéh.

Con renuencia, Acab envió a buscar a Micaías, a quien el rey odiaba. Este profeta siempre había hablado mal de Acab por el pecado del monarca. Y esta ocasión no fue diferente; Micaías profetizó contra Acab, diciendo: «Si usted vuelve en paz, el SEÑOR no ha hablado a través de mí» (1 Reyes 22.28).

Cuatrocientas voces habían afirmado el plan de Acab, con una sola voz que disentía, pero el futuro del rey no estaba con la mayoría, ni tampoco fue controlado por sus propias manos. Su porvenir estaba con el único profeta fiel dirigido por Dios. Echaron a Micaías a la cárcel hasta el retorno de Acab. Éste volvió--¡muerto en su carroza!

Estos son días cuando la gente necesita afinar su oído a la voz de Dios. Lo que hoy parece impresionante puede ser nada más que una moda pasajera que contienen las semillas de los funerales del mañana. La Palabra de Dios es lo que necesitamos.

14/julio

la verdad del mensaje

juan 4

Le respondió Simón Pedro: --Señor, ¿a quién iremos? Tú tienes palabras de vida eterna (Juan 6.68).

La iglesia cristiana primitiva fue una fuerza poderosa mientras desafiaba el mundo religioso mediterráneo, conquistando el poder político de Roma y la cultura de Grecia. ¿Cuál fue la clave de su éxito? Una parte fue la fuerza y la vitalidad inherentes en la verdad. Pablo sabía que proclamaba un mensaje que se validaba por sí mismo; sabía que el contenido de su predicación no era ni «fábulas artificiosas» (2 Pedro 1.16) ni aún lo mejor de la sabiduría humana. El apóstol sabía que era la verdadera sabiduría del Dios que había creado a la humanidad y que por eso, su palabra cabía perfectamente en la psique humana. Pablo estaba seguro de que, sea como sea la reacción externa, en cada persona a quien se le presenta el evangelio hay por lo menos una pequeña voz interior que responde: «Para esto fuiste hecho».

La Palabra de Dios nunca es un mensaje completamente extraño cuando llega a los seres humanos. Hay una compatibilidad inherente entre la criatura y la palabra del Creador. Dios nos hizo para sí mismo, y no estamos completos hasta que lo encontremos. Eso nos debe infundir valentía y confianza para el evangelismo. No buscamos venderle algo a la otra persona que no necesita; no intentamos imponerle a la vida de otro algo que hemos hallado. Simplemente le indicamos dónde puede encontrar lo que su ser busca y anhela. ¿Tienes parientes o amigos que no conocen a Cristo? Piénsalo dos veces antes de rehusar compartir las buenas nuevas con ellos, porque las están esperando, se den cuenta o no.

15/julio

las tentaciones de jesús
lucas 4.1–13

Entonces Jesús fue llevado por el Espíritu al desierto para ser tentado por el Diablo (Mateo 4.1).

Observe la naturaleza legítima de las tentaciones que Satanás usó para probar a Jesús. Ciertamente no hay nada malo en comer cuando uno tiene hambre, pero el enemigo no sólo tentó a Jesús a que comiera; quería que Jesús saliera de la voluntad de Dios para su vida y por eso le invitó a que empleara el poder divino para satisfacer sus propias necesidades. Muchas de nuestras tentaciones son invitaciones a que usemos los dones de Dios, dados para el servicio hacia otros, para la satisfacción de nuestras necesidades personales y egoístas.

En la segunda tentación Jesús enfrentó el deseo de mostrar el poder de Dios en un solo instante y así revelar rápida y poderosamente quién era. Parecía una manera eficaz de probar su divinidad. Sin embargo Jesús se negó a lograr los propósitos de Dios sin seguir el tiempo y los medios establecidos por Dios.

La oferta de los reinos del mundo fue una tentación muy atractiva porque se le ofreció a Jesús sin el precio de la Cruz. Jesús sabía que los reinos del mundo finalmente se le darían a él; fueron y son suyos, pero tenía que seguir el camino de Dios, el cual incluyó el sacrificio de su vida. También hay una cruz envuelta en nuestra obediencia a la voluntad de Dios. Cualquier tentación a circunvalar el sacrificio y satisfacernos con la comodidad y la seguridad viene del diablo. Ni siquiera Dios experimentó la victoria final aparte de su Cruz.

La tentación de Jesús ocurrió al inicio de su ministerio. Esto es algo a lo que debemos prestar atención. Antes de cada paso de obediencia, hallaremos resistencia que tenemos que vencer y tentaciones contra las cuales tenemos que luchar. No podemos usar a Dios para nuestro propio provecho; no debemos intentar lograr su voluntad en nuestro tiempo o según nuestra manera. Y de ninguna manera debemos circunvalar el camino de la Cruz. Es al perder nuestro camino que lo hallamos.

16/julio

un segundo testimonio

deuteronomio 17.6–7; juan 5.31–38

Y cuando él venga, convencerá al mundo de pecado, de justicia y de juicio (Juan 16.8).

Hay un poder en el testimonio personal o en la predicación de una persona que conoce la unción del Espíritu. Una parte de esto probablemente se debe a la autenticidad y la integridad del que comparte el mensaje, y en el caso de los predicadores, el impacto viene en parte de su preparación y su fidelidad a la Palabra. Pero hay más, y ese más es la parte significativa. Es lo que las Escrituras llaman un segundo testimonio.

El Antiguo Testamento demuestra una preocupación profunda por la justicia. Por ejemplo, afirma que ninguna persona podía ser condenada por un crimen basado en el testimonio de un solo testigo, porque el peligro de una acusación falsa era demasiado grande. Por eso se requería un segundo testigo para condenar al criminal.

El Nuevo Testamento honra este principio del Antiguo en el testimonio del Espíritu Santo. Él nunca desea enviarnos solos al trabajo. La convicción viene cuando una voz interior, el testimonio del Espíritu, confirma el mensaje de la voz externa escuchada por la otra persona. Es el testimonio doble que le da poder a la comunicación.

Hay consuelo en esto, pero también una amonestación. Saber que nunca tenemos que testificar o predicar solos debe animarnos; hay Uno que siempre desea acompañarnos y confirmar nuestra palabra. Tal vez no está presente en forma visible, pero es la voz de Él que sella toda la tarea. Es por eso que debemos llegar a estar muy conscientes de su voz y de su unción.

En los días iniciales de mi ministerio, una mujer sabia me habló de otro predicador. Su comentario fue: «Su predicación es como el sonido de guisantes secos derramados sobre un techo de lata». ¡Ruido vacío! Esas palabras me han seguido como un reto desde ese momento. El gozo es que nuestro testimonio no tiene que ser como el sonido de «guisantes secos en un techo de lata». Nuestras palabras pueden ser la verdadera palabra de Dios, y es el segundo testigo que lo hace posible.

17/julio

teniéndolos en nuestro corazón

deuteronomio 1.29–31

Doy gracias a mi Dios siempre que me acuerdo de vosotros. Siempre en todas mis oraciones ruego con gozo por todos vosotros (Filipenses 1.3–4).

La carta de Pablo a los filipenses es un gran ejemplo de la actitud que los cristianos deben tener hacia las personas a quienes ministran. Lee el primer capítulo de Filipenses y empezarás a percibir el amor apasionado del apóstol por esas personas. Hay una ternura en su amor por ellos, el cariño de un padre, un hermano o un amigo. Les dice de la misma manera a los colosenses: «Siempre que oramos por vosotros, damos gracias a Dios, Padre de nuestro Señor Jesucristo» (Colosenses 1.3).

Sólo con pensar en ellos le trae gozo y gratitud. La actitud de Pablo hacia sus amigos en Cristo sobreabunda con amor, como si dijera: «Me siento mejor cuando pienso en ustedes. En mis oraciones, cada vez que intercedo por ustedes, lo hago con gozo. Siempre hay gozo al orar por ustedes por su confraternidad, su amistad, su coparticipación en el evangelio. Han llegado a ser parte de mi vida, y me traen gozo».

Pablo también dice: «Es justo que yo sienta esto de todos vosotros, porque os tengo en el corazón» (Filipenses 1.7). De la misma manera que una madre encinta lleva a su hijo en el vientre, Pablo llevaba a esas personas en su corazón. ¿No es un modelo magnífico para los cristianos y sus seres queridos? ¿Estás amando de la manera que Pablo amaba a los suyos? ¿Estás llevando en tu corazón a los que Dios te ha dado?

18/julio

libertad para andar con confianza

hebreos 10.19–25

Entonces el velo del Templo se rasgó en dos, de arriba abajo; la tierra tembló, las rocas se partieron (Mateo 27.51).

Cuando el Nuevo Testamento habla de los que viven en la carne, se refiere a las personas cuyas vidas se orientan sólo hacia sí mismas y a quienes conocen únicamente sus propios recursos. Tales existencias se caracterizan por el aislamiento y la distancia de Dios. Para ellos, hablar de la intimidad con Dios no sólo es demasiado familiar, es también ofensivo.

Una vez en una clase sobre la Biblia, una mujer me dijo: «Cuando usted habla del amor de Jesús, siento nauseas». Un domingo durante el almuerzo, sonó el teléfono. Cuando contesté, escuché la voz de esa amiga de la clase bíblica. Con un tono de urgencia, me pidió que fuera inmediatamente a su casa. Cuando llegué a su lindo hogar, ella estaba parada en el salón de entrada, llorando. Cuando le pregunté qué le pasaba, contestó: «Oh pastor, lo veo. ¡Lo veo! Por primera vez en mi vida, lo percibo.»

Cuando inquirí acerca de lo que veía, me dijo: «Estaba sentada con el coro en la iglesia esta mañana, y llegó el momento de la Santa Cena. Cuando el pastor tomó el pan y lo partió y dijo: "Este es mi cuerpo, quebrado por vosotros", ¡lo vi! ¡Él lo hizo por mí! ¡Lo hizo por mí!» Jamás volvió a mencionar una sensación de nauseas al confrontar el concepto de intimidad con Jesús.

En el Antiguo Testamento un velo separó el Lugar Santísimo, donde moraba Dios, del pueblo de Israel. Cuando Cristo murió en la cruz, ese velo se partió en dos. El camino se abrió para tener acceso directo a Dios—acceso inmediato. El escritor del Libro de los Hebreos nos dice que ahora, por Cristo, debemos llegar con confianza al trono de Dios (Hebreos 4.16). La Cruz de Cristo significa acceso a Dios, intimidad en vez de distancia, amor en vez de aislamiento. Debemos ejercer nuestro privilegio de acceso a Dios.

19/julio

la naturaleza de dios

éxodo 20.1–21

*Bienaventurados los que guardan sus testimonios y
con todo el corazón lo buscan (Salmo 119.2).*

Los Diez Mandamientos son una ventana abierta para que podamos ver la verdadera naturaleza de Dios. Él nos reveló su carácter a través de su Ley. Él sabe quién es y desea que nosotros lo reconozcamos tal y como es. Es Dios y no hay otro; creó todo lo que existe menos a sí mismo. La creación es buena, pero nada de lo creado es suficientemente bueno para reemplazar al Creador. Nos ha dado su nombre para que nos dirijamos a él, un nombre que no debe usarse ligeramente o en vano. Todo el tiempo, cada día, es un regalo de él, y él desea que nuestro calendario refleje nuestra gratitud.

Cada ser humano tiene un padre, quien debe ser un reflejo de Dios. Debemos honrar a nuestros progenitores, no sólo porque nos dieron vida sino también porque durante nuestra infancia y niñez, ellos ocuparon el lugar de Dios en nuestras vidas. La sexualidad humana se nos dio para que tuviéramos un ejemplo de la relación de amor total, incondicional, fiel e imposible de romper que Dios desea tener con nosotros.

Los derechos de propiedad son sagrados y no deben ser violados. El lenguaje es una dádiva divina de la cual sólo se gozan los seres humanos en nuestro mundo. Los símbolos deben representar realidades; por eso, las palabras nunca deben usarse falsamente para ganancia personal o para herir a otro. Y finalmente, Dios desea que estemos contentos con su voluntad para nosotros y que no codiciemos la posición, el lugar o las posesiones de otros.

En otras palabras, Dios es santo y quiere que nosotros seamos santos y también todas nuestras relaciones. Él es bueno y digno de adoración. Sus caminos son rectos y sus preceptos deben ser obedecidos.

20/julio

no hay salvación sin relación (parte 1)

juan 17

Y esta es la vida eterna: que te conozcan a ti, el único Dios verdadero, y a Jesucristo, a quien has enviado (Juan 17.3).

Existen dos excusas comunes que usamos para esquivar la Ley de Dios. Sabemos que somos salvos por la fe y no por obras, y sabemos que guardar la ley es obras—nuestras obras. Por eso, asumimos que los Diez Mandamientos no tienen nada que ver con nuestra salvación. Tal vez sean reglas para mantener la confraternidad con Cristo, razonamos, pero guardarlas no tiene nada que ver con nuestra redención. La salvación es algo que sólo Dios puede darnos, algo que nadie nos puede quitar.

Lo que me preocupa de esto es que la salvación se entiende como si existiera por sí misma aparte de la presencia activa de Cristo. Pero las Escrituras, si las revisamos en su totalidad, no conciben ninguna clase de salvación aparte del Salvador. Recibirle a Él es ser salvo; darle la espalda a Él es rechazar la salvación, porque no hay salvación aparte de Él. La salvación es el resultado de la presencia activa de Cristo operando en la vida de uno. Adán y Eva descubrieron esto cuando quebrantaron su relación con su Amigo. Al borde del Mar Rojo, la salvación de Israel fue el resultado de la presencia del Señor en medio de ellos. La diferencia entre el destino de Israel y el de Egipto fue simplemente su presencia.

A través de los siglos Israel aprendió que no podía presumir con la presencia de Dios. Cuando lo entristecían mucho, su presencia se retiraba de en medio de ellos. Es por eso que, después del episodio del becerro de oro, Moisés le rogó a Dios, diciéndole que no estaba dispuesto a moverse hacia delante, si la presencia divina no les acompañaba. Jesús quería que sus discípulos entendieran esto. En la noche final antes de la Cruz, Él les dijo: --El que me ama, mi palabra guardará; y mi Padre lo amará, y vendremos a él y haremos morada con él (Juan 14.23). La seguridad y la realización de sus seguidores se hallarían en la presencia permanente del Padre, del Hijo y del Espíritu Santo dentro de ellos. La Ley de Dios deletrea las condiciones para esa presencia permanente. Nuestra seguridad verdaderamente está en Dios.

21/julio

no hay salvación sin relación (parte 2)
romanos 4.1–8

Si Abraham hubiera sido justificado por las obras, tendría de qué gloriarse, pero no ante Dios, pues ¿Qué dice la Escritura? Creyó Abraham a Dios y le fue contado por justicia (Romanos 4.2–3).

Si la Ley de Dios deletrea las condiciones para tener confraternidad con Dios, inmediatamente alguien va a sugerir que somos salvos por la fe pero guardados por las obras, por nuestra obediencia a la Ley. Pero una vez más, este concepto está equivocado.

Si hay algo de lo cual podemos estar seguros, es que no existe nada dentro de nosotros que nos dé el poder de obedecer la Ley divina. Es verdad antes de que conozcamos a Cristo; por eso necesitamos buscarlo. Y sigue siendo verdad después de nuestra conversión. No existe en nosotros ninguna capacidad para la santidad, ni antes ni después de nuestro encuentro con Cristo. La diferencia entre la vida anterior y la posterior es simplemente la presencia de Jesús. La nueva vida que comienza en el momento de la conversión no es nuestra, sino la de Cristo; es su vida que existe dentro de nosotros y que hace la diferencia. Esto es lo que Pablo describía cuando escribió a los colosenses sobre Cristo en nosotros, «esperanza de gloria» (Colosenses 1.27). La esperanza nunca se halla en nosotros mismos.

Esto significa que la cuestión nunca es qué podemos hacer, sino qué puede hacer Cristo. Lo maravilloso es que cuando Cristo entra en una existencia, trae consigo a su Espíritu Santo, el Espíritu de la santidad, quien entra en nosotros con su poder transformador y quien hace posible que caminemos en las sendas de Cristo. Así que Pablo puede decir: «De modo que si alguno está en Cristo, nueva criatura es; las cosas viejas pasaron; todas son hechas nuevas» (2 Corintios 5.17). La novedad no se origina en nosotros, sino en el Santo que reside dentro de nosotros.

No es de sorprenderse que Jesús haya hablado tanto en su noche final sobre la necesidad de permanecer en Él. Lea Juan 14–17. En esa permanencia se halla nuestra seguridad. Para algunos, esto les infunde temor, porque quieren una relación asegurada con Él y, conociendo su propia tendencia infiel, les entra el pánico. Tenemos que mirar a Jesús; la fe es simplemente mantener los ojos en Él. Y cuando lo observamos, ¿qué vemos? No vislumbramos a alguien que espere ansiosamente un motivo para abandonarnos. No, en cambio vemos a alguien que nos ha perseguido sin cesar hasta que lo abracemos en arrepentimiento. Vemos a Aquel que murió para salvarnos, el que nunca nos abandonará ni nos desamparará. Nos toca a nosotros no abandonarlo a Él. Si lo hacemos, esto no detiene su búsqueda de nosotros, pero nuestra deserción de Él hace más difícil que volvamos a confiar en Él.

22/julio

no hay salvación sin relación (parte 3)

marcos 10.17–22

--Una cosa te falta: anda, vende todo lo que tienes y dalo a los pobres, y tendrás tesoro en el cielo; y ven, sígueme, tomando tu cruz (Marcos 10.21).

Hay una segunda excusa empleada por muchos de nosotros en el intento de esquivar la Ley de Dios en los Diez Mandamientos. Razonamos que la norma establecida en los mandamientos es un ideal inalcanzable. Es un blanco hacia el cual apuntar, pero ninguna persona realmente espera darle a ese blanco. Es más, es parte del pacto antiguo que ha pasado.

Es aparente que Jesús no compartía tal perspectiva. Cuando el joven rico deseaba saber cómo heredar la vida eterna, Jesús lo dirigió hacia los mandamientos. En el Sermón del Monte, el Señor tomó porciones del Decálogo y amplió sus demandas sobre nosotros, en vez de suavizarlas.

Frecuentemente hablamos de guardar la ley como si fuera una carga pesada, pero ¿por qué? ¿Realmente creemos que vivir con un corazón dividido sea más fácil que una existencia íntegra? ¿Se enriquece más nuestra vida si buscamos en la creación lo que únicamente el Creador nos puede proporcionar? ¿Es necesario que tratemos de una manera profana las cosas santas como el nombre del Señor y su día de reposo? ¿Hay alguna ventaja para nosotros en tratar mal a los que nos dieron vida? ¿Es inevitable que haya en nosotros odio hacia nuestro prójimo? ¿No es posible la liberación de la inmundicia y la destrucción de la lujuria? ¿Somos capaces de emplear el lenguaje para hablar siempre la verdad, aunque resulte en dolor para nosotros mismos? ¿Es posible que Dios nos haga contentos con lo que tenemos para que no sigamos codiciando lo que no es nuestro?

El mero acto de formular estas preguntas debe llevarnos a la conclusión de que los Diez Mandamientos no fueron dados como una carga onerosa o una estructura que nos atara. En cambio, el Decálogo es nuestra carta de emancipación. Los mandamientos divinos no son demandas que nos restringen, sino una promesa en diez formas de la libertad para la cual el Espíritu de Dios desea soltarnos. Si permito que Él me inunde con su Espíritu y con su amor, no hay ningún mandamiento que tenga que romper hoy. ¡Éstas son buenas noticias!

23/julio

no hay salvación sin relación (parte 4)

salmo 119

Mi porción es Jehová...Tu presencia he suplicado
de todo corazón (Salmo 119.57, 58).

Dios le ha dado a su pueblo la Ley, la cual pone delante de nosotros su carácter y sus caminos y nos habla de Él y del estilo de vida que le complace. Para algunos la Ley parece ser una carga, pero ¿debe serla? Juan obviamente no la entendió así. En 1 Juan 5.3 relaciona los mandamientos de Dios con su amor, diciendo que van juntos y que los mandamientos «no son gravosos». Jesús promete que su «yugo es fácil» y su carga «es ligera», que Él ha venido para rescatarnos, no para cansarnos (Mateo 11.28–30).

El salmista parece estar de acuerdo con Juan y con Jesús. El más largo de los salmos, el 119, es una canción de alabanza para la Ley. Durante 22 estrofas y 175 versículos, el salmista canta vez tras vez de su deleite en la Ley. Dos vocablos hebreos se usan para describir sus sentimientos hacia los mandamientos; los dos se traducen «deleitarse». El primer término, el más común, se usa en Jeremías 31.20 para describir el gozo que siente un padre cuando contempla a su hijo. También se halla en los labios de la Sabiduría cuando recuerda su parte, como artista de Dios, en la creación del mundo (Proverbios 8.30–31). Otro uso ocurre en Isaías 5.7, donde el profeta habla del deleite que Dios tiene en su pueblo, a quienes llama «el jardín de su deleite».

El segundo término hebreo tiene la connotación de un gozo exultante, una alegría muy especial. Isaías lo usa en 35.10, donde describe el retorno de los exiliados redimidos a Sión. Llegan con canto y con gozo eterno: «Tendrán gozo y alegría, y huirán la tristeza y el gemido».

Aunque vivió antes de Cristo, parece que el salmista descubrió la verdad de las palabras de Jesús: «Mi yugo es fácil y mi carga es ligera» (Mateo 11.30). El camino hacia el descanso no es por rechazar o molestarse con su yugo, sino por abrazarlo. La clave se encuentra en dos líneas del Salmo 119: «Mi porción es Jehová...Tu presencia he suplicado de todo corazón» (vs. 57, 58). Hallaremos al Señor y lo abrazaremos cuando lo busquemos de todo corazón, y su presencia santificará todo.

24/julio

la sinfonía de las escrituras
lucas 24.13–35

Y comenzando desde Moisés y siguiendo por todos los profetas, les declaraba en todas las Escrituras lo que de él decían (Lucas 24.27).

Uno de mis profesores de post grado nos sorprendió cuando declaró: «Me preocupo por los que subrayan los versículos bíblicos que les gustan». Furtivamente cerré mi Biblia mientras él continuaba: «Sospecho que yo podría adivinar cuáles versículos han subrayado». Y procedió a dar una lista asombrosamente exacta de las porciones que yo había marcado.

Explicó su punto así: las porciones no subrayadas por nosotros también son la Palabra de Dios al igual que los versículos marcados. Nos advirtió que no estudiáramos sólo las porciones bíblicas que nos gustaran; teníamos que enfrentar las Escrituras en su totalidad.

Después dijo: «Lee un versículo y tiene significado para usted, por eso lo destaca. Pero lo que debe hacer es moverse desde un versículo hacia un párrafo, para que observe la unidad mayor de la cual forma parte su versículo preferido. Y necesita comenzar a juntar estas unidades para que pueda vislumbrar segmentos enteros de la verdad bíblica. Desde ese punto empezará a ver temas bíblicos y cómo se desarrollan a lo largo de las varias partes de la Biblia». Si lo hiciéramos así, insistió el profesor, seríamos capaces de comenzar a entender la unidad y la belleza de la Palabra de Dios.

Fue entonces que empecé a percibir que la Escritura es una unidad, aunque dividida en sesenta y seis libros escritos tras muchos siglos. Es como una sinfonía de Beethoven con sus varios temas musicales, cada cual es diferente, pero a la vez contribuye a la belleza y al poder de la sinfonía en su totalidad.

No dejé de subrayar pasajes bíblicos por lo que oí ese día; sin embargo, comencé a prestar más atención a las unidades mayores dentro de las cuales se hallaban mis textos favoritos. La diversión comenzó cuando me encontré percibiendo por primera vez la verdad bíblica que unía todo el paquete, desde Génesis hasta Apocalipsis. Para avanzar este proceso, periódicamente compraba una nueva Biblia de estudio para poder comenzar a marcarla de manera fresca.

Las Escrituras son un tesoro valioso de sabiduría divina, y nadie se hará maestro de ellas en esta vida. Sin embargo, hay gran gozo en el descubrimiento de su verdad, y ese privilegio de hallar tesoros bíblicos está disponible para cada creyente, tanto al santo veterano como al recién convertido. No conozco ningún regalo divino mayor que el hambre de la Palabra que motive a uno a satisfacerse con su riqueza.

25/julio

un corazón como el de dios
2 corintios 5.12–21

Así que somos embajadores en nombre de Cristo, como si Dios rogara por medio de nosotros; os rogamos en nombre de Cristo: Reconciliaos con Dios. Al que no conoció pecado, por nosotros lo hizo pecado, para que nosotros seamos justicia de Dios en él (2 Corintios 5.20–21).

Cuando entramos en la presencia de Dios, nos damos cuenta inmediatamente de que necesitamos una cobertura. Reconocemos que estamos deshechos e inmundos. ¿Cómo podemos pararnos ante Dios? Nos hace falta algo que nos proteja de la luz aguda de su santidad. La justicia de Cristo es lo que nos cubre. Pero cuando ya estamos cubiertos y parados en su presencia, nos damos cuenta de una segunda realidad: No estamos contentos con estar cubiertos. Dios no es nuestro enemigo, es nuestro amigo; no es alguien de quien huimos, sino a quien deseamos imitar. A estas alturas, comenzamos a anhelar que Él nos cambie desde adentro hacia afuera. Nuestra petición es: «Señor, no sólo cúbreme, sino también cámbiame. ¿Puedes transformar mi corazón en algo bello?»

Contestar esta oración es lo que Él espera y desea hacer por nosotros. Cuando estamos reconciliados con Dios, Él empieza a poner su semejanza dentro de nosotros, porque quiere que lleguemos al lugar donde amamos lo que Él ama. Si estamos llenos de inmundicia y Él es la esencia de la santidad, entonces tiene que darnos su naturaleza para que se desarrolle entre Él y nosotros la compatibilidad profunda y satisfactoria por la cual gime nuestro corazón.

O por un alma que alabe a Dios,
Un corazón librado del pecado;
Un corazón que siempre percibe tu sangre,
Tan libremente dada por mí.

Un corazón humilde y contrito,
Creyente, puro y limpio;
ni la vida ni la muerte lo separará
De Cristo quien mora en mí.[*]

---

[*] Charles Wesley, "O For a Heart to Praise My God," *The United Methodist Hymnal,* no. 417, traducción no métrica por RLC.

26/julio

un corazón hambriento

lucas 1.46–55

A los hambrientos colmó de bienes (Lucas 1.53).

Edwin Hatch fue un ministro ordenado en la iglesia anglicana, y en su época era uno de los principales historiadores de la iglesia de todo el mundo. Sus conferencias establecieron permanentemente su renombre entre los eruditos. Pero cuando salía de la sala de conferencia para entrar en su lugar de oración, el corazón de Hatch tenía hambre de mucho más que la verdad académica o la fama internacional. Oró así:

Respira en mí, aliento de Dios,
Hasta que mi corazón sea puro,
Hasta que mi voluntad se una con la tuya
Para hacer y para perseverar.

Respira en mí, aliento de Dios,
Hasta que te pertenezca completamente,
Hasta que esta parte terrenal de mí
Arda con tu fuego divino.[*]

Muchos de nosotros esperamos que Dios opere en la vida de otros de la misma manera que obra en nosotros. La realidad es que el Señor no se limita a nuestra tradición religiosa ni a nuestras categorías lingüísticas; es capaz de tomar a cualquier corazón hambriento y respirar en él su Espíritu Santo hasta que ese corazón arda con su fuego divino. Edwin Hatch tal vez nunca oyó el lenguaje del bautismo del Espíritu Santo, pero su corazón gemía para que Dios hiciera algo más en él.

¿Está hambriento tu corazón? Dios no tiene que obrar dentro de los confines de nuestro lenguaje o nuestras categorías.

---

[*] Edwin Hatch, "Breathe on Me, Breath of God," *Hymns for Praise and Worship,* no 470; traducción no métrica por RLC.

27/julio

la intimidad que él desea
salmo 91

¡Jerusalén, Jerusalén!... ¡Cuántas veces quise juntar a tus hijos como la gallina junta sus polluelos debajo de las alas, pero no quisiste! (Mateo 23.37).

Una de las razones por las que los judíos rechazaron a Jesús fue porque no pudieron creer la intimidad que Él deseaba tener con ellos. Estaban mal preparados para aceptar el cambio que se requeriría de ellos para entrar en relación con Él. Cuando una persona nace de nuevo y verdaderamente llega a conocer a Cristo de forma personal, todo comienza a cambiar—su lenguaje, sus relaciones familiares, sus anhelos más profundos y más particulares.

El mundo desea mantener a Jesús a una distancia respetable para controlar la influencia de él sobre su existencia. Sin embargo, si Jesús dio su vida por la humanidad, hay una sola respuesta legítima ante Él—entregarte a Él como una novia a su novio. Así el Señor Jesús se convierte en la Fuente de tu vida y tu tesoro más precioso, y los cambios que resultan no son atemorizantes sino satisfactorios. Es para este nivel de intimidad con Dios para lo que la humanidad fue hecha.

¿Experimentas hoy la intimidad con el Señor Jesús, o te mantienes distante de Él? Dios anhela ser parte de cada aspecto de tu vida de la misma manera que un cónyuge participa en las elecciones y actividades diarias de su pareja. Para asombro nuestro, los sacrificios que se hacen para tener una relación de amor con Cristo no nos parecen sacrificios, sino gozos, y nos traen una libertad más profunda que la que hemos conocido antes. Él anhela la devoción y el amor tuyo. ¿Has llegado a gozar de la intimidad que Él quiere tener contigo?

28/julio

¿él es el centro?

isaías 43

Antes de mí no fue formado dios ni lo será después de mí. Yo, yo soy Jehová, y fuera de mí no hay quien salve (Isaías 43.10–11).

Cada ser humano tiene un centro de su existencia, y la naturaleza de ese centro determinará su identidad personal. Cada persona es creada para buscar y conocer a un centro en particular—el verdadero Centro, el Señor Jesús. Si no lo conocemos como el eje alrededor del cual gira nuestra vida, no podremos entender quiénes somos, cómo funciona el mundo o cómo se relacionan las cosas. Ese Centro determina todos los demás aspectos y relaciones de nuestra existencia. Conocer a Jesús como el núcleo de la vida nos permite ver el propósito y el significado de los varios elementos que componen nuestra existencia.

La persona a quien le falta este centro no tendrá clave para explicar adecuadamente los misterios y los dolores que se introducen forzosamente en cada alma humana. La puerta para hallar la realización personal y para comprender el significado último nunca se abrirá para el individuo que no tiene la Llave—el Señor Jesús.

Para nosotros los que proclamamos a Cristo como el centro de nuestra existencia, es absolutamente imperativo que nuestra vida refleje verdaderamente la realidad del Señor. Sin que hablemos una sola palabra, debe ser obvio a los demás que Jesús es la Llave que nos abre puertas y el Centro alrededor del cual gira nuestra vida. No digas que Jesús es el Centro de tu existencia si tu vida no da prueba de tu afirmación.

29/julio

perdón de pecados

marcos 2.1–12

Pues para que sepáis que el Hijo del hombre tiene potestad en la tierra para perdonar pecados —dijo al paralítico—: A ti te digo: Levántate, toma tu camilla y vete a tu casa (Marcos 2.10–11).

La primera cosa que Dios desea hacer por nosotros es darnos su regalo de perdón y gracia. Aun entre el pueblo de Dios, encuentro a un gran número de personas que viven con un sentido de culpabilidad. Nunca llegaremos a ser lo que Dios desea que seamos hasta que descubramos lo que significa recibir el perdón divino. Ese perdón es un regalo de gracia que nunca podemos merecer; no hay nada que podamos hacer para obtenerlo excepto recibirlo de sus manos en fe penitente. Una vez que hayamos aceptado su regalo, estaremos en camino para crecer en su gracia.

La historia del paralítico, el que fue bajado desde el techo para estar ante Jesús, ilustra bien esta realidad. Los amigos del paralítico lo llevaron al Señor para una sanidad física, pero Jesús reconoció su verdadera necesidad. Por eso le dijo: «Te son perdonados tus pecados». Todos los presentes pensaban que Jesús se había desviado del asunto central, pero en realidad el Señor fue el único que vio con claridad el verdadero problema.

El perdón de pecados es la puerta para una relación con el Señor Jesús. Trágicamente, he conocido a personas que no pueden aceptar este gran regalo. La realidad es que nunca experimentaremos más gracia o más crecimiento hasta que podamos decir con certeza que nuestro pecado ha sido clavado en su Cruz y que somos perdonados y libres.

30/julio

llevando la carga

números 11

--Reúneme a setenta hombrse entre los ancianos de Israel... tomaré del espíritu que está en ti y lo pondré en ellos, para que lleven contigo la carga del pueblo y no la lleves tú solo (Números 11.16–17).

En Números 11 tenemos el retrato de un gran líder sobrecargado por la responsabilidad que Dios le había dado. Moisés se quejó del peso enorme de llevar al pueblo de Dios en su seno (v. 12).

¿Puedes imaginarte el dilema de Moisés? Una multitud de personas lo miraban como la fuente de su dirección espiritual, su provisión física y su seguridad. Servía como su líder, su sacerdote, su juez y su intercesor. Llevaba la carga de un pueblo llamado a pertenecer a Dios, quienes rehusaban confiar en Él, y era un peso demasiado grande para llevarlo solo. Por eso Moisés clamó a Yahwéh.

Tal vez llevas una obra de Dios en tu corazón. Puede ser una labor pequeña o una carga enorme que Dios te ha dado para llevar. En tales casos, es fácil olvidar que Dios es el Portador de nuestras cargas y que nosotros somos sólo sus herramientas. Cuando Moisés se quejó, la respuesta del Señor fue sencilla: «Reúneme a setenta hombres entre los ancianos de Israel...Tomaré del espíritu que está en ti y lo pondré en ellos». No somos indispensables para Dios. El Espíritu Santo lleva la carga que ha puesto en nuestro corazón.

31/julio

asociación íntima con la culpabilidad
salmo 86

Porque tú, Señor, eres bueno y perdonador, y grande en misericordia para con todos lo que te invocan (Salmo 86.5).

El Salmo 86 fue compuesto por una persona que enfrentaba un gran peligro, probablemente el Rey David. Él rogaba que Dios lo salvara de una banda de malhechores. Su vida estaba en peligro, sin embargo en este salmo le dice al Señor: «Tú, Señor, eres bueno y dispuesto para perdonar».

Ser humano es tener una asociación íntima con la culpabilidad. Cuando usted y yo tenemos alguna necesidad profunda y llegamos al Señor en oración, queda latente en nuestra mente la conciencia terrible de que somos indignos. ¿Por qué debe escucharnos? David dice: «Necesito protección física y liberación política, pero más que nada me alegro de que tú seas perdonador. Donde he fracasado, tú puedes cubrir mi error, y me puedes perdonar porque abundas en amor y misericordia».

Dios nos ama tanto que nos escucha, aunque no merecemos su atención. Él es bueno y está dispuesto a perdonar. Y muchas veces desea que nosotros reconozcamos su bondad y nuestro propio pecado antes de que Él opere a nuestro favor. Si te parece que Dios no te está escuchando, revisa tu corazón. ¿Hay pecado en él? Si es así, necesitas confesar ese pecado y pedirle perdón para que puedas volver a entrar en una relación correcta con Él. Dios desea que busquemos nuestra protección en Él, pero primero quiere que le permitamos limpiar nuestro corazón.

1/agosto

una perspectiva verdadera

salmo 86

Señor, ninguno hay como tú entre los dioses ni obras que igualen tus obras (Salmo 86.8).

La mayoría de nosotros ora porque tenemos algún problema que resolver. Nuestras dificultades llegan a ser la motivación detrás de nuestras peticiones. Si fuéramos el pueblo que deberíamos ser, oraríamos no importa si tuviéramos problemas o no. Una de las cosas bellas de Dios en su respuesta a la existencia humana es que no nos deja solos con nuestros dilemas por mucho tiempo. El ordena que tengamos dificultades y opera en nuestras vidas para que no estemos libres de problemas, porque así nos quedamos en relación con Él.

En el Salmo 86 David ora a Dios, angustiado por el peligro mortal que enfrenta. El lector puede percibir el pánico del poeta y su desesperación en los versículos 1–7, pero de repente en el verso 8 ocurre un cambio sicológico. Repentinamente los ojos de David dejan de mirar su problema y se fijan en Dios. Cuando David entra en la presencia del Señor, olvida a los hombres que lo están persiguiendo.

Cuando pasamos suficiente tiempo en la presencia divina, la importancia de los problemas comienza a disminuirse y la grandeza de Dios comienza a llenar el centro del escenario. Este salmo es una expresión clásica de la manera en que aun los problemas más grandes y más intensos se desvanecen en la presencia del Dios Todopoderoso, ante quien parecen insignificantes. Mientras David busca a Dios, logra la perspectiva correcta acerca de la realidad. Sus problemas se disminuyen y la gloria de Dios se aumenta.

2/agosto

sacar al rebelde de mi corazón
salmo 86

Enséñame, Jehová, tu camino, y caminaré yo en tu verdad; afirma mi corazón para que tema tu nombre. Te alabaré, Jehová, Dios mío, con todo mi corazón (Salmo 86.11–12).

El Salmo 86 está escrito como la plegaria de David para que Dios le quitara a los rebeldes que lo estaban molestando. Sin embargo, el enfoque del salmo comienza a cambiar cuando el poeta entra en la presencia de Dios. Admite tener un corazón dividido, una existencia dividida. Ora: «Afirma o une mi corazón», para que pueda darle gracias al Señor con un ser íntegro y no con un corazón dividido.

Creo que ésta es una de las oraciones más importantes en toda la Palabra de Dios. El que llega a conocer al Señor comenzará a tener hambre de esta realidad. En los versículos 1–7, el salmista le pide a Dios que avergüence a los rebeldes que lo están persiguiendo. Pero cuando entra en la presencia divina, le ruega que quite al rebelde que se encuentra en su propio corazón. Su rebeldía personal se convierte en la preocupación insistente de este salmo. La traición que mora en su propio corazón es una amenaza mucho mayor que la de los rebeldes externos.

Dios desea que cada seguidor de Cristo haga este peregrinaje desde orar por circunstancias cambiadas hacia orar por un corazón transformado. De todas las ambiciones y sueños humanos, creo que el anhelo por la unidad interior es el hambre más profunda del alma humana—tener un corazón completamente íntegro en su compromiso con Dios. Queremos estar tan comprometidos con Él como Él está con nosotros. Él desea que lo alabemos con el corazón entero, sin ningún «informe minoritario» dentro de nosotros que impida nuestra alabanza.

3/agosto

irreprochables, sencillos y sin mancha

salmo 86

Haced todo sin murmuracioens ni discusiones, para que seáis irreprochables y sencillos, hijos de Dios sin mancha (Filipenses 2.14–15).

¿Es necesario que el cristiano peque todos los días en pensamiento, palabra y hechos, o es posible que la sangre de Cristo nos libere de la necesidad del pecado? El salmista parece tener una visión de un corazón unido y perfeccionado cuando clama:

Enséñame, oh Jehová, tu camino;
Caminaré yo en tu verdad;
Afirma mi corazón para que tema tu nombre.
Te alabaré, oh Jehová Dios mío,
Con todo mi corazón,
Y glorificaré tu nombre para siempre (Salmo 86.11–12, R-V60).

El salmista desea andar en los caminos del Señor, pero sabe que un corazón dividido lo hará imposible. Clama para que Dios una su corazón, para que no sea una combinación de dos voluntades. Cuando se corazón sea íntegro, podrá alabar a Dios con todo el corazón, así como debe. Esto es lo que Dios quiere decir cuando afirma: Amarás al Señor tu Dios con todo tu corazón, y con toda tu alma, y con toda tu mente y con todas tus fuerzas (Marcos 12.30).

Los cristianos sabemos que Dios desea y merece un corazón unido en alabanza a él. Tenemos diferentes opiniones, sin embargo, sobre la posibilidad de esta integridad perfecta a este lado del cielo. Nuestro mundo es tan caído, nuestro pecado tan arraigado, que a veces nos parece imposible que seamos íntegros en el interior antes de la Resurrección. Algunos admiten que esto es el clamor del corazón piadoso, pero creen que no podemos experimentar su cumplimiento hasta que entremos en el otro mundo, donde lo podremos amar como debemos, sin tentaciones. Pero Pablo tenía otra opinión:

Ocupaos en vuestra salvación con temor y temblor,
porque Dios es el que en vosotros porduce así el
querer como el hacer, por su buena voluntad. Haced
todo sin mumuraciones y contiendas, para que seáis
irreprensibles y sencillos, hijos de Dios sin mancha en
medio de una generación maligna y perversa, en medio
de la cual resplandecéis como luminares en el mundo
(Filipenses 2.12–15).

4/agosto

los tiempos cambian

marcos 13

Lo que tenéis, retenedlo hasta que yo venga. Al que venciere y guardare mis obras hasta el fin, yo le daré autoridad sobre las naciones (Apocalipsis 2.25–26).

Tal vez no les sea obvio a todos que los tiempos cambian, pero los cristianos del siglo veintiuno no deben tener ninguna duda de esto. El colapso de los grandes imperios del siglo pasado establece este hecho. A veces la revolución aparece con una rapidez volcánica; otras veces, se acerca tan paulatinamente el cambio que llega en forma casi desapercibida.

Actualmente hay un cambio de la guardia en los círculos teológicos. Ahora es el momento cuando los que creemos en el cristianismo ortodoxo debemos establecer nuestra posición y seguir firmes. Cuando yo era joven, solicité ingresar a la universidad de mi denominación en la conferencia donde había comenzado en el ministerio. Mi deseo era recibir una clase graduada sobre Platón. El decano de la escuela graduada se sentía incómodo con mi aplicación; temía que yo cumpliera con éxito el curso y que después se me ocurriera hacer mi post-grado en esa institución. Me dijo de frente que ellos no querían otorgarles sus títulos a estudiantes evangélicos.

Sin embargo, los tiempos han cambiado, y aunque las voces que luchan contra la ortodoxia siguen chillando, la falta de fuerza en sus protestas le da la mentira a su arrogancia. Su dominio sobre la posición central se ha terminado ya que todas las opciones sin Jesús comienzan a mostrarse vacías. Es hora que exploremos la fe bíblica, que hallemos su mensaje para nuestro momento histórico, y que lo proclamemos con toda la claridad y el poder que Dios nos ha dado.

Una cosa debe animarnos. El cementerio de la historia humana contiene muchos monumentos que marcan el pasar de las varias ideologías que por un tiempo enamoraron al espíritu humano. Una lápida no se halla allá—la de la fe bíblica, que vive y seguirá viviendo, porque la Palabra de Dios es eterna.

5/agosto

las misiones cristianas

mateo 28.19–20

Es grande mi nombre entre las naciones...dice Jehová de los ejércitos (Malaquías 1.11).

La iglesia ha invertido el orden de sus prioridades. Jesús dijo: *Id por todo el mundo y predicad el evangelio a toda criatura (Marcos 16.15).* En la misión cristiana salimos al mundo y ministramos principalmente a las necesidades físicas de las personas, y si después tenemos la oportunidad de hablarles de Cristo, mucho mejor. Cristo quería que fuéramos motivados por una pasión ardiente para proclamar al mundo de su bondad, su gloria y su amor. El evangelismo debe ser la motivación número una para cualquier servicio cristiano. Si invertimos el orden y ministramos a las necesidades espirituales sólo después de satisfacer la físicas, la parte espiritual se pierde. Es imposible satisfacer todas las necesidades físicas. Es el amor de Cristo que debe ser nuestra preocupación principal.

Si no te importa el alma de la otra persona, no hables con superioridad moral de sus necesidades físicas. Sólo puedes demostrar que te importa la persona entera por preocuparte primero por su alma. La tentación perpétua es solucionar los otros problemas para evitar hacernos vulnerables al preguntar: «¿Eres cristiano? ¿Has sido reconciliado con Dios? ¿Conoces a Jesucristo?» Sólo cuando Cristo es de suprema importancia en nuestra vida podemos ministrar a todas las necesidades de la persona.

6/agosto

si tuviera diez vidas para vivir
isaías 42.6–9

Por tanto, id, y haced discípulos a todas las naciones (Mateo 28.19).

Un corazón puro es un ingrediente esencial para lograr la misión que Jesús nos ha dado a los cristianos—la redención del mundo. Tenemos que rendirnos total y completament a Aquel que se dio por todas las personas, y cuando lo hacemos, él nos usa para cumplir su propósito: que cada ser humano lo conozca.

He descubierto que la mayoría de las personas llega a la salvación por interés personal. No queremos ir al infierno; por tanto, aceptamos el nuevo nacimiento como una protección contra el juicio eterno. Sin embaro, el nuevo nacimiento no logra en nosotros todo lo necesario para que seamos usados por el Señor en la salvación del mundo. Después de mi conversión, no dudaba de que Dios me había salvado, pero tenía muchas preguntas acerca de mi llamado a la luz de la Cruz. Un indicio de que muchos cristianos en el mundo desarrollado necesitan una obra más profunda de gracia es el número de ellos que vive vidas tibias, sin pasión para los perdidos, sin el deseo ardiente de gastar y ser gastado por la salvación del mundo.

Una vez escuché las palabras de un misionero: «Si tuviera diez vidas para vivir, se las daría todas a Jesús en el servicion misionero». ¡Un comentario asombroso! Ese varón no tenía interés en los valores del mundo; no le importaban la riqueza, el poder, el prestigio y el éxito. Todo lo que tenía y todo lo que era, lo deseaba usar para compartir con el mundo las nuevas maravillosas de Jesucristo. Esa profundidad de pasión y compromiso con otros sólo sucede cuando nuestras vidas y nuestros corazones son totalmente entregados al Señor. Es la única manera por la que el mundo conocerá a Cristo.

7/agosto

la amistad: un regalo divino

1 samuel 20

Jehová esté entre tú y yo, entre tu descendencia y mi descendencia, para siempre (1 Samuel 20.42).

Dios les otorga a sus criaturas el regalo de la amistad como una expresión de su amor. Las amistades nuestras no son creadas por nosotros, sino regalos que Dios nos da como símbolo de su propia naturaleza, que es la comunión y el amor de tres Personas. Todo el amor que existe tiene su origen en Dios. Si pierdes a Dios, tus amistades, tarde o temprano, desaparecerán porque el bien se gastará y no habrá nada con que renovarlo.

Es una tragedia cuando elegimos las antiguas conductas pecaminosas, sólo porque no queremos perder una amistad. Tarde o temprano esas amistadas teñidas con el pecado pasarán porque los pecadores están separados de Dios. La Escritura habla de este gran horror como la perdición del alma. El alma perdido está solo, separado de todos, sin los consuelos del amor, la amistad y el compañerismo. Dios es la fuente de la amistad, y para que ésta sea pura, sana y continua, tenemos que reconocer esta verdad.

¿Quién desearía vivir en un mundo sin los regalos divinos? Estos obsequios preciosos se atrofiarán y desaparecerán si intentamos agarrarlos separados de él.

8/agosto

bendeciré al señor

salmo 34

Bendeciré a Jehová en todo tiempo; su alabanza estará de continuo en mi boca (Salmo 34.1).

Es una aventura emocionante tratar de adivinar la situación de vida que motivó al poeta a componer un salmo. Primero: Lee atentamente el salmo para ver qué dice, y después lee «entre líneas», relacionando los diferentes aspectos del poema con la vida. La pregunta es: «¿Qué tipo de condición humana provocaría la composición de un salmo como éste?»

Una de las cosas que he observado es que si estudiamos el Libro de los Salmos por mucho tiempo, hallaremos un salmo para toda situación humana. Para los momentos de dificultad, regocijo, tragedia y alabanza, hay un salmo que corresponde a la historia de cada persona.

Otra cosa que he aprendido de los Salmos es que muchas veces el compositor pone su conclusión al inicio del salmo, en contraste con el estilo más familiar en el que el autor presenta su argumento en forma climáctica y da la conclusión al final. El salmista da la solución, y el lector tiene que leer el salmo para entender la situación que llevó al poeta a esa conclusión. El Salmo 34 es uno de los salmos cuya conclusión se halla en el primer versículo--¡y qué conclusión es! «Bendeciré al Señor en todo tiempo; su alabanza estará de continuo en mi boca». ¿No sería magnífico si éste fuera el cántico de nuestra boca al final del día? Permitamos que esta conclusión sea la respuesta para nuestros problemas hoy.

9/agosto

alabanza continua

salmo 34

Bendeciré a Jehová en todo tiempo; su alabanza estará de continuo en mi boca. En Jehová se gloriará mi alma (Salmo 34.1, 2).

El compositor del Salmo 34 posee la actitud que debemos tener continuamente hacia Dios. El salmista lo adora, alabando y bendiciéndolo en todo tiempo. En ciertos momentos del salmo, él se permite llevar por su adoración de Yahweh. ¿Es posible que nosotros también lleguemos al lugar donde estemos bendiciendo al Señor en todo momento? Tal vez piensas inmediatamente en las circunstancias que rodean tu vida y te comentas: «Si él conociera mi situación, jamás me pediría tal cosa. La vida es demasiado dura como para estar siempre alabando a Dios».

El salmista aparentemente creía que bendecir al Señor era no sólo una posibilidad sino también un gozo. «En todo tiempo» no deja ningún momento fuera de esta posibilidad; indica que no hay momento cuando nuestra atención se enfoque en nosotros mismos. «De continuo» significa que nuestra adoración no tiene interrupción; la alabanza de Dios siempre está en nuestra boca. Gloriarme en el Señor indica que hallo mi deleite en hablar de él.

Abandona todas las imágenes estereotípicas de la alabanza. La alabranza me trae gozo porque enfoco la perfección de Dios y no mis debilidades. «Alabanza continua» significa que, cuando hay algún espacio de descanso en mis días o en mis actividades, mis pensamientos van inmediatamente a Dios y se llenan de su alabanza. Él llega a ser ese pensamiento bello que siempre existe en el fondo de mi mente de la misma manera que la amada se lleva siempre en la mente del amante. Cristo siempre está presente para mí en medio de todo lo que hago; si tengo un momento, pienso en él, y si otros están conmigo, les hablo de mi Amado.

10/agosto

él es la clave

salmo 34

Busqué a Jehová, y él me oyó, y me libró de todos mis temores....Este pobre clamó, y le oyó Jehová, y lo libró de todas sus angustias (Salmo 34.4, 6).

¿Alguna vez has querido deshacerte de todos tus temores? En el pasado, yo pensaba que si fuera un verdadero cristiano, no tendría temores. También pensaba que tendría menos y menos miedos mientras envejecía. Ninguna de estas perspectivas refleja la verdad. Entonces, ¿qué debo hacer con mis temores?

El salmista buscó al Señor, y el Señor lo libró de todos sus *angustias*. Esta palabra en hebreo conlleva la idea de ser restringido o apretado; comunica el tipo de presión que nos quita el respirar. Esto es lo que hace el temor en nosotros.

El salmista halló ayuda. Es significativo que no buscó deshacerse de sus temores, sino que buscó al Señor. Cuando lo halló, descubrió que el Señor podía romper las presiones sofocantes del miedo en su vida. Me encanta el realismo de las Escrituras. Nunca dicen que los creyentes, viejos o jóvenes, van a llegar al lugar de no tener temores, pero nos dicen dónde hallar alivio. Si clamamos al Señor, descubriremos que él es capaz de quebrantar las presiones apretantes de nuestros miedos y ansiedades y que nos liberará para abrazarlos. No desea salvarnos *de* las tormentas de la vida; quiere salvarnos *en medio de* las tempestades, porque es en medio de ellas que nos damos cuenta de que no podemos vivir sin él. Las tormentas nos empujan hacia el pecho de Dios, donde podemos dar gracias por la tempestad, porque en medio de ella hallamos al Señor.

11/agosto

recursos disponibles

2 reyes 6.8–23

El ángel de Jehová acampa alrededor de los que le temen, y los defiende....Los ojos de Jehová están sobre los justos, y atentos sus oídos al clamor de ellos (Salmo 34.7, 15).

Una de las diferencia clave entre los no-cristianos y los cristianos es que en Cristo, tenemos muchos recursos disponibles. El Salmo 34 habla del ángel que rodea y libera a los que temen a Dios. ¿Recuerda las historias de Daniel y de Eliseo? Cuando Daniel estaba en el foso de los leones y cuando el ejército de Siria rodeaba la aldea de Eliseo, el ángel del Señor estaba con ellos, y libró a los dos sin que sufrieran ningún daño. Necesitamos los ojos de fe para ver que los que están a nuestro lado son más que cualquier enemigo.

Otro recurso nuestro es el favor que hallamos en Dios. ¿Sabes que Dios mira con favor a los que le pertenecen? Está esperando que sus hijos clamen a él para que los ayude con liberación y provisión.

«Los ojos de Jehová están sobre los justos, y atentos sus oídos al clamor de ellos» (Sal. 34.15). Finalmente, cuando nuestro corazón es justo delante del Señor, tenemos una conexión directa con su corazón. Es esta relación que nos pone en el lugar donde Dios nos puede rescatar. El ángel de Dios, el favor de Dios y los oídos de Dios representan las ventajas que son disponibles para el cristiano. ¿Estamos dispuestos a aprovecharlos?

12/agosto

el temor nunca tiene la palabra final

salmo 34

Muchas son las aflicciones del justo, peor de todas ellas le librará Jehová (Salmo 34.19).

Las palabras del Salmo 34 no significan que el que viene a Cristo y vive por él, nunca tendrá miedo, angustia o necesidad. En cambio, el salmista dice que la persona que confía en el Señor descubrirá que el temor nunca tiene la palabra final. La angustia nunca es la respuesta final. La necesidad nunca es la realidad última. Cuando termine la historia, el miedo será conquistado, porque Dios habrá rescatado. Las angustias serán vencidas, porque Dios habrá liberado al creyente. Las necesidades de la vida habrán sido cumplidas, porque Dios habrá suplida toda necesidad.

No habría habido ocasión para componer este salmo si el salmista nunca hubiera experimentado el temor, la angustia o la necesidad. Es cuando has temido por tu vida y Dios te ha sacado de la prueba que puedes cantar su alabanza. Cuando te encuentras apretado y clamas al Señor, tu única esperanza, estás en una situación preñada con el potencial para un milagro. Cuando no tienes cómo cumplir con tus obligaciones económicas y Dios provee, sales cantando sus maravillas.

La angustia misma dirige nuestros pensamientos hacia Cristo y le da a él la oportunidad de mostrarse bondadoso y poderoso en nuestras vidas.

13 /agosto

gustad y ved

salmo 34

Engrandeced a Jehová conmigo, y exaltemos a una su nombre....Gustad, y ved que es bueno Jehová; dichoso el hombre que confía en él (Salmo 34.3, 8).

En el Salmo 34, el salmista no sólo alaba al Señor continuamente sino que desea que el lector lo haga también. Es tan incómodo cuando otros siempre alaban al Señor, pero cuando me miran y esperan que me una con ellos, me pongo tenso e inquieto. El salmista dice: «Engrandeced a Jehová conmigo, y exaltemos a una su nombre». Quiere que su cántico se convierta en duo. Su alabanza es tan exuberante que en el versículo ocho, comienza a hablar de gustar la bondad de Dios. Desafía a los lectores a que gusten por sí mismos cuán bueno es Dios, o cuán «dulce», como a veces se traduce la palabra hebrea.

Cuando tú y yo empecemos a percibir cuán dulce es Dios, nunca querremos dejar de cantar sus alabanzas. No desearemos que nuestros pensamientos enfoquen otra cosa que no sea él, y nuestros corazones rebosarán con el fervor de contarles a otros de su bondad.

¿Hemos gustado la verdadera bondad de Dios? ¿Le decimos a él cuán dulce es conocerlo? ¿Otros pueden ver en nosotros su dulzura? Hay un gozo exuberante que se desborda del corazón del salmista. ¿Qué se desborda de tu corazón hoy?

14/agosto

«¡quítate de delante de mí!»

marcos 8.27–38

Pero él, volviéndose y mirando a lso discípulos, reprendió a Pedro, diciendo: ¡Quítate de delante de mí, Satanás! Porque no pones la mira en las cosas de Dios, sino en las de los hombres (Marcos 8.33).

La primera vez que Jesús les informó a sus discípulos sobre la necesidad de la Cruz ocurrió justo después de que Pedro había declarado que Jesús era el Cristo. Después de esa declaración, Jesús comenzó a explicarles qué significaba ser el Cristo, pero Pedro no quiso escucharlo. Tenía su propia visión del rol del Mesías, y ésta no incluía ninguna cruz. Es interesante cuando un ser mortal desea enseñarle a Dios cuál debe ser el rol apropiado y correcto de Dios. ¿Puedes imaginar cuántas veces las mejillas de Pedro se ruborizaron en los días que siguieron este incidente?

Jesús respondió a la reprimenda de Pedro con las palabras más fuertes que él hasta entonce había usado: «¡Quítate de delante de mí, Satanás!» Creo que en el momento en que Pedro comenzó a decir que la cruz no era necesaria, Jesús se acordó de otro que había deseado desviarlo del camino al Calvario. Satanás también le había dicho que la cruz no era necesaria, prometiendo que si Jesús tan sólo se arrodillara delante de él, Satanás le daría todos los reinos del mundo. Jesús se volvió hacia su discípulo amado como si dijera: «En este momento eres el diablo para mí. ¡Quítate de delante de mí!»

A veces los caminos de Dios nos parecen contrarios a todo lo que creemos que debe suceder. Pero si intentamos manipular a Dios para que haga nuestra voluntad, nos alineamos con todas las fuerzas de maldad. La voluntad de Dios tiene que hacerse a la manera de Dios—y ésta siempre incluye una cruz.

15/agosto

la ceguera

marcos 8.13–26; 10.46–52

Luego le puso otra vez las manos sobre los ojos, y le hizo que mirase; y fue restablecido, y vio de lejos y claramente a todos (Marcos 8.25).

En Marcos 8, Pedro anuncia que Jesús es el Cristo, e inmediatamente después le dice a Jesús qué significa ser el Mesías. Por su arrogancia, Pedro recibe la reprimenda más dura de toda la Escritura por responder de esa manera cuando Jesús comenzó a hablar de la Cruz. Después de ese episodio siguen varias anécdotas que tratan la incapacidad de los discípulos para entender el mensaje de Jesús sobre la Cruz. Esta sección comienza y termina con dos historias sobre hombres ciegos. Antes de la confesión de Pedro en Cesarea Filipos, leemos la historia del ciego en Betsaida, quien es traído a Cristo y tocado por él. Luego, en el capítulo 10, encontramos la historia del ciego Bartimeo.

Creo que Marcos desea comunicar un mensaje teológico por el arreglo de estas anécdotas. Jesús no tuvo ninguna dificultad en sanar al ciego de Betsaida ni tampoco a Bartimeo; la dificultad fue con la ceguera de sus propios discípulos.

Jesús es capaz de curar la ceguera física con una manifestación de su poder; sólo tiene que pronunciar la palabra y está hecho. ¿Pero sabes lo que se requiere para sanar la ceguera tuya y la mía? No es el poder, sino el auto-sacrificio divino. No hubo cómo rescatarnos y redimirnos excepto que Cristo sufriera. No le dolió crear el universo por su palabra, pero para que un pecador, como tú y yo, fuera perdonado, fue necesario que él saliera de su trono, que dejara a un lado sus atributos, y que se humillara para ser como sus criaturas. Tenía que sufrir y morir. Ni siquiera Dios es capaz de perdonar el pecado sin el sacrificio.

16 /agosto

el propósito de la ley

salmo 19

La ley de Jehová es perfecta, que convierte el alma; el testimonio de Jehová es fiel, que hace sabio al sencillo (Salmo 19.7).

El Salmo 19 habla de la ley de Yahweh, los estatutos de Yahweh, los preceptos de Yahweh, los mandamientos de Yahweh y las ordenanzas de Yahweh. El salmista enfatiza el modelo que Yaweh ha revelado para la vida. Es interesante que emplea el nombre personal para Dios, porque la Ley nunca es una abstracción; es basada en la presencia personal de Dios mismo. Esta ley es la instrucción divina sobre cómo deben vivir los seres humanos; se nos da para que nuestras vidas sean compatibles con los deseos de Dios para nosotros. En Sinaí Dios escogió a los israelitas como su propio pueblo y se les reveló cómo podían vivir en comunión con un Dios santo. Se les abrió la Ley como un tipo de descubrimiento de su rostro, una revelación de su corazón ante su pueblo, para que supieran cómo sus vidas fueron diseñadas para reflejar la de él.

En el Salmo 19 el poeta dice que estas instrucciones que vienen de Yahweh para su pueblo son más preciosas que el oro, que el oro más fino. La Palabra de Dios y el camino de Dios contienen una dulzura que el salmista ha probado; la compara con la miel, la cosa más dulce en el mundo del poeta. El camino de Dios es más valioso que el oro, y su Palabra es más dulce que la miel, porque capacitan a las personas para conocer quién es Dios; simbolizan la presencia de Dios en medio nuestro. El galardón por guardar la instrucción de Dios es la oportunidad de conocer personalmente a Yahweh.

17/agosto

el regalo mayor de dios
daniel 6.10

Bienaventurados los que tienen hambre y sed de justicia, porque ellos serán saciados (Mateo 5.6).

El mejor regalo que Dios puede otorgarle a una persona es el hambre de Dios mismo. No hay nada que podemos hacer para provocar en nosotros esa hambre; toda salvación viene de Dios, pero si le damos la oportunidad, él sembrará en nosotros una hambre. Si le damos de comer a esta hambre, Dios la intensificará hasta que sea la pasión ardiente de nuestras vidas. Yo nunca habría conocido a Cristo si no hubiera habido en mi corazón una hambre de él, y durante el transcurso de mi vida, la cosa más establizante ha sido el hambre de Cristo. Dios nunca me ha quitado el hambre de él. Con el paso de los años, mi hambre de Dios crece e intensifica, y me encuentro dándole gracias por el hambre y pidiéndole que aumente aún más mi apetito para él. Si tenemos hambre, él saciará nuestra necesidad, y cuánto más grande sea nuestro apetito para él, más de sí mismo él nos revelará. Esta hambre es la promesa de su presencia.

Si él está cerca de ti, clama a él. Si percibes su presencia, grita su nombre. Si sientes su proximidad, extiende la mano, porque en ese momento él se te revela y lo debes perseguir con pasión. No va a quitarte todos tus problemas, pero te protegerá en medio de ellos. Cuando venga la tormenta, él será tu refugio y pasará la tempestad a tu lado; los vientos rugirán alrededor de ti, pero serás protegido en medio de él, en cuya presencia se halla la seguridad. Te capacitará para que cantes en medio de la tormenta. Esa hambre de él es el regalo mayor que te puede dar.

18/agosto

hazme un cautivo, señor

romanos 6.15–23

Así ahora para santificación presentad vuestros miembros
para servir a la justicia (Romanos 6.19).

El hambre del corazón humano de Dios es una de las realidades más asombrosas de la historia humana. Ser humano es orar. De vez en cuando surgen movimientos de personas que quieren negar la validez de este aspecto de la vida humana, pero la desaparicion de esos movimientos provee evidencia de que ser humano es ser religioso.

Sin embargo, al fin y al cabo no estamos contentos con sólo buscar a Dios o saber de él. En nuestros momentos mejores, el corazón humano anhela ser poseído por Dios, de una manera total y sin reserva. Es por eso que el mensaje bíblico de la santidad nunca va a desaparecer por completo. Tal vez la evidencia mayor de la autenticidad del testimonio de santidad es la realidad de que el corazón del creyente clama por ser santo. Esta hambre se expresará en cada comunidad de cristianos, sea cual sea su denominación o su tradición teológica.

Jorge Matheson era un presbiteriano escocés, un clérigo que había recibido capacitación teológica en la Universidad de Glasgow. Era un intelectual brillante y un predicador ungido, cuyo corazón anhelaba ser poseído completamente por el Señor. Se cansó de la resistencia que se descubría en su propio corazón ante la voluntad íntegra de Dios, y por eso escribió un himno:

Cautívame, Señor, y libre en ti seré;
Anhelo ser un vencedor, rindiéndome a tus pies.
No puedo ya confiar tan sólo en mi poder;
En ti yo quiero descansar y fuerte habré de ser.[*]

---

[*] George Matheson, 1809; trad. Federico J. Pagura; *Mil voces para celebrar: himnario metodista*, #245 (Nashville, TN: The United Methodist Publishing House, 1996).

19/agosto

recibieron lo que deseaban, perdieron lo que necesitaban

génesis 3

Echó, pues, fuera al hombre, y puso al oriente del huerto de Edén querubines, y una espada encendida que se revolvía por todos lados, para guardar el camino del árbol de la vida (Génesis 3.24).

La cultura hebrea parece haber tenido una obsesión con el tema del pecado. Lo enfatizaba, no porque era un pueblo morboso, sino porque lo veía con mucho más claridad que nosotros. Desde su perspectiva el pecado separaba al pecador de Dios; el Pentateuco enseña que el pecado destruye la relación de la persona con Dios. Era así de sencillo y así de radical.

El Antiguo Testamento deja muy en claro que cuando las personas pecan, esto los separa de Dios. Dios les dijo a Adán y Eva en el huerto de Edén que comieran todo lo que desearan, porque el jardín fue creado para su placer y deleite; había sólo un árbol del cual no debían comer. El árbol prohibido, el Árbol del Conocimiento del Bien y del Mal, fue la trampa que Satanás utilizó para causar que la humanidad entrara en un mundo de pecado. El resto del cuento ya se sabe; Dios echó a Adán y a Eva del huerto y de su presencia. Recibieron lo que deseaban, y perdieron lo que necesitaban. Ésta es la historia del pecado.

Tú y yo necesitamos desesperadamente a Dios. De él fluye todo lo que es bueno, verdadero y justo. Todo el bien tiene su origen en Dios, y tiene que permanecer en él o se corrompe y se profana. No tenemos la opción de tomar las cosas buenas y separarlas de su presencia. No hay nada bueno aparte de él.

20/agosto

su santidad, nuestra protección

hebreos 12.12–29

Nuestro Dios es fuego consumidor (Hebreos 12.29).

El pecado tiene un carácter trascendente. Se eleva sobre la ley natural y afronta personalmente al Santo. Dios es santo, es todopoderoso, y la diferencia entre lo justo y lo injusto comienza y termina en él. Si no tienes al Dios trino, es imposible distinguir entre la verdad y el error, y todo se mezcla en una gran nube gris de confusión. Tendemos a tener miedo de la santidad del Padre, del Hijo y del Espíritu Santo, pero en realidad su naturaleza santa provee la seguridad en el mundo. Queremos que Dios se enoje cuando un niño es lastimado o cuando hay discriminación contra una persona, porque no queremos que el mal gane la victoria. Nos alegramos que Dios se enoje cuando los ricos se aprovechan de los pobres. Para Dios el pecado es una ofensa porque él es santo y hace lo que es justo—siempre.

Cuando el Santo y Trino Dios viene a morar en medio nuestro y comienza a hacernos parecidos a él, debe llenarnos de ecstasía porque su santidad ofrece la única oportunidad para que se componga este mundo torcido. La santidad de Dios es el sueño de todos los filósofos utópicos, lo reconozcan o no. Él es Aquel en quien no hay falsedad, ni injusticia, ni contaminación. Es el Justo: absolutamente verdadero, completamente bueno y siempre justo.

21/agosto

responsables del pecado

santiago 1.12–15

Tomó de su fruto y comió (Génesis 3.6).

Una diferencia crucial entre la religión bíblica y todas las demás religiones del mundo tiene que ver con la naturaleza del mal. El mal en las Escrituras no es un principio co-eterno con el bien. En última instancia, sólo Dios es bueno, y el mal es simplemente darle la espalda a Dios. El mal, en la Biblia, no es un principio metafísico y eterno; es una elección moral hecha por los seres creados, humanos y angelicales. El significado de esto para los individuos es que nos fuerza a que seamos responsables de nuestro propio mal.

No es necesario tener ni a Satanás ni a los demonios para explicar el mal humano. En realidad, ni siquiera la serpiente era necesaria en el Huerto de Edén para que Eva pecara (Génesis 3). Eva y Adán pecaron por sus propias elecciones morales, y Dios no permitió que Eva le echara la culpa a la serpiente. El único poder que poseía la serpiente era el de la seducción; la atrajo a que usara mal su propia libertad de la misma manera que la serpienta había usado mal la suya.

No tenemos excusa para el mal que reside en nosotros; no hay nadie a quien podamos echarle la culpa para nuestro pecado. No existe ningún principio malo que haga necesario el pecado; simplemente somos libres para elegirlo. Tal vez Satanás nos incite a que pequemos, pero él es simplemente una criatura finita como nosotros. En última instancia, él se someterá al mismo juicio justo al cual seremos sometidos. Somos libres para rendirnos ante sus ataques, pero no tiene ningún control sobre nosotros que no se lo demos. Tenemos que asumir la responsabilidad por nuestro pecado y nunca debemos jugar el papel de víctimas.

22/agosto

el pecado no se termina con el acto

apocalipsis 20.11–15

Mas si así no lo hacéis, he aquí habréis pecado ante Jehová; y sabed que vuestro pecado os alcanzará (Números 32.23).

Muchos cristianos piensan que el pecado realmente no importa porque Dios nos perdona después del acto, cuando se lo pedimos. Lo que tendemos a olvidar es la omniciencia y la omnipresencia de Dios. Él conoce cada pensamiento de nuestro corazón, cada imaginación que se permite pasar por nuestra mente y cada acción hecha en secreto.

Aún más alarmante es considerar que Dios es omnipresente—está presente cada vez que uno peca. Esta entre los dos adúlteros; está presente en cada robo, sea de bienes, reputaciones o relaciones, sea hecho por un criminal común, por un político o por un predicador. Nada se le pasa por alto, sin su conocimiento y su presencia.

Hay otro aspecto del Santo, tal vez aún más serio, que debemos considerar. Dios es eterno. Es el comienzo y el fin de nuestras vidas. Es el que le da a cada persona un comienzo y va a ser el fin de cada existencia. Nadie escapará sin una confrontación final con él.

Las delusiones humanas sobre la insignificancia del pecado deben destruirse, porque si el pecado es una abominación ante Dios y si Dios es eterno, entonces ese pequeño pecado cometido en secreto no se termina con el acto. Puedes intentar comenzar un nuevo día fresco, pero el pecado de ayer estará presente como si lo cometieras en el momento. El pecado es destruido sólo por el amor auto-sacrificial.

23/agosto

el tiempo no quita el pecado

salmo 51

Lávame más y más de mi maldad, y límpiame de mi pecado. Porque yo reconozco mis rebeliones, y mi pecado está siempre delante de mí. Contra ti, contra ti solo he pecado (Salmo 51.2–4).

El tiempo no borra nuestras transgresiones morales. Son ofensas ante Dios, y el tiempo no los quita; superan el tiempo porque son parte de una relación eterna e infinita. Por un crimen que cometo contra el estado, puedo pagar el precio, y cuando he cumplido mi sentencia, mi crimen reside en el pasado; no puedo ser procesado jurídicamente por un crimen por el cual ya he pagado. Esto no es verdad en cuanto al pecado en tu relación con Dios. El tiempo no lo quito, no lo oculta y no lo hace desvanecer.

Una señora de mi congregación me llamó un día, y su tono era tan frívolo que me sentí insultado y casi le cuelgo. Pero percibí que su ligereza era el resultado de un pánico interior. Dentro de cinco minutos, llegué a su casa y le pregunté qué le pasaba. Sentada en la sala de su casa, me dijo: «Sucedió hace dieciocho años, y pensé que se había olvidado. Nadie se lastimó, en realidad; fue sólo un pecado mío, y he vivido con él. Pensé que era capaz de olvidarlo, pero desde que comencé a asistir a tu estudio bíblio, no puedo dejar de pensar en ello. Es tan real como si lo hubiera hecho anoche. ¿Qué esperanza hay para mí? Me siento como si fuera la persona más ensuciada del mundo».

El único lugar donde podemos descubrir que somos pecadores es en la presencia de Dios. Tenemos que ponernos en su presencia para que él nos haga ver las cosas ensuciadoras que hemos buscado olvidar.

24/agosto

desfile triunfal
isaías 50.4–9

Gracias a Dios que en Cristo siempre nos conduce en desfile victorioso y, por medio de nosotros, esparce por todas partes la fragancia de su conocimiento (2 Corintios 2.14, NVI, lectura alternativa).

La fragancia del conocimiento de Cristo es esparcido por toda la tierra por medio de nosotros. Para unos, será una fragancia para salvación; para otros, un aroma que conduce a la muerte por su rechazo de Cristo. ¿Quién es capaz de llevar a cabo la tarea de esparcir este conocimiento? Pablo nos dice cómo enfrentarla: «Gracias a Dios que en Cristo siempre nos conduce en desfile victorioso y, por medio de nosotros, esparce por todas partes la fragancia de su conocimiento». Muchos eruditos acuerdan que Pablo ha mezclado sus metáforas: la primera parte del versículo parece tratar la Resurrección (el desfile victorioso) y la segunda, la Cruz (la fragancia viene sólo por aplastar algo).

Sin embargo, un día descubrí una tesis doctoral sobre este texto de la Biblia. El estudioso había investigado este versículo, estudiando en particular la palabra griega que se traduce «conducir en desfile victorioso». Descubrió que era una palabra etrusca antigua, y los estruscos habían tenido una procesión triunfal muy diferente que la romana, la cual era encabezada por el emperador. El rey que encabezaba el desfile victorioso de los etruscos era el rey conquistado y capturado. Le escupieron y lo azotaban, y al fin del desfile lo sacrificaron a los dioses etruscos que supuestamente les habían dado la victoria. El rey conquistador iba en el puesto final de la procesión. Así que Pablo no mezclaba sus metáforas; presentaba un retrato de Cristo no como el rey conquistador, sino como el Rey conquistado, el que iba a ser el sacrificio.

Si Cristo encabeza la procesión, nos guía hacia un altar de autosacrificio, hacia la Cruz. Es un desfile triunfal porque del sacrificio de sí mismo viene la fragancia del evangelio.

25/agosto

las consecuencias del pecado
mateo 18.6–14

Por tanto, si tu mano o tu pie te es ocasión de caer, córtalo y échalo de ti; mejor te es entrar en la vida cojo o manco, que teniendo dos manos o dos pies ser ecahdo en el fuego eterno (Mateo 18.8).

Hay dos resultados graves del pecado. Primero: El pecado separa al niño del Padre, y el Padre es la fuente de vida. El pecado infecta a una persona de una forma parecida a un virus; un día estamos sanos y limpios, y el siguiente tenemos la muerte en nuestro cuerpo y ni siquiera la percibimos. De repente descubrimos que la vida es más frustrante y más difícil, y a veces el virus nos conduce hacia la muerte. El pecado no sólo nos lleva hacia el cementerio, sino que también nos conduce hacia algo infinitamente peor, una eternidad de separación de Dios, quien es la Vida, la Luz y el Amor. Debemos resistir la tentación de minimizar o racionalizar el carácter mortal del pecado.

Segundo: Una vez que hemos cometido un pecado, no somos capaces de borrar ese pecado de la existencia. Existe desafiadamente a pesar de todos nuestros esfuerzos de borrarlo o taparlo. No somos capaces de borrón y cuenta nueva, de remover el pecado simplemente por nuestra voluntad. El pecado es una traición, y no hay absolutamente nada que podamos hacer para reparar la desyuntura que hemos hecho. La única esperanza nuestra es permitir que Dios haga lo que sólo él puede hacer. Únicamente él limpia el corazón humano; sólo él restaura las relaciones quebrantadas. Él es la única respuesta para nuestro pecado.

Si te encuentras separado de él, estás moribundo. Si estás aferrado a tu pecado, estás ahogándote en un mar de desesperación. Vuelve a Aquel que es la Vida, que es la Luz, que es tu Padre.

26/agosto

el lenguaje para el pecado

salmo 32

Bienaventurado aquel cuya transgresión ha sido perdonada, y cubierto su pecado. Bienaventurado el hombre a quien Jehová no culpa de iniquidad, y en cuyo espíritu no hay engaño (Salmo 32.1–2).

El idioma hebreo es rico en vocabulario para expresar realidades morales, en particular para describir el pecado. Es interesante que ni el español ni el griego tenga tantas palabras para comunicar la realidad del pecado. El hebreo tiene un término para la transgresión voluntaria, cuando una persona conoce la Ley y sabe no romperla, pero sin embargo lo hace. Tiene otro vocablo para el pecado cuando uno observa lo que debe hacer, intenta hacerlo, pero fracasa. Una tercera palabra describe la perversidad del corazón humano. Sabemos lo que es correcto, pero hay algo dentro de nosotros que desea hacer lo contrario. Finalmente, hay un término que se usa para el engaño o la duplicidad—cuando uno lleva una cara que no refleja la realidad de quién es.

El salmista dice que una persona es bienaventurada cuando está limpia en todos estos aspectos. Si una persona alcanza el lugar donde las transgresiones sean quitados, los defectos sean cubiertos, la perversidad y la iniquidad sean limpiadas y la duplicidad sea removida, tal persona será el modelo para otros hombres y mujeres. Esta persona debe ser la norma—una existencia limpiada del pecado en todos los aspectos.

¿Tu concepto del pecado incluye todo lo que la Biblia incluye? ¿Hay rebelión en tu corazón? ¿Hay algún defecto? ¿Alguna perversidad? ¿Algún engaño? Si lo hay, necesitas permitir que Cristo limpie tu corazón.

27/agosto

honestidad con dios

salmo 32

Mi pecado te declaré, y no encubrí mi iniquidad. Dije: Confesaré mis transgresiones a Jehová; y tú perdonaste la maldad de mi pecado (Salmo 32.5).

Sólo Dios nos puede llevar al lugar donde seamos libres del pecado. Él es la única respuesta para el problema de cada corazón humano. Dada esta verdad, parecería que corriéramos hacia él. Si él es el único que puede curar nuestro problema, ¿por qué vacilamos y no derrumbamos las paredes para alcanzarlo, para que él nos limpie, nos perdone y nos salve?

El compositor del Salmo 32 sabía que había pecado contra Dios, y decidió callar (v. 3). Como consecuencia de ese silencio, su vida deterioraba. Sus huesos se envejecían, y había un rugir en su alma. Ese tumulto bullicioso dentro del alma humano es la carga de culpabilidad que nos quita la vida. El pecado produce culpa, y la culpabilidad introduce las interferencias ruidosas en nuestro corazón y en nuestra mente. Nos confunde, hasta que estemos angustiados y desintegrados. El pecado también nos ciega ante nuestra verdadera condición espiritual, susurrándonos con voz engañadora que no somos tan malos como tal vez habíamos imaginado en nuestros momentos peores. El pecado nos desafía a que tomemos el control de nuestras vidas. En realidad, somos millones de veces peores que lo que percibimos, y nuestros intentos de controlar nuestras vidas nos dejan destruidos y destruyen también a nuestros seres queridos.

El salmista dice que por fin confesó su pecado ante Dios. Su confesión es ésta: «Conoces mis pecados, mis defectos, la perversidad de mi corazón, los juegos que jugado contigo. Ahora aquí estoy.» Lo asombroso es que Dios lo perdonó cuando fue honesto y sincero con él.

¿Está tan llena tu alma de interferencias ruidosas producidas por el pecado, que no puedes oír la voz de Dios o sentir su toque que te invita hacia el arrepentimiento? Si es así, confiésale tu pecado.

28/agosto

su testimonio de sí mismo

juan 18.1–14

Y tocando su oreja, le sanó (Lucas 22.51).

Malco, el siervo del sumo sacerdote Caifás, fue la última carta de amor del Padre para Caifás. Malco fue el siervo cuya oreja le cortó Pedro durante la detención de Jesús. En su misericordia llena de gracia, Jesús le restauró la oreja a Malco, y el testimonio de Malco ante Caifás de ese evento fue la última oportunidad del sumo sacerdote para el arrepentimiento. Fue el testimonio final de Dios para él: Puso a alguien dentro de la propia casa de Caifás, alguien que había sido tocado por la mano amorosa de Jesús. ¡O, la misericordia infinita de Dios! Si una persona se pierde, será por su propia elección y a pesar de la evidencia que Dios acumula en su vida. Estoy seguro de que Caifás despidió a Malco poco después de este incidente, porque me imagino que ver la oreja restaurada del siervo hacía a Caifás sentirse nervioso e inquieto.

Cuando elegimos no obedecer y cuando no respondemos activamente ante el testimonio que Dios nos da, tarde o temprano desterraremos ese testimonio de nuestras vidas porque no podemos tolerar su presencia sugerente. El amor de Dios sigue señalándolo en todas las áreas de la vida, aun en las vidas de los no-creyentes más endurecidos, pero algunos rehúsan verlo u oírlo.

Recuerdo cuando era estudiante en una universidad judía. Un día mientras estaba sentado en la biblioteca, oí unas voces levantadas en canción. Mientras mi mente intentaba absorber su música, oí la línea: «Rey de reyes y Señor de señores, / y reinará por siempre y siempre». Inmediatamente pensé: No puede ser. No es posible que esté escuchando en una universidad judía el Mesías de Handel. Pero así fue. Un grupo de estudiantes escuchaban, embelesados, el Coro de Aleluia de uno de los testimonios musicales más grandes a Cristo.

¿Vas desapercibido del testimonio de Cristo que él ha puesto en tu vida? Da testimonio no sólo de su propia realidad, sino también de su amor, su belleza, su verdad, su bondad, su justicia y su magnificencia. ¿Estás oyendo y mirando atentamente el testimonio?

29/agosto

¿el ser humano puede detener a dios?

juan 18.1–14

Entonces la compañía de soldados, el tribuno y los alguaciles de los judíos, prendieron a Jesús y le ataron, y le llevaron primeramente a Anás (Juan 18.12–13).

La noche del arresto de Jesús, ¿qué fue lo que les ató al Señor a los soldados? Seguramente las sogas y las ataduras no fueron suficientemente fuertes para contener al Creador del universo. Si Sansón pudo romper las sogas de los filisteos, ciertamente el Hijo de Dios podía hacer lo mismo. No, Cristo no fue detenido por los soldados; fue atado por su propio corazón compasivo, divino y amoroso, que causó que se entregara a ellos. Fue el amor de Cristo por ti y por mí que hizo que él acompañara a esos soldados que más luego lo clavaron en la cruz.

¿El ser humano puede detener a Dios? ¡Jamás! Dios se entregó a sí mismo esa noche. Jesús estaba en perfecto control durante todo su arresto, su juicio y su crucifixión.

Dios nunca permitirá que entres en ninguna situación en la cual él no esté en perfecto control. Cuando te hallas en circunstancias que parecen ser llenas de caos y confusión, mira a Cristo. Si le perteneces, descubrirás que está allí, en control total de tu situación.

Fue Jesús, Aquel en quien todas las cosas existen, que sostuvo la vida del soldado romano mientras éste puso al Hijo de Dios en la cruz, y fue Jesús que le dio a ese soldado la fuerza física para clavarlo allí.

30/agosto

ismael e isaac

génesis 17.15–22

De manera, hermanos, que no somos hijos de la esclava, sino de la libre (Gálatas 4.31).

¿Has notado que Abraham recibió el cumplimiento de todas las promesas divinas a través de su hijo Ismael? Las promesas de descendientes, naciones y tierra vinieron todas por medio de los hijos de Ismael, quien tenía doce hijos; estos doces eran todos príncipes y cada uno se hizo una nación. Había sólo una cosa que Isaac le dio al mundo que Ismael no se lo podía dar: el Cristo. Jesús, el que iba a traer al mundo la redención, es el descendiente de Isaac.

¿Qué hizo la diferencia entre los dos hijos de Abraham? Ismael representa a los seres humanos que trabajan por su propia cuenta. Los resultados parecen ser productivos, pero no hay salvación en ellos y finalmente crean la violencia y la destrucción. Isaac demuestra la acción de Dios en la vida humana, y la esperanza del mundo se cumple cuando permitimos que Dios obre por nuestras vidas. Ismael es el resultado de un individuo que forma su propio carácter, e Isaace es el resultado de una persona que deja que Dios forme el carácter suyo en el corazón humano. Somos eternamente estériles si intentamos trabajar a nuestra manera.

¿Hemos bajado de la tierra alta donde permitimos que Cristo forme su carácter en nosotros? ¿Nos encontramos en el pantano donde intentamos definir nuestro propio carácter? Si Cristo obra en mi vida, mi enfoque será en él y estaré abierto para él. Si soy el único que obro en mi vida, mi atención se absorberá completamente en mí mismo, y esto es siempre destructivo.

¿Tu vida es una ocasión para él o sólo para ti? En tu respuesta a esta pregunta yace la diferencia entre la luz y las tinieblas, entre la vida y la muerte, entre Dios y tú.

31/agosto

libertad para morir
hechos 6.8–7.60

Y apedreaban a Estebán, mientras él invocaba y decía: Señor Jesús, recibe mi espíritu. Y puesto de rodillas, clamó a gran voz: Señor, no les tomes en cuenta este pecado. Y habiendo dicho esto, durmió (Hechos 7.59–60).

José Tson, uno de los héroes de la fe durante el regimen comunista en Rumanía, me contó la historia de su enfrentamiento con la policía secreta durante una interrogación. Trataban de intimidar y destruirlo, y después de una sesión especialmente difícil, José se postró ante Dios en desesperación y clamó: «Dios, me están destruyendo. No puedo más».

José me dijo: «Creo que oí la voz de Dios, que me decía: --¡José, levántate! ¿Quiénes son los policías en comparación con Aquel que está sentado en el trono del universo?»

José se levantó y volvió a la interrogación con una nueva sensación de miedo, pero esta vez no era miedo de sus perseguidores. En cambio, era una reverencia para y un miedo santo de Dios mismo. Un día el interrogador principal le dijo: «José, eres un tonto, y nunca aprenderás. Creo que la única cosa que podemos hacer contigo es matarte».

José le respondió: «Entiendo, señor. Es su última arma, y cuando las demás armas han fallado, usted me podrá matar. Pero señor, cuando usted emplee su última arma, entonces yo podré usar la mía».

«¿Y cuál es la tuya?» demandó el interrogador, burlándose de José.

«Bueno, su última arma es matarme, y la mía es morir. Cuando yo muera, mi situación será mejor que nunca, porque cada sermón que he predicado estará rociada con mi sangre».

¿Cómo llegas al lugar de libertad absoluta, donde Jesús puede hacer lo que quiera contigo? Reconoce que Aquel que te tiene en la palma de su mano es mayor que cualquier fuerza del mundo. Cuando él te importa más que cualquier otra cosa, serás libre.

1/septiembre

no se turbe tu corazón

ezequiel 36.24–29

Jesús le respondió: ¿Tu vida pondrás por mí? De cierto, de cierto te digo: No cantará el gallo, sin que me hayas negado tres veces. No se turbe vuestro corazón; creéis en Dios, creed también en mí (Juan 13.38–14.1).

Dos de los versículos más asombrosos de todas las Escrituras son Juan 13.38 y 14.1. ¿Los has leído juntos en alguna ocasión? La división entre los capítulo oculta una joya preciosa de verdad. Nunca pensé que el versículo que reconoce el fracaso y el pecado de Pedro sería seguido por otro lleno del consuelo más profundo. Jesús conoció el deseo del corazón de Pedro; sabía que Pedro no quería negarlo, sino que deseaba ser héroe y morir por el Mesías. Pero Jesús también reconoció que, por más que Pedro quisiera hacer lo justo, no lo haría. Su respuesta para el fracaso de Pedro era consolarlo. Jesús iba a enviar a Aquel que capacitaría a Pedro para que éste cumpliera con su anhelo de ser fiel. El Espíritu Santo haría de Pedro todo lo que él quería ser.

Toda la valentía y todo el espíritu heroico del mundo nunca igualarán la presencia del Espíritu Santo en la vida de uno. Jesús conoce tu corazón y tu disposición de aceptar al Espíritu, y también ve tus fracasos. Sabe si tienes hambre de él, y si la tienes, él te dice: «No se turbe tu corazón. Cree en mí. Te liberaré para que me sigas con todo tu corazón, tu mente, tu alma y tu fuerza. Te libraré para que seas fiel».

La promesa en Ezequiel 36.27 permanece fiel: «Y pondré dentro de vosotros mi Espíritu, y haré que andéis en mis estatutos, y guardéis mis preceptos, y los pongáis por obra». No son mandamientos para obedecer; son promesas que obedeceremos cuando estemos llenos con el Espíritu Santo.

2/septiembre

la marca de un corazón santificado

isaías 53

Fue contado con los pecadores, habiendo él llevado el pecado de muchos, y orado por los transgresores (Isaías 53.12).

He llegado a creer que la marca del corazón verdaderamente santificado es que le importa más la salvación de otro que su propio bienestar. No son las palabras que dices o las cosas que haces que realmente son significativas; lo esencial es si, en lo más profundo de tu ser, has tomado el camino de la Cruz y has llegado al lugar donde te importa lo que le importa a Jesús y estás dispuesto a dar todo para que otros se rediman.

¿Con qué te entretienes? ¿Cómo pasas tu tiempo libre? ¿Estás siempre pendiente del bienestar del mundo? Si te distraes con el éxito o si te hundes en la derrota y dejas de cuidar por los demás, llegarás a la esterilidad, porque habrás dejado atrás al Espíritu de Cristo.

La clave de cada persona se halla en otra persona. Eres espiritualmente responsable por otra persona u otras personas, y tu obendiencia al Señor Jesús hará posible que ellos también obedezcan. Si deseas que tu vecino conozca a Cristo, tienes que empezar permitiéndo que Cristo obre en tu vida personal para que desde tu corazón limpio él pueda atraer a tu vecino hacia sí mismo. No creo que la salvación de nadie comience en él o en ella; comenzó en el corazón del Padre y debe continuarse en los corazones de los que aman al Señor Jesús. Al Padre le importábamos nosotros más que su propio bienestar, y por eso nos dio lo mejor que tenía. Al Hijo le importábamos nosotros más que su propia vida, y por eso murió por nuestra redención. Cuando nos importan más las personas a nuestro alrededor que nuestros propios intereses, el Espíritu Santo tendrá la libertad para ganar el mundo para Cristo.

3/septiembre

el señor es tu guardador
salmo 121

Mi socorro viene de Jehová, que hizo los cielos y la tierra...Jehová es tu guardador; Jehová es tu sombra a tu mano derecha (Salmo 121.2, 5).

Hay tres palabras de promesa para el creyente en el Salmo 121. Primera: Dios trasciende y reina sobre nuestras circunstacias. «No dará tu pie al resbaladero» (v. 3). Las circunstancias y las fuerzas sobre las cuales tenemos poco control nos rodean, pero Dios no está atrapado en ninguna de ellas y nos puede proteger en medio de ellas. La persona que conoce a Dios y confía en él no tiene que temer las inseguridades e incertidumbres que siempre amenazan el camino de los creyentes.

Segunda: Dios no está limitado por las exigencias del tiempo. «Ni se dormirá el que te guarda» (v. 3). Es el Eterno, por eso nada le cansa; no se duerme ni se adormece. No tiene necesidad de dormir; no hay deficiencia en él.

Finalmente, Yahweh tiene su vista sobre su pueblo: «El sol no te fatigará de día, ni la luna de noche» (v. 6). Yahweh los cuida para protegerlos de cualquier daño, cualquier maldad. Está comprometido con su pueblo y con su bienestar. Las fuerzas y los factores que provocan miedo en los demás no molestan a los que confían en el Señor. Los dioses buscados por otros no amenazan al pueblo del Dios que creó todo y que controla todo. Él será nuestra sombra de protección.

¿Estás en una situación en la cual necesitas que Yahweh guarde tu pie del resbaladero? ¿Necesitas que él te guarde mientras duermes? ¿Necesitas que él te proteja de toda maldad? Él es quien reina sobre todas las circunstancias, sobre el tiempo y aun sobre las fuerzas del mal. Es seguro descansar en su presencia.

4/septiembre

uno en tres

juan 16.7–15

Él me glorificará; porque tomará de lo mío, y os lo hará saber. Todo lo que tiene el Padre es mío; por eso dije que tomará de lo mío, y os lo hará saber (Juan 16.14–15).

El Espíritu es el regalo del Padre al mundo por medio de su Hijo. El Padre envió al Hijo como su regalo al mundo perdido, y ahora el Padre y el Hijo envían al Espíritu para completar la obra de redención. El Espíritu es el regalo divino para nosotros. De la misma manera que Cristo vino del Padre y es de la misma naturaleza del Padre, así también el Espíritu Santo viene del Padre y del Hijo y es de la misma naturaleza de ellos. Jesus ha sido Emanuel, *Dios con nosotros,* y ahora el Espíritu será Dios en nosotros.

Jesús dijo que recibirlo a él era recibir al Padre, y rechazarlo era perder al Padre. Ahora Jesús dice que, si los discípulos reciben al Espíritu, tendrán las tres personas de la Trinidad, el Padre, el Hijo y el Espíritu Santo, porque son Tres en Uno. La relación entre el Padre, el Hijo y el Espíritu es un retrato de comunicación amorosa y propósito común.

Los que vivimos después del Pentecostés tenemos un privilegio y una oportunidad asombrosa. Es posible que gocemos de una comunión más íntima con el Dios trino, por el Espíritu que mora en nosotros, que la que tenían los doce discípulos cuando Jesús habitaba entre ellos. Como cristianos, tenemos que vivir al nivel de nuestro privilegio, morando en un lugar de intimidad y confraternidad tierna con el Espíritu de Jesús.

5/septiembre

la realidad de la comunión

mateo 26.26–30

Tomad, comed; esto es mi cuerpo (Mateo 26.26).

Siempre me ha asombrado y entristecido el que tratamos con más seriedad los símbolos de la comunión que su realidad, A nadie le incomoda recibir los símbolos, pero cuando se nos invita participar en la realidad, vacilamos y nos entra el pánico. Algunas personas se acercan con deleite para tomar el pan y la copa, pero huyen de aceptar la vida de Cristo, la cual se les ofrece gratuitamente.

La iglesia es el cuerpo de Cristo, y si el mundo va a ser alcanzado con el evangelio, será por el cuerpo del Señor. Recuerda que el cuerpo de Cristo fue quebrantado para que tú y yo fuéramos salvos, y nosotros tendremos que ser quebrantados si otros van a ser salvos. Tenemos el privilegio de compartir los sufrimientos de Cristo por el bien de otros. Dios no podía eximirse del sufrimiento porque la única fuerza salvadora que existe es una vida sacrificada en amor, entregada a algo fuera de y más grande que sí misma. Jesús se entregó al Padre en su muerte. Lo que Cristo nos ofrece hoy es su vida. Podemos vivir una vida como la del Señor Jesús cuando estamos dispuestos a bajar las barreras que utilizamos para protegernos del dolor. Hemos de permitir que la vida de Cristo nos posea para que seamos el templo de él y no el templo del auto-interés.

Cuando participamos en la comunión, tenemos que reconocer que por nuestras acciones, aceptamos el sacrificio de Cristo y le decimos al Padre: «Quebrántame cómo quieras; gástame como gastaste a Jesús».

Si permitimos que Dios nos quebrante y que nos posea, viviremos en confraternidad con Cristo y nuestras vidas serán fructíferas.

6/septiembre

recibe el espíritu santo
joel 2.28–32

Sopló, y les dijo: Recibid el Espíritu Santo (Juan 20.22).

Por la tarde el día de la resurrección de Jesús, los discípulos se encuentran juntos en el aposento alto cuando de repente Jesús aparece en medio de ellos. La conversación más importante del Cristo resucitado con sus seguidores ocurre durante este primer encuentro después de la resurrección.

Jesús saluda a sus discípulos y les muestra su cuerpo resucitado, el cual lleva las marcas de su pasión. Después comisiona a su iglesia, dándole la misma tarea que el Padre le había dado a él: «Como me envió el Padre, así también yo os envío» (Juan 20.21). Este concepto de ser enviado es algo que Jesús había presentado antes, durante sus conversaciones sobre su misión personal. Ahora él regresa al Padre y los discípulos se convertirán en «los enviados». Jesús confía a ellos su tarea y les dice en forma sencilla: «Recibid el Espíritu Santo» (Juan 20.22).

Juan el Apóstol debe haber recordado el bautismo de Jesús por Juan el Bautista. Cuando Jesús salía del agua para comenzar su obra redentora, el Espíritu descendió sobre él. Esa unción lo identificó como el Mesías. Por tres años el Espíritu ha sido la fuerza dinámica en el ministerio de Jesús, y ahora el Señor envía a sus amigos a que completen la misión de él. Si van a hacer su trabajo, necesitarán su Espíritu; por eso Jesús dice que ellos también tienen que recibir el Espiritu Santo. El paralelo para nuestras vidas y nuestros ministerios queda muy claro.

7/septiembre

el testimonio del espíritu

juan 16.7–11

Y nos atestigua lo mismo el Espíritu Santo (Hebreos 10.15).

Una vez tuve la oportunidad de testificar a un señor que estaba sentado a mi lado en un avión. Al fin del vuelo me miró y me preguntó: «¿Crees que esta conversación ha sido por casualidad?»

Riéndome, le respondí: «No creo que sea por casualidad, porque no me tocaba estar en este vuelo».

Él también se rió y dijo: «¡Qué raro! A mí tampoco me tocaba este vuelo. Cuando compré el boleto mi dijeron que era un vuelo directo para la Ciudad de México, y cuando abordé, supe que tiene dos escalas, una en Houston y otra en San Antonio. Al principio estaba furioso, pero no creo que nuestra conversación haya sido un accidente».

Justo en ese momento las ruedas del avión tocaron la pista, y sentí una tristeza sobrecogedora. No quería perder a ese nuevo amigo; yo acababa de llegar al punto de realmente poder testifcarle del Señor Jesús. En ese instante alguien me susurró: «Estoy haciendo un buen trabajo en él por mi cuenta».

Miré hacia el cielo y dentro de mí respondí: «Así es, Señor». Seguí con mi viaje, orando por ese señor, muy agradecido que él estaba en las manos de Aquel a quien no podemos ver.

El Espíritu Santo ya ha preparado a las personas a quienes testificamos, y él seguirá usando nuestro testimonio mucho después de que se termine la conversación. Cristo atestigua de sí mismo en cada corazón humano. Nunca es por nosotros que alguien encuentra al Señor; siempre es exclusivamente por el Espíritu de Jesús.

8/septiembre

visitas después de la resurrección

juan 20–21

Así, los primeros serán postreros, y los postreros, primeros; porque muchos son llamados, mas pocos escogidos (Mateo 20.16; Mateo 22.14).

Ojalá yo pudiera haber tenido la tarea de planificar las visitas de Jesús después de su resurreccion, aunque temo no haberlo hecho a la manera del Padre. Yo habría llevado a Jesús a entrevistarse con Poncio Pilato. (¿No puedes imaginar a Pilato, boquiabierto y horrorizado?) Habría sido aún más divertido visitar a Caifás y a Herodes, y observar cómo se ruborizarían con el enojo y el espanto. Por algún motivo, Jesús no les prestó atención a esos señores después de su resurrección; era como si fueran triviales. El futuro nunca se halla en los sistemas de poder de este mundo.

En cambio, Jesús fue a buscar a María Magdalena y después a sus discípulos. Visitó a los que lo amaban. Jesús nunca se preocupó con impresionar a los líderes de la sociedad. Él conocía a las personas que iban a impactar al mundo en los dos mil años posteriores a su resurrección—María Magdalena, Pedro, Juan y los otros discípulos, los que habían estado con él.

No fue su devoción a Jesús que los convirtió en personas de gran influencia; fue la presencia de él en sus vidas. El futuro nunca se halla donde el mundo espera encontrarlo. La única cosa que hará de tu vida algo duradero y significativo es invitar a la presencia de Cristo en tu vida. Cuando él entra, trae consigo la salvación del pecado, la liberación de la tiranía del egoísmo, y la libertad de la contaminación, la esterilidad y el orgullo. Nos puede llevar a ese lugar donde se encontraba María Magdalena, el lugar donde Jesús es nuestro único tesoro.

9/septiembre

instrumentos absurdos

hechos 2–3

Mas Pedro dijo: No tengo plata ni oro, pero lo que tengo te doy; en el nombre de Jesucristo de Nazaret, levántate y anda (Hechos 3.6).

¿En algún momento has intentado hacer algo heroico para Cristo de tu propia cuenta? ¿Has sido como Pedro, la noche del arresto de Jesús, cuando le cortó la oreja al siervo del sumo sacerdote en un esfuerzo de salvar la vida de Jesús? ¿Puedes imaginar cuán tonto se sentía Pedro cuando recordaba esa noche? ¿Te has sentido humillado en tus esfuerzos de ayudar a Dios?

Recuerda que fue Pedro, el que actuaba de su propia cuenta, el que se humilló, que llegó a ser el héroe del Libro de los Hechos. ¿No es una idea bella? Cuando actuamos según nuestra carne, somos tan absurdos como Pedro en esa noche, pero si perseveramos siguiendo a Cristo, él nos llevará a nuestro propio Pentecostés, donde el Espíritu de Jesús viene y nos limpia y nos llena con su carácter y su poder. Sólo entonces el Padre toma los instrumentos absurdos, como tú y yo, y nos convierte en instrumentos para su gloria y para el avance del evangelio. ¿Qué habría ocurrido si Pedro se hubiera dado por vencido y humillado? La historia se habría empobrecido, y la obra paciente de Jesús con Pedro se habría perdido.

¿Vives en un lugar donde sabes que sirves a Dios en la fuerza de la carne? Si es así, pídele a Jesús su Espíritu. No ceses, no dejes de rogar hasta que el Espíritu te llene por completo. Él siempre responde a los que claman a él.

10/septiembre

sagrado por asociación

salmo 84

Anhela mi alma y aun ardientemente desea los atrios de Jehová; mi corazón y mi carne cantan al Dios vivo (Salmo 84.2).

En ciertos momentos de la historia, se abre el velo entre este mundo y el mundo espiritual, y una persona se confronta con Dios. Si Dios viene en gracia, la gloria es tan grande que la vida de la persona es cambiada para siempre. La vida es transformada; todo es diferente. Sólo tenemos que pensar en Abraham, Moisés, Pedro, Juan o Saulo de Tarso. Lo que conocemos como la historia sagrada ha resultado de tales momentos. Todo movimiento redentor significativo comienza cuando Dios parte el velo y habla—y Dios desea hacerlo con cada uno de nosotros. Quiere revelarse a nosotros.

Es muy obvio que esto es lo que le sucedió al salmista que nos dio el Salmo 84. Dios se le había acercado, y el poeta no podía olvidar la experiencia ni escaparse del impacto de ella en cada área de su vida. Transformó todas sus relaciones interpersonales, y dejó un toque santificador en su perspectiva del tiempo, de las personas y de los lugares. Conoció al Santo y, como consecuencia, todo un paquete de cosas en su vida se santificó por asociación.

¿Has tenido un encuentro con el Dios viviente que haya transformado toda tu vida en todos sus aspectos? Si no, Él está esperando encontrarse contigo. ¿Le pedirás que venga a santificar un momento del tiempo por el encuentro personal con su presencia?

11/septiembre

secretos en la oscuridad
salmo 139

Si dijere: Ciertamente las tinieblas me encubrirán; aun la noche resplandecerá alrededor de mí. Aun las tinieblas no encubren de ti, y la noche resplandece como el día; lo mismo te son las tinieblas que la luz (Salmo 139.11–12).

Yo tenía una amiga querida que había sido la esposa de un pastor metodista. Su esposo murió joven, y ella realmente se hizo cristiana después de la muerte de él. Ella era evangelista y una amante apasionada de Jesús. Un día oí que mi amiga iba perdiendo la vista; por eso, hice un viaje para visitarla. Hacía sólo diez minutos que yo estaba en su cocina cuando ella me asombró con una pregunta acertada: «Dennis, me viniste a consolar, ¿no es verdad?»

Lanzó la pregunta como si fuera acusación; me sentía culpable y le repondí que sí.

Me miró y dijo «Dennis, ¿me quitarías el privilegio de andar con Cristo en la oscuridad? Hay secretos que puedo aprender en las tinieblas que nunca sería capaz de descubrir en la luz».

Poco tiempo después de nuestra conversación, ella recuperó temporalmente la vista, sólo para volver a perderla por completo. Pero cuando ella entró en la oscuridad total, andaba abrazándola porque no caminaba sola.

Dios nos da cánticos en medio de las pruebas y nos enseña lecciones en medio de la tempestad que jamás podríamos aprender a la luz del sol. Si el Dios eterno está contigo, tienes la Fuente de toda bondad, y si esta Fuente está contigo, ¿qué más necesitas?

12/septiembre

busca primero el reino

santiago 2.14–16

Mas buscad primeramente el reino de Dios y su justicia, y todas estas cosas os serán añadidas (Mateo 6.33).

Si no crees que Dios es el Creador, Sostenedor y Señor, te será muy difícil confiar suficientemente en él para obedecerlo en los momentos cuando la obediencia significa poner en riesgo a tu familia, tu comodidad o tu vida. Pienso que no hemos creído verdaderamente hasta que nos hayamos arriesgado en forma significativa y hayamos visto la fidelidad de Dios a favor nuestro. La fe que mantenemos mientras estamos sentados en una silla sin peligro o vulnerabilidad, no es la fe bíblica. Esta fe emerge cuando nos arriesgamos, con plena conciencia de que vamos a ser avergonzados si no recibimos la ayuda divina.

El Dr. E. A. Seamands era misionero en la India. Un día se le acercó un comerciante hindú que había decidido hacerse cristiano; le dijo al Dr. Seamands que deseaba bautizarse. «Muy bien», le respondió el misionero. «Te bautizaremos en la piscina frente a tu negocio el día del mercado semanal».

El señor hindú dijo: «Si haces esto, todos sabrán que me he convertido en cristiano. ¿Qué pasará con mi negocio?»

El Dr. Seamands le preguntó: «No quieres ocultar tu nueva fe, ¿verdad? Es mejor anunciarlo claramente a todos desde el principio. Es mucho menos doloroso así». El hombre aceptó, y con mucho temor y temblor, fue bautizado ese día frente a su negocio.

La única motivación para que te arriesgues es creer que Dios es Creador, Sostenedor y Señor. ¿Puedes decir, con toda sinceridad, «Me salves o no, voy a hacer lo que me pides»?

13/septiembre

enviado a la cruz

juan 19.17–30

Vino Jesús, y puesto en medio, les dijo: Paz a vosotros. Y cuando les hubo dicho esto, les mostró las manos y el costado. Y los discípulos se regocijaron viendo al Señor (Juan 20.19–20).

¿En algún momento has hecho la conexión entre la frase de Jesús, «como el Padre me ha enviado, así también os envío» (Juan 20.21), y la cruz? Pedro y los otros discípulos no querían escuchar de la cruz, ni tampoco lo quiere la iglesia contemporánea, particularmente si se habla de una cruz para nosotros. Cristo vino en la Resurrección para mostrar sus heridas y sus cicatrices, y me pregunto si en el día del Juicio, tendremos que mostrarle a él las nuestras. No le importarán nuestras victorias y nuestros trofeos; le importarán las heridas y cicatrices que hemos recibido por él. Ellas son las cuerdas que nos unen con él.

Naturalmente tendemos a seguir el patrón de los discípulos, rehusando hablar de la cruz o intentar entenderla, prefiriendo hablar de nuestro prestigio y poder. Tal vez en el día del Juicio nos vamos a ruborizar cuando Cristo pida ver nuestras heridas de la batalla. Jesús nos dice: «Como el Padre me ha enviado, así también os envío». ¿A dónde nos envía? A la cruz.

Lo que no entendieron los discípulos y lo que tampoco entendemos nosotros es que la única manera de redimir el mundo es por medio del auto-sacrificio. Escucha el poema de Amy Carmichael:

> *¿Ninguna cicatriz tienes? ¿Ninguna marca oculta de pie o mano o costado?*
> *Oigo que te cantan como grande en la tierra.*
> *Oigo que saludan tu estrella brillante y ascendente.*
> *¿Ninguna cicatriz tienes?*
> *¿Es posible que alguien viaje una gran distancia sin herida o cicatriz?*[*]

---

[*] Amy W. Carmichael, "No Scar?", *Mountain Breezes: The Collected Poems of Amy Carmichael* (Fort Washington, PA: Christian Literature Crusade, 1999), 173. Traducción RLC.

14/septiembre

os estoy enviando

filipenses 2.12–18

Entonces Jesús les dijo otra vez: Paz a vosotros. Como me enviό el Padre, así también yo os envío (Juan 20.21).

¡El Buen Pastor les manda a sus ovejas a que lo sigan! Seguir a Cristo es un compromiso total de la vida y del corazón. Jesús dice que así tiene que ser; él tiene que ser el líder y comandante de la vida del discípulo. Por eso, tenemos que tener corazones santos. El deseo humano es controlar nuestra propia vida; vacilamos en renunciar al control porque puede resultar en enfrentar circunstancias inesperadas y difíciles. Pero nunca experimentaremos la seguridad hasta quitar las manos del controlador y dejar a un lado nuestro derecho de dirigirnos, para que Jesus esté en pleno control.

Si a Jesús le damos el derecho de usarnos según su voluntad, habrá milagros en nuestras vidas. De la misma manera en que él partió los cinco panes y dos pescados, dándole de comer a la multitud, así habrá fruto en nuestras vidas. Viviremos como Jesús, quien entregó su vida entera por las ovejas.

A cada persona se le viene un día cuando Jesús le dice: «Sígueme». ¿Has llegado al lugar donde estás dispuesto a ser un sacrificio vivo? Permite que Cristo te use, que te derrame según su placer. Deja que Jesús te dé a quien él desea. Quita tus manos del control de tu vida, y permite que las suyas las reemplazcan.

Hay un mundo esperando ser ganado; Jesús nos ha demostrado cómo hacerlo. Su Padre lo envió para que entregara su vida; ahora él te envía a ti.

15/septiembre

los enviados

hebreos 11.13–16

Como tú me enviaste al mundo, así yo los he enviado al mundo (Juan 17.18).

Una gran parte de la iglesia ha perdido su ímpetu evangelístico y su pasión misionera, pero hay miles de millones de personas en nuestro mundo y aun en nuestro país que no conocen a Cristo. Debe asombrar a Dios que sigamos con las cosas rutinarias de la vida como si no fuéramos los enviados. Pero Aquel a quien pretendemos seguir es el que lleva en su cuerpo las marcas de su entrega total—su disposición de dar todo lo que es y todo lo que tiene para un solo propósito: la redención del mundo creado por su Padre.

Jesucristo es el que nos ha dicho: «Como me envió el Padre, así también yo os envío» (Juan 20.21). Así que somos los enviados, pero no hemos escuchado o hemos elegido no entender. Si hubiéramos comprendido nuestra misión, el mundo sería diferente.

¿Puedes trazar una línea entre tu posición como cristiano y tu pasión para lo que Cristo envió a los cristianos que hicieran? Nuestra posición y nuestro testimonio serán medidos finalmente por la tarea a la cual Cristo nos ha enviado. La misión que nos queda por delante es imposible, y por eso asombrosa, a menos que le demos nuestras vidas en entrega total a Aquel que nos ha llamado y nos llenado con su Espiritu. Puede ser que tengamos una posición importante y una reputación respetable como cristianos, sin que estemos disponibles para el Cristo cuyo nombre llevamos. Seremos juzgados según esta medida.

16/septiembre

pureza y avivamiento

mateo 5.27–32

Habla a los hijos de Isarel, y diles: Yo soy Jehová vuestro Dios. No haréis como hacen en la tierra de Egipto, en la cual morasteis; ni haréis como hacen en la tierra de Canaán, a la cual yo os conduzco, ni andaréis en sus estatutos (Levítico 18.2–3).

Hay un eslabón significativo entre nuestra pureza en las relaciones físicas y nuestra vitalidad en las relaciones espirituales. Queda muy claro en el relato bíblico que los propósitos de Dios para con nosotros están vinculados con nuestra sexualidad. Dios sólo puede lograr sus propósitos en la historia humana, en la sociedad humana y en las vidas humanas si sus seguidores usan su sexualidad según el plan y el diseño divino. He notado una verdad asombrosa en la historia de la iglesia: el Espíritu Santo demuestra una afinidad particular por las personas que son muy cuidadosas en el aspecto sexual de sus vidas. Será muy difícil hallar un derramamiento del Espíritu Santo entre grupos en los cuales hay una debilidad sexual significativa.

Por alguna razón, la pureza y el avivamiento están inseparablemente vinculados; Dios parece tener una sensibilidad particular para proteger así su creación. Tal vez la sexualidad humana sea tan importante porque es un símbolo principal de la profunda intimidad que Dios desea con cada ser humano. Dios usa con más eficacia a los individuos que están más comprometidos con la pureza y la santidad personal, y parece tener una bendición especial para los grupos comprometidos con la pureza y la santidad corporativa. En nuestros días, cuando tal conducta santa es una anomalía, necesitamos establecer nuestro rumbo por las normas de Dios y no por las del mundo.

Estés casado o soltero, seas joven o viejo, ¿los pensamientos, imaginaciones y acciones de tu corazón son tan puros como Jesús quiere que sean? Si hay alguna impureza en ti, experimentarás la impotencia espiritual.

17/septiembre

en cadenas en roma
hechos 28.11–31

Cuando llegamos a Roma, el centurión entregó los presos al prefecto militar, pero a Pablo se le permitió vivir aparte, con un soldado que le custodiase (Hechos 28.16).

Me encanta la conclusión del Libro de los Hechos, el capítulo final de la historia del apóstol Pablo en la iglesia primitiva. Pablo era un vocero valiente por el evangelio de Cristo, quien había dado su vida por el mensaje, y al final de la vida se halló bajo arresto domiciliario en Roma. A pesar de tener que vivir encadenado con un soldado romano, Pablo pasó su tiempo enseñando a la gente sobre Jesucristo y sobre el reino de Dios.

Si hubieras vivido en Roma en aquella época, ¿dónde habrías pensado hallar el futuro? La persona típica habría buscado en el palacio de Nerón el futuro y el poder, creyendo que la figura significativa era el emperador que reinaba desde su trono. La realidad es que hoy, dos mil años después, nombramos a nuestros perros Nerón y a nuestros hijos, Pablo. Los caminos del mundo nunca son los caminos de Dios, y la gente del mundo nunca es el pueblo de Dios. El que proyectó una sombra larga por los siguientes dos mil años fue un hombre encerrado en una casa, atado a un soldado por una cadena, no el que se sentaba en el trono, dictándole a la gente cómo debían complacerlo.

¿Piensas que tu vida se va perdiendo? ¿Te hallas en algún tipo de cautiverio? Si es así, sé valiente. Creo que Pablo debe haber sentido lo mismo. En vez de llevar el evangelio para España, se hallaba atado a un guardia romano, capaz de influenciar únicamente a los que lo iban a visitar. Pero los caminos de Dios no son los nuestros, y Dios utilizó a Pablo allá en su lugar de cautividad, con todas sus limitaciones, para cambiar toda la historia humana.

18/septiembre

pecados que chapotean

mateo 15.11–20

Pero lo que sale de la boca, del corazón sale; y esto contamina al hombre (Mateo 15.18).

Una de las ilustraciones más eficaces que he oído fue contado en un retiro por el predicador bautista Peter Lord. Le pidió a una joven que subiera a la plataforma. El predicador tenía en su mano un vaso de agua; le instruyó a la joven que agarrara el brazo que sostenía el vaso y que lo sacudiera fuertemente. Después de vacilar un momento, la chica le sacudió el brazo, y el agua chapoteó por todas partes. El Rev. Lord miró a la joven y le preguntó: «¿Por qué se derramó el agua?»

Inmediatamente ella respondió: «Porque le sacudí el brazo».

«Oh no», le aclaró el predicador. «Se derramó porque había agua en el vaso».

Viró hacia la audiencia y explicó. «Supongamos que hay un compañero de trabajo que realmente te irrita; no es él la verdadera causa de tu irritación, sólo hace chapotear la irritacion que ya existe en tu corazón. El pecado se origina en ti. Supongamos que una persona recibe una promoción más rápidamente que tú, y descubres que estás batallando con la envidia. Esa envidia ya existía dentro de ti; lo único que hizo la otra persona fue sacar a la superficie lo que ya yacía en tu corazón. Nadie es capaz de provocar dentro de ti algo que no se origina allí».

Cada ser humano necesita una limpieza más profunda por el Espíritu Santo. Debemos darle gracias a Dios por la persona que nos irrita o que nos enoja o que nos provoca celos. Esa persona es el instrumento que Dios puede usar para enseñarnos algo sobre nosotros mismos. Esa persona irritante revela los verdaderos colores de mi corazón, y sólo cuando mi corazón se exponga en toda su corrupción es posible que sea limpiado y purificado.

19/septiembre

encontrándome a mí mismo en él
hechos 9.1–30

Hermano Saulo, el Señor Jesús, que se te apareció en el camino por donde venías, me ha enviado para que recibas la vista y seas lleno del Espíritu Santo (Hechos 9.17).

El único momento cuando podemos comenzar a vernos a nosotros mismos con claridad es cuando empezamos a ver a Cristo tal y como él es. En cuanto veamos su grandeza, comenzaremos a percibir nuestra propia condición inadecuada con nueva claridad. Nunca me veo con un lente adecuado excepto cuando me enfrento con Dios. Soy capaz de engañarme a mí mismo mientras miro a otras personas; siempre puedo hallar a alguien en la muchedumbre que parece peor que yo, y al compararme con esa persona, luzco más o menos bien. Por otro lado, también siempre puedo descubrir a alguien que parece mejor que yo, y ese hallazgo provoca en mí un sentimiento de inseguridad. Así que me encuentro en el subibaja entre la auto-confianza que surge de menospreciar a otros y la inseguridad que surge de un corazón envidioso. Otras personas no proveen una norma confiable por la cual medirme, y no soy realista cuando permito que ellos controlen mi auto-percepción.

Cuando entro en la presencia de Cristo y permito que él corrija mi visión al remover de mi vista todo lo que impida que lo vea a él, entonces percibo su belleza y mi corrupción, su pureza y mi inmundicia, su grandeza y mi insignificancia, su bondad y mi egoísmo. Por eso, puede ser incómodo entrar en su presencia, porque comienzo a verme tal y como soy; para todos nosotros, es una experiencia desagradable. Pero también empiezo a percibir lo que él puede hacer con una vida rendida a él. Es posible que una parte de su belleza se transfiera a mi vida, que su pureza sea mi pureza. Aun es capaz de quitar mi egoísmo y trasladarme de la insignificancia producida por un corazón egoísta y establecerme en el centro de todo lo que es realmente importante.

¿Estás en la presencia de Dios? ¿Tienes su visión de quién eres y quién puedes ser? Si no, pasarás la vida como una hoja del árbol que es llevado por el viento entre la confianza falsa y la inseguridad despiadada.

20/septiembre

el enemigo de ser fructífero soy yo

romanos 8.1–17

Porque la ley del Espíritu de vida en Cristo Jesús me ha librado de la ley del pecado y de la muerte (Romanos 8.2).

Creo que Dios desea darle a cada individuo un corazón limpio, purificado del egoísmo y de la voluntad propia que siempre nos atrapan en caminos fútiles y estériles. Las Escrituras dicen explícitamente que el Espíritu da vida pero la carne no aprovecha para nada. ¿Qué es la carne? Es simplemente mi camino en contraste con el camino de Dios. El ego insiste en mantenerse como el centro de mi existencia, pero los frutos de vivir con el ego en el centro son la vanidad, el vacío y la pérdida.

Cuando una persona tiene una sola voluntad y ésta es hacer lo que Dios quiere, el Espíritu Santo puede comenzar a construir en esa persona las evidencias de su presencia. Puede transformar su vida en un templo de la presencia santa de Dios y hacer de ella una existencia fructífera y fiel. Puede ordenar esa vida para que brille con su gloria; puede poner dentro de esa persona el testimonio de Dios que desea que el mundo vea.

El enemigo principal para que yo sea fructífero es mi propio camino. Si permito que Cristo me purifique y me limpie para que yo sea totalmente suyo, entonces el Espíritu puede comenzar a formar mi vida para que sea conformada a su diseño maestro. ¿Conoces lo que es pertenecer completamente a Cristo? Si retienes aun un pedazo pequeño de tus derechos a ti mismo, destruirás todo lo que él desea hacer en ti y contigo. Una vez que Cristo nos haya dado un corazón limpio, podrá darnos también la fidelidad y la vida fructífera que anhelamos.

21/septiembre

¿las dádivas o el dador?
efesios 1.3–12

Y vendrán a ti como viene el pueblo, y estarán delante de ti como pueblo mío, y oirán tus palabras, y no las pondrán por obra; antes hacen halagos con sus bocas, y el corazón de ellos anda en pos de su avaricia (Ezequiel 33.31).

A veces creo que a los cristianos relamente no nos interesan las dádivas que Jesús desea regalarnos. Cada uno tiene su propia idea de lo que le gustaría recibir de Dios: sanidad física, negocios prósperos, familias felices. Los judíos tenían el mismo problema; deseaban que Dios les diera la libertad política de Roma. Esa liberación se convirtió en la meta hacia la cual todas las cosas se movían, y sus expectativas para el Mesías se expresaban en términos políticos. Esta liberación traería la libertad religiosa, la seguridad económica y la igualdad mental. Los judíos cayeron en la antigua trampa: deseaban las dádivas de Dios más que su presencia.

Preferiríamos tener los regalos de Dios que Dios mismo, y si Dios nos quita los regalos, abandonamos al Dador. Esto ciertamente caracteriza el mundo del siglo veintiuno, especialmente en América del Norte.

¿Hay un lugar en tu corazón donde existe más interés en las cosas que Dios te da que en Dios mismo? ¿Conoces lo que es tener la vida de Dios habitando en ti, y te das cuenta de que él es el mejor regalo, superior a todas sus dádivas? Si recibes todas las dádivas de Cristo pero lo pierdes a él, has perdido la vida.

22/septiembre

el Dios de vida

2 corintios 4.7–18

Aunque ande en valle de sombra de muerte, no temeré mal alguno, porque tú estarás conmigo; tu vara y tu cayado me infundirán aliento (Salmo 23.4).

Nuestro Dios, el Dios viviente, la Fuente de vida, nos invita a entrar en su presencia. Es una presencia en la cual nada malo, ni siquiera la muerte, puede alterar. No es de sorprenderse que el salmista afirme su confianza en Dios de tal punto que, aun cuando camine por el valle de la sombra de la muerte, no temerá; el Dios de vida está con él. Donde está Dios, no hay porqué temer. Es por esta razón que debemos confiar en él completa e implícitamente.

A veces los que tenemos las riquezas del Nuevo Testamento nos olvidamos de que los escritores del Antiguo no gozaban de nuestro privilegio. El autor del Salmo 23 no había oído del Señor Jesús o de su resurrección; sin embargo, latente en su salmo yace una fe que desafía la muerte. Y ese desafío se basa simplemente en la confraternidad entre Dios y el salmista. Éste conocía a Dios y reconoció que Dios era el Señor de la vida y que, por eso, debía existir la posibilidad de comunión eterna con él. «En la casa de Jehová moraré largos días» (Salmo 23.6).

¿Es suficientemente fuerte tu fe para enfrentar la muerte misma y seguir creyendo? Los que tenemos el resto de la revelación no tenemos excusa para una fe débil y pobre.

23/septiembre

el gran maestro de la primaria
salmo 24.1–2

*Porque contigo está el manantial de la vida; en
tu luz veremos la luz (Salmo 36.9).*

Dios es el mejor maestro de tercer grado del mundo. Tiene la habilidad de tomar cualquier cosa creada y usarla como objeto pedagógico para enseñar a los seres humanos sobre sí mismo. La compatibilidad entre este mundo y sus propósitos es tal que parece que todas las cosas fueron creadas sólo para él y para sus propósitos didácticos. Pero debemos recordar exactamente quién es él. ¿Por qué nos sorprende que el mundo creado por él corresponda tan perfectamente a su carácter que él puede usar cada aspecto de la creación para señalar a sí mismo?

Este mundo entero fue diseñado para que percibiéramos la realidad de Dios. ¿Por qué tantos de nosotros no lo vemos o lo percibimos sólo con dificultad, cuando estamos rodeados de tantos símbolos de su presencia? Carlos Wesley lo confiesa en un himno:

Mi alma, atada en la prisión,
Anhela redención y paz.
De pronto vierte sobre mí
La luz radiante de su faz.
¡Mis cadenas cayeron y
vi mi libertad y te seguí!*

¡Cuán descriptivo de nuestra situación! Estamos tan ciegos a todas las lecciones alrededor de nosotros que Dios está esperando que veamos. Su solución a nuestro problema es la luz radiante que cae sobre nosotros. Me encuentro orando: *Gracias, Dios, por lo que veo. Dame más de tu luz radiante y exponme más a tus lecciones, para que yo te vea.*

---

* Charles Wesley, 1739; trad. M. San León. *Mil voces para celebrar: Himnario metodista* (Nashville, TN: The United Methodist Publishing House, 1996), #206.

24/septiembre

la esperanza del mundo

mateo 23.27–28

Apartaos, apartaos...no toquéis cosa inmunda (Isaías 52.11).

La esperanza del mundo no se halla en el poder, la posición o la sabiduría, y especialmente no se encuentra en el dinero. La esperanza del mundo está en las personas limpias. Isaías 52.11 dice:

Apartaos, apartaos, salid de ahí, no toquéis cosa inmunda; salid de en medio de ella; purificaos los que lleváis los utensilios de Jehová.

Si vas a ser el testigo para Cristo que él desea que seas, si vas a tener un futuro con él, tienes que estar limpio. El futuro y la esperanza del mundo están en la presencia de Dios, y Dios mora con y en su pueblo cuando éste está limpio. Él puede quitar nuestros pecados y resolver nuestros fracasos y crear en nosotros un lugar donde él se sentiría cómodo. Cuando permitimos que él haga eso, no hay límites para lo que el Espíritu puede hacer con nuestras vidas.

Puede ser que estés tratando de poseerlo a él; tal vez intentas tener a Cristo y a la vez guardar alguna contaminación en tu corazón. No funcionará. Si el futuro va a realizarse, tienes que permitir que él te limpie para que seas puro y santo. Dios quiere tomar posesión de todas las áreas de tu vida, y si le rindes a él tu vida, descubrirás que tienes un futuro. Lo que Cristo recibe, limpia, y lo que limpia, llena, y lo que llena, usa. La esperanza del mundo está en las personas que se entregan a Cristo para su limpieza y llenura.

25/septiembre

los diez mandamientos

deuteronomio 5.1–22

Cara a cara habló Jehová con vosotros en el monte de en medio del fuego....Yo soy Jehová tu Dios, que te saqué de tierra de Egipto, de casa de servidumbre (Deuteronomio 5.4, 6).

¿Has pensado en el alcance total de los Diez Mandamientos? El primero, *No tendrás dioses ajenos delante de mí* (Deut. 5.7), significa dejar que Dios sea Dios. Deshazte de todo lo demás y permite que él sea Dios. En cierto sentido, los otros nueve mandamientos son comentarios sobre, o consecuencias de, este primer imperativo. Cuando el segundo dice: *No harás para ti imagen alguna,* habla de nuestra relación con todo lo que no es Dios. No debemos poner nada en el lugar de Dios. Así que el primer mandamiento cubre nuestra relación con Dios y el segundo nuestra relación con todo lo demás.

El tercer mandamiento tiene que ver con la santidad del idioma. Es imposible acercarse más a un ser humano a menos que sea por medio de su lenguaje. El cuarto tiene que ver con la santidad del tiempo, que es el límite de la experiencia humana. Así que la cosa más cercana a nosotros (el idioma)j y la cosa más lejana de nosotros (el tiempo) están bajo la ley de Dios. El quinto mandamiento tiene que ver con la santidad del hogar, el sexto con la santidad de la vida y el séptimo con la santidad del sexo. Cada ser humano viene de un hogar y tiene vida y género, y Dios desea asegurar que ordenemos nuestras vidas de tal manera que todas estas áreas sean motivos de bendición y no de maldición.

El octavo mandamiento toca nuestra relación con las posesiones, y el noveno tiene que ver con nuestra relación con la verdad. Las posesiones son nuestra realidad más terrenal y la verdad es nuestra realidad más trascendental. Por fin, el décimo mandamiento trata nuestros deseos. Todos los aspectos de nuestras vidas se ponen bajo su control, no porque le gusta manipularnos sino porque él sabe lo que es mejor para los hijos que él ha creado.

26/septiembre

la ley escrita en nuestro corazón
mateo 5.17–7.29

Daré mi ley en su mente, y la escribiré en su corazón; y yo seré a ellos por Dios, y ellos me serán por pueblo (Jeremías 31.33).

Dentro del templo de Dios, el Lugar Santísimo contenía el arca del pacto, y dentro del arca estaban las tablas de la Ley. Me fascina el hecho de que la Ley de Dios está en el lugar más sagrado de su presencia. Cuando Dios habló desde el Monte Sinaí y les dio la Ley a los israelitas, no les presentaba reglas para seguir, sino que les revelaba su carácter, su naturaleza y su voluntad para ellos. Este Dios, a quien Israel había de seguir, y a quien hemos de seguir hoy, es el Santo. La Ley de Dios refleja su naturaleza santa, y no hay manera de circunvalar su santidad si deseamos entrar en su presencia.

Antes yo pensaba que la Ley era un fenómeno del Antiguo Testamento, pero descubrí que, cuando Jesús conversaba con las personas, antes de que se terminara la plática, él introducía la Ley en el diálogo. Jesús le preguntó a la mujer samaritana sobre su esposo, le dijo a la adúltera que fuera y que no pecara más, y Zaqueo devolvió todo lo que había robado. La diferencia clave en el Nuevo Testamento es que el Espíritu de Jesús es dado para capacitar a los seres humanos para que cumplan la Ley de Dios. Ahora el Espíritu de Dios escribe la ley en los corazones humanos. ¿Has permitido que el Espíritu escriba su ley en tu corazón, y vives por esa ley?

27/septiembre

fuente de paz
éxodo 33.12–17

Y tomó su amo a José, y lo puso en la cárcel, donde estaban los presos del rey, y estuvo allí en la cárcel. Pero Jehová estaba con José y le extendió su misericordia, y le dio gracia en los ojos del jefe de la cárcel (Génesis 39.20–21).

Una de las historias más memorables y únicas en la literatura mundial es la de José. Vendido como esclavo por sus hermanos, se halló solo y lejos del hogar y de todo lo familiar. Cuando resistió la tentación ofrecida por la esposa de su amo, como galardón por su castidad recibió el encarcelamiento. Él es el ejemplo clásico de la persona que todo le va mal. Sin embargo, no quiso permitir que lo controlara la desesperanza, la amaragura o el rencor. El resultado fue que José ascendió al segundo puesto del gobierno de Egipto, y se convirtió en la salvación de los mismos hermanos que lo habían vendido.

¿Cómo se explica este tipo de vida? Las Escrituras nos dan una explicación sencilla: el Señor estaba con él (Génesis 39.2, 3, 21, 23). Desde la perspectiva bíblica esto parece ser suficiente para explicar una vida tan admirable. La presencia de Dios hace posible que uno perdure en medio de cada desgracia y en cada injusticia. De hecho, ésta es la explicación dada, explícta o implícitamente, para las vidas de todos los héroes de la fe en la Biblia.

¿Qué desgracia o qué prueba enfrentas hoy? La presencia de Jesús puede traer libertad en medio de la esclavitud, gozo en medio del dolor, y paz en medio de la tormenta.

28/septiembre

mi festival

hageo 1–2

«*Cobrad ánimo, pueblo todo de la tierra*», dice Jehová, «*y trabajad; porque yo estoy con vosotros*», dice Jehová de los ejércitos....«*Desde este día os bendeciré*» (*Hageo 2.4, 19*).

Hageo fue un profeta que el Señor envió al pueblo de Israel en su cautiverio. Su nombre simbolizaba esperanza para Israel porque significaba «mi festival». Los festivales judíos se podían celebrar exclusivamente en Jerusalén para que los participantes tuvieran acceso al templo y a los lugares santos. Irónicamente, los cautivos en Babilonia recibieron a un profeta del Señor cuyo nombre les recordaba los festivales de Dios, los cuales ellos no podían celebrar por su exilio. ¡Fue como si Dios mirara a su iglesia en la era cristiana y la privara a dos generaciones enteras de celebrar la Navidad, la Resurrección o el Pentecostés, y les enviara a un predicador llamado Señor Temporada Santa!

El nombre de Hageo fue una promesa de que Dios iba a regresar a su pueblo a la tierra prometida. Los iba a llevar de nuevo a Jerusalén y una vez más celebrarían los festivales allá. Dios quería que superian que él iba a restaurarles todas las cosas que habían perdido. ¿No es maravillosa la persistencia de Dios para con nosotros? Tal vez te encuentres en un lugar donde te hace falta una palabra de ánimo y esperanza. Hoy permite que el nombre de Hageo sea para ti un símbolo de la esperanza. Dios nos llevará al lugar donde desea que estemos y nos restaurará las cosas que hemos perdido por nuestra necedad. Nunca nos abandonará en el exilio.

29/septiembre

dios tiene memoria de mí

salmo 8

¿Qué es el hombre, para que tengas de él memoria? (Salmo 8.4).

La frase «tener memoria de alguien» está repleta de significados en las Escrituras. Ocurre primero en Génesis 8 donde se nos dice que Dios tiene memoria de Noé y de su familia y por eso envía un viento para secar la tierra para consuelo y seguridad de ellos. Después la frase se encuentra dos veces en Génesis 9.15–16. En este texto Dios pone el arco iris en las nubes y promete que tendrá memoria de la humanidad y de sus criaturas y que jamás volverá a permitir que el agua destruya toda la vida. La siguiente ocurrencia es en Génesis 19.29. Mientras Dios prepara la destrucción de Sodoma y de Gomorra, tiene memoria de Abraham y salva al sobrino de Abraham y a su familia. Dios también tiene memoria de Raquel (Génesis 30.22) y de Ana (1 Samuel 1.19) en su esterilidad y les da hijos. El contexto de este término en el Antiguo Testamento es uno de gracia y esperanza.

La mente y el corazón de Dios están llenos de pensamientos sobre los individuos. Aun en nuestra indignidad, él desea alcanzarnos con su misericordia y con su gracia redentora. Tuvo memoria de la seguridad de Noé, de las criaturas vivientes, de la familia de Abraham y de los anhelos del corazón de Raquel y de Ana. El registro bíblico muestra que Dios tendrá memoria de cada uno de nosotros en cualquier situación en la cual nos hallemos. Dios nunca juzga a los seres humanos hasta que les haya mostrado su cuidado y su amor al ofrecerles un camino de reconciliación y liberación. Que ésta sea una palabra de consuelo y gozo para tu corazón hoy: Dios tiene memoria de ti.

30/septiembre

el poder de dios

salmo 8

De la boca de los niños y de los que maman, fundaste la fortaleza, a causa de tus enemigos, para hacer callar al enemigo y al vengativo (Salmo 8.2).

El segundo versículo del Salmo 8 es uno de los más revolucionarios de las Escrituras. Habla de los infantes, quienes dependen totalmente de otros, y dice que desde su boca viene la fortaleza. No se puede imaginar un contraste más agudo con la idea del poder y de la autosuficiencia, que el retrato de un niñito que mama. Pero el salmista dice que es de los labios de los infantes y de los que maman, los que ni siquiera pueden explicar sus propias necesidades, que Dios establece la fortaleza para conquistar a sus enemigos y silenciar a sus adversarios.

¡Cuán dramática es esta manera de expresar el hecho de que los caminos de Dios no son los nuestros, que su reino no es de este mundo y que no funciona según nuestros criterios! Implícito dentro de este texto está el argumento entero de la Biblia de que la carne no aprovecha para nada. No es por el poder ni por la fuerza, como el mundo entiende tales cosas, que la victoria final será ganada. Un niño débil y totalmente dependiente comenzó a deshacer el reino de la maldad, y fue en esta misma condición dependiente que Dios reveló su majestad.

Lo que el mundo llama majestad y poder es percibido por el creyente como un espectáculo vacío. La única figura bíblica que demuestra la debilidad en una forma más dramática que el niño tierno es el cuerpo quebrantado del Hijo del Hombre mientras muere en la cruz. Pablo entendió esto cuando escribió: «Porque lo insensato de Dios es más sabio que los hombres, y lo débil de Dios es más fuerte que los hombres» (1 Corintios 1.25).

Tenemos que permitir que Dios reforme nuestra manera de pensar para que percibamos la fortaleza en los lugares donde él la ve y no como el mundo la ve.

1/octubre

la eternidad en nuestro corazón

2 corintios 4:16–5.9

Todo lo hizo hermoso en su tiempo; y ha puesto eternidad en el corazón de ellos (Eclesiastés 3.11).

Los cristianos son un pueblo que debe amar lo perdurable. El autor de Eclesiastés escribe que Dios ha puesto la eternidad en el corazón humano. Este regalo hace que anhelemos una vida llena de significado; así que nunca realmente nos contentamos con entregarnos a cosas efímeras. El Eterno nos ha hecho para cosas eternas. Por eso, los cristianos siempre seremos diferentes; no podemos simplemente correr con la multitud, dándonos a cosas que pasarán.

Este anhelo por lo eterno y lo valioso hace que las personas busquen a Dios, porque Dios es el Eterno. La obra del Espíritu Santo es producir fruto eterno en la vida y el carácter de su pueblo.

Es de la unción del Espíritu Santo que descubrimos el poder de vivir por las cosas que perduran. «Porque el que siembra para su carne, de la carne segará corrupción; mas el que siembra para el Espíritu, del Espíritu segará vida eterna» (Gálatas 6.8). Esta afirmación de Pablo es la ley de la vida.

¿Eres capaz de detectar la diferencia entre lo temporal y lo eterno? ¿Has descubierto el poder de darte a las cosas que perdurarán? Aun la persona más estéril que hace esto será fructífera, y la persona más desolada conocerá el gozo eterno.

2/octubre

el camino de la cruz
juan 12.20–26

Porque mis pensamientos no son vuestros pensamientos, ni vuestros caminos mis caminos, dijo Jehová. Como son más altos los cielos que la tierra, así son mis caminos más altos que vuestros caminos, y mis pensamientos más que vuestros pensamientos (Isaías 55.8–9).

Ocurre una transformación asombrosa en los discípulos entre los eventos de Marcos 8–10 y los de Hechos 2. ¿Qué hizo la diferencia en sus vidas antes y después del Pentecostés? El cambio clave es su manera de pensar y entender. Antes del Pentecostés tenían la idea de que el poder, la posición y las posesiones eran capaces de resolver los problemas humanos. Creían que si Jesús se sentara en el trono en Jerusalén, limpiaría el mundo; y ellos estaban listos para ser sus primeros ministros para ayudarle en esa tarea de transformar el mundo. Estos hombres sinceros pero ignorantes no tenían ni la más mínima idea del precio que tendría que pagarse para pasar la redención de una vida hacia otra. En su mente natural asumían que la redención, como la obediencia, podría imponerse por la coacción. Deseaban ser parte de un reino de poder; no percibían la enorme distancia entre su camino y el de Jesús.

En la tela de la realidad final está escrita esta ley: si una persona va a influenciar a otra, tiene que olvidarse de sí misma y poner su vida por el otro. La única manera de ser parte de la transformación de otra persona es darle más prioridad al bienestar del otro que al de uno mismo. La vida de Jesús demostró que nosostros le importábamos más que su propio bienestar, y su muerte fue el precio que él estaba dispuesto a pagar por nosotros. Del sacrificio de Cristo viene la posibildad de nuestra redención. Si seguimos a Jesús, tenemos que estar dispuestos a negarnos a nosotros mismos y a tomar su cruz. Significará morir al auto-interés y permitir que los intereses y necesidades de otros sean más prioritarios que los nuestros.

3/octubre

los agentes secretos de dios
mateo 6.5–13

Más tú, cuando ores, entra en tu aposento, y cerrada la puerta, ora a tu Padre que está en secreto; y tu Padre que ve en lo secreto te recompensará en público (Mateo 6.6).

¿Cómo es tu vida de oración? Es más fácil hablar de la oración que hacerla. Mientras más envejezco, más convencido estoy de que la actividad más importante de los cristianos es la oración. Una vez leí una frase de Francis Asbury que me turbó por mucho tiempo; él dijo que una persona que lee las Escrituras sin orar ha perdido la parte más importante. Mi tendencia es despertarme temprano para el tiempo devocional, y me acerco a la Palabra para encontrar el alimento de mi alma. Las Escrituras son un gozo para mí, pero el obispo Asbury dijo que la oración debe acompañar nuestra lectura de la Biblia. Alguien que lee sin orar se puede comparar con el vendedor de seguros que anuncia todos los beneficios de la póliza pero nunca pide la firma del comprador. ¿Oras? ¿Conoces algo de la intercesión?

Dios siempre está buscando a personas que sean intercesores. Según lo que sabemos de la historia de la iglesia, nunca ha habido un derramamiento del Espíritu Santo que no comenzara en un lugar secreto y oculto en un corazón sencillo que llevaba una carga por la obra divina en la iglesia. El cielo nos revelará a los agentes secretos de Dios, las personas que, con sus oraciones, han preparado el camino para que obrara el Espíritu. Tal vez Dios te tiene en un rincón olvidado donde parece imposible que ministres con eficacia. Puede ser que Dios simplemente te ha puesto en el lugar donde puedes hacer lo más importante: la oración.

4/octubre

que la meditación de mi corazón sea grata

salmo 19

Preserva también a tu siervo de las soberbias; que no se enseñoreen de mí (Salmo 19.13).

Algunos de nosotros debemos de estar más concientes de que poseemos patrones dañinos de conducta que están profundamente grabados en nuestras almas y psiques. ¿Has sido culpable de usar a otra persona para tu propia ventaja sin darte cuenta? ¿Te has aprovechado de otros sin estar conciente de lastimarlos? ¿Te has quedado mirando mientras los poderosos aplastan a sus subordinados? ¿Has observado a los padres manipular a sus hijos, y viceversa? Muchas veces actuamos de acuerdo a nuestros propios intereses sin darnos cuenta de que lo estamos haciendo.

El salmista escribió de esto mucho antes de que se enseñara cualquier clase de sicología o que se desarrollara cualquier teoría de consejería. Si permites que el Espíritu de Dios haga su voluntad en tu vida, descubrirás que él te revelará patrones de conducta y mecanismos de auto-defensa que son pecaminosos y dañinos para otras personas. Podemos orar con el salmista: «Señor, ¿hay en mí pecados ocultos de los cuales no estoy conciente? ¿Qué hago con ellos?» El salmista oró que Dios lo tuviera por inocente hasta que se diera cuenta de sus pecados presumidores; los confesaría y los arreglaría. También pidió que Dios lo protegiera de los pecados cometidos por ignorancia. Termina el salmo diciendo:

Sean gratos los dichos de mi boca y la meditación de mi corazón delante de ti, oh Jehová, roca mía, y redentor mío.

5/octubre

e\Estar en su presencia

salmo 84

Porque mejor es un día en tus atrios que mil fuera de ellos. Escogería antes estar a la puerta de la casa de mi Dios, que habitar en las moradas de maldad (Salmo 84.10).

Encontrarnos con Dios afecta profundamente nuestra confianza y nuestras expectativas. Cuando lo hallamos, es siempre una conmoción darnos cuenta de cuánto nos ama. En vez de confrontarnos con un juez vengativo que espera la oportunidad de tratar con nuestras debilidades, descubrimos a un Dios de gracia que busca la oportunidad de perdonar nuestros pecados, establecernos en su favor y derramar sobre nosotros sus bendiciones. Para nuestra sorpresa, aprendemos que él no retendrá ninguna cosa buena de los que andan en sinceridad y justicia delante de él. Es la fuente de toda bondad, y su voluntad hacia nosotros es puro amor. Es nuestro Sol que nos da luz y nuestro Escudo que nos rodea con protección.

La consecuencia más importante de encontrarnos con Dios es lo que hace con nuestras prioridades. Llegamos a entender que lo necesitamos a él más que nada; de hecho, lo necesitamos más que sus regalos. Es por Dios mismo que clama nuestra alma. La asociación con Dios dejará en nosotros el impacto santificador de los lugares, las personas y las temporadas, pero nuestro corazón tendrá hambre de su presencia. Él es la fuente de todo lo bueno, pero es mejor que todo lo bueno. No es necesario justificar nuestra búsqueda de él; aunque algunos no lo perciban, estar cerca de Dios es el anhelo más profundo del corazón humano.

6/octubre

agua en el desierto
salmo 84

Atravesando el valle de lágrimas lo cambian en fuente, cuando la lluvia llena los estanques. Irán de poder en poder; verán a Dios en Sión (Salmo 84.6–7).

El Salmo 84 es un cántico lindo y liberador. Uno de los temas gloriosos de este salmo es que las cosas negativas de la vida humana no tienen que tener la victoria sobre nosotros porque existe un Poder capaz de romper sus garras en nuestra vida. El salmista habla de pasar por el valle de *Baca*, y aunque nadie sabe el significado exacto de esta palabra, parece hablar de un lugar de gran aridez. El escritor hace alusión a un lugar extremadamente seco donde la presencia de agua abundante resolvería el problema, y descubrimos que el Señor provee ríos y estanques de agua fresca.

¿Te has encontrado en un lugar de gran aridez espiritual, emocional o mental? ¿Sabes que existe Uno que puede romper la sequedad de tu corazón y proveer manantiales en el desierto? Los recursos de otro mundo pueden ponerse a tu disposición y a la mía, para que enfrentemos la sequedad en nuestras vidas, de la misma manera que las aguas frescas se le proveyeron al salmista en el Valle de Baca. Podemos hallar consuelo en el hecho de que el salmista recordó la provisión divina de comida y de agua para los israelitas en su jornada en el desierto. Dios no abandonó a los israelitas y tampoco nos abandonará. Saber que existe otro mundo, que hay Uno a quien le importamos y que puede proveer para nosotros, nos ayuda a ver nuestra situación con otra óptica.

7/octubre

conocerlo por nombre
salmo 146

Aleluya. Alaba, oh alma mía, a Jehová (Salmo 146.1).

Los cinco salmos finales comienzan y terminan con la misma expresión: *Hallelú-Yah*. Estos cincos salmos se llaman un *hallel*, una sección cuyo tema es la alabanza. La palabra hebrea *hallelú* significa «alabanza», y el vocablo *Yah* es el nombre personal de Dios, revelado a Moisés. Puesto que estos salmos concluyen el libro de la adoración, es justo decir que la adoración siempre debe terminar en alabanza. ¿Es así que termina tu tiempo devocional? Así debe ser.

El Salmo 146 sugiere que la adoración debe concluir con alabanza porque los cristianos gozan del privilegio de conocer a Dios en forma personal; el nombre personal de Dios ocurre once veces en los diez versículos de este salmo. El salmista se goza en forma casi monótona con su repetición del nombre personal de Dios, Yahweh. El compositor conoce al Dios de todos los dioses por su nombre personal, y al hallarse lleno de alabanza, repite ese nombre vez tras vez.

¿Tienes una relación de amor con el nombre del Señor Jesús? ¿Te das cuenta de que su nombre sale de tu boca sin que estés conciente de estar pensando en él? Nuestras vidas deben ser fuentes de adoración incontenible, en las cuales no podemos evitar pronunciar el nombre de Jesús.

8/octubre

la maldad y la confianza

mateo 6.19–34

Muchos dolores habrá para el impío; mas al que espera en Jehová, le rodea la misericordia (Salmo 32.10).

¿Qué crees que es el opuesto de la maldad? Por mucho tiempo pensé que era la justicia. Pero según el Salmo 32, el opuesto de la maldad es la confianza. Las Escrituras hacen un contraste entre los malvados, los que están sin Dios, y los que confían en Dios. A veces éstos se llaman los justos, pero su justicia no brota de lo que han hecho, sino de Dios mismo.

Este tema fluye por todo el Antiguo Testamento: La salvación viene a los que confían en Dios. No tenemos que esperar hasta la llegada del Nuevo Testamento para descubrir la doctrina de la justificación por fe.

¿Estás confiando en Dios por cada necesidad tuya? ¿Por tus seres queridos, tu futuro, tus finanzas? Para estar rodeado por el amor eterno de Dios, tienes que confiar en él en cada aspecto de tu vida, por todos los días de tu vida. El opuesto de la confianza no es simplemente la ansiedad; es la maldad.

9/octubre

la fe

juan 15.1–8

Permaneced en mí, y yo en vosotros. Como el pámpano no puede llevar fruto por sí mismo, si no permanece en la vida, así tampoco vosotros, si no permanecéis en mí (Juan 15.4).

Mi esposa y yo hacíamos muchas veces el viaje arduo entre Kentucky, donde yo asistía a la universidad, y una ciudad en el estado de Nueva York, donde vivia la familia de ella. Viajábamos por ferrocarril, y nuestro tren iba llevado por dos locomotoras de vapor. Por más frío que fuera el clima, más lindos parecían esos grandes caballos de hierro, símbolos de mucho poder. En el viaje de vuelta a Kentucky, el tren siempre paraba en una aldea en las afueras de la Ciudad de Nueva York, llamada Harmon. Un día le pregunté al conductor porqué el tren paraba en un pueblito tan insignificante, antes de llegar a la gran metrópolis.

«Bueno», me respondió el conductor, «aquí cambiamos las locomotoras. Tenemos que pasar por debajo de la ciudad, y no podemos llevar allá las locomotoras de vapor, con todo su humo y ceniza. Tenemos que usar una locomotora eléctrica en el túnel».

Salí para ver ese motor eléctrico, y para mi desilusión, era la cosa más ordinaria y menos romántica que había visto. Era pequeño; no producía nada de humo o vibraciones. Sólo estaba allí, quieto. Entonces le pregunté al conductor de dónde sacaba ese motor su fuerza.

«¿Ves ese tercer carril más allá de éste?» me preguntó. «Ese carril se conecta con las Cascadas del Niágara, y todo el poder eléctrico producido por las Casacadas del Niágara están disponibles para este tren por medio del tercer carril».

Éste es un retrato de la fe. Cuando Cristo quita el pecado de tu corazón, puedes acercarte a él y conectarte a su vida, y en tu vida fluirá el poder de Dios. Ese poder te capacitará por medio del Espíritu Santo para que te parezcas al Señor Jesús, quien es la fuente de toda justicia. Este tercer carril hace posible que personas como tú y yo—por más ordinarios, sucios y prosaicos que seamos—seamos nuevas criaturas, vitales, radiantes y eficaces por el poder del Espíritu Santo.

10/octubre

la adoración y letanía
marcos 10.32–45

«He aquí subimos a Jerusalén, y el Hijo del Hombre será entregado a los principales sacerdotes y a los escribas, y le condenarán a muerte, y le entregarán a los gentiles; y le escarnecerán, le azotarán, y escupirán en él, y le matarán; mas al tercer día resucitará». Entonces Jacobo y Juan...se le acercaron, diciendo: --Maestro, querríamos que nos hagas lo que pidiéremos (Marcos 10.33–35).

Marcos registra tres ocasiones cuando Jesús intenta preparar a sus discípulos para el sufrimiento y la muerte de él. En cada una de las tres historias, los discípulos pierden el significado de las palabras de Jesús. En la primera, Pedro lo declara una imposibilidad blasfema; en la segunda, los discípulos simplemente no entienden el mensaje. En esta tercera vez cuando Jesús trata de prepararlos, ellos inmediatamente cambian el tema, y Jacobo y Juan piden sentarse a la derecha y a la izquierda de Jesús en el reino. Las cuidadosamente escogidas palabras de advertencia, dadas por el Señor para ayudarlos frente al evento más traumático de la historia humana, se convierten para ellos en una mera letanía religiosa. Deberían haber pensado entre ellos: «¿Sabes qué? Jesús siempre nos habla de una cruz. No sé qué quiere decir con este mensaje, pero parece sentirse obligado a decírnoslo».

Es exactamente así mucha de nuestra adoración. No la entendemos, pero nos sentimos obligados a hacerla. Por años, cuando yo recibía la Santa Cena, tenía más que ver con palabras y acciones que con la gracia. Fui bautizado; el agua se derramó sobre mi cabeza, pero no hubo regeneración. Tendemos a convertir las realidades del evangelio en letanías que ni siquiera intentamos comprender.

Nunca pienses ni por un segundo que tus actos religiosos son señales de una relación personal con Jesucristo. Sólo hallamos la salvación por conocerlo en su realidad y por entender sus palabras debido a esa relacion. Sólo entonces el rito se hace realidad, y el significado transforma las tradiciones aburridas en verdades eternas.

11/octubre

necesitas tener un centro

colosenses 1.15–19

Y él es antes de todas las cosas, y todas las cosas en él subsisten; y él es la cabeza del cuerpo que es la iglesia, él que es el principio, el primogénito de entre los muertos, para que en todo tenga la preeminencia; por cuanto agradó al Padre que en él habitase toda plenitud (Colosenses 1.17–19).

Recientemente me encontré conversando con un joven que estaba en su año final en una universidad cristiana. Me dijo: «He llegado a creer que existe una unidad en todo conocimiento, la cual se refleja en el hecho de que si tomas cualquier disciplina académica—sea la historia, la literatura, las ciencias o las matemáticas—y si la empujas al límite, te hallarás metido en la filosofía».

Le respondí: «Tienes razón. Es por eso que el grado terminal en cada disciplina se conoce como el PhD, el doctorado en filosofía. Para ser maestro de cualquier disciplina, uno tiene que ser filósofo, entendiendo la teoría detrás de su tema».

«Si empujas la filosofía a su límite», me preguntó, «te encontrarás en la teología, ¿no es verdad?»

Me sonreí por dentro y dije: «¡Correcto! La filosofía levanta preguntas que pueden ser contestadas sólo por la teología».

Siguió insistiendo: «Y si empujas la teología hasta el límite, tienes que tener un centro, ¿no?»

Acordé, y el joven exclamó: «Bueno, allí es el lugar al cual deseo dedicar mi vida. Quisiera descubrir el centro, conocerlo y entregarme totalmente a él».

¿Buscas ese centro de la realidad? ¿Sabes que el centro es el Señor Jesucristo? Él es el centro de todo conocimiento y de toda verdad. Si te entregas totalmente a él, te hallarás en el centro de todo lo que es bueno y significativo.

12/octubre

una conciencia del destino

génesis 15

Pero Jehová había dicho a Abram: Vete de tu tierra y de tu parentela, y de la casa de tu padre, a la tierra que te mostraré. Y haré de ti una nación grande, y te bendeciré, y engrandeceré tu nombre, y serás bendición (Génesis 12.1–2).

Una de las cosas que sucede cuando nos hacemos cristianos es que adquirimos una conciencia del destino y de misión. Después de que Dios puso su mano en la vida de Abram (Génesis 12), éste jamás volvió a percibir su vida de la misma manera que antes. Dijo: «Soy especial, y estoy aquí con un propósito. Todas las naciones de la tierra se bendecirán en mí». No era orgullo, sino una conciencia de propósito.

El momento que te conviertes en cristiano, empiezas a darte cuenta de que Dios tiene una obra para ti y que esa obra es significativa. No sólo eso; si no eres fiel en llevar a cabo el propósito divino para tu vida, tendrás que rendir cuentas por ello en el Juicio final.

Dios no nos llama a que trabajemos para nuestra realización personal, sino que somos llamados para el bien del mundo. Y tendremos que rendir cuentas por la verdad que se nos ha dado. Desde el primer día en que Dios llamó a Abram, tenía en mente a todo el mundo. El plan de Dios para ti y para mí no es un provincialismo estrecho; Dios llevó a Abraham a las cortes reales, a los centros del poder político, para que su testimonio llegue a esos lugares paganos. Dios nunca quería que nosotros habitáramos los márgenes de la sociedad y de la historia; es el evangelio de él, la obra redentora suya, y se hallará en el centro de todo lo que es valioso. Hay cosas importantes que suceden en el mundo hoy en día, pero no hay nada más importante que cumplir con el destino divino para nuestras vidas—ser testigos al mundo por él.

13/octubre

la autoridad de las escrituras
mateo 7.24–27

Cualquiera, pues, que me oye estas palabras, y las hace, le compararé a un hombre prudente, que edificó su casa sobre la roca. Descendió lluvia, y vinieron ríos, y soplaron vientos, y golpearon contra aquella casa; y no cayó, porque estaba fundada sobre la roca (Mateo 7.24–25).

La religión bíblica dice que Dios transciende totalmente los límites de la comprensión humana; no lo podemos hallar, contener o explicar completamente. La razón humana no tiene en sí la capacidad para ubicar y explicar a Dios. Necesitamos una revelación de Dios mismo si vamos a ser capaces de conocerlo. Nuestra búsqueda, hecha por nuestra cuenta personal, produce sólo esterilidad e ilusión. La iniciativa tiene que venir del lado divino; el Creador tiene que revelarse a sus criaturas. Y si elige revelarse, sabemos que es un Dios dador que se da a conocer, no sólo a nuestros corazones sino también a nuestro intelecto. Ésta es la razón por la que las Escrituras son tan cruciales para nuestra fe. La Biblia es el registro de la revelación divina de la persona de Dios a la humanidad. Sin ella, no tenemos ni certeza religiosa ni ninguna otra clase de seguridad, porque si no estamos seguros del fundamento, vacilaremos en todo lo demás.

Cuando las Escrituras son entendidas como la Palabra de Dios, existe en el corazón de los creyentes una certeza de que podemos no sólo saber cómo es Dios, sino también conocerlo personalmente. Las Escrituras deben ser absolutamente autoritativas para los cristianos en este tercer milenio después del nacimiento de Cristo. La Biblia es el registro de la revelación personal de Dios a nosotros.

14/octubre

un mundo más allá de mi alcance
hechos 2

Cuando llegó el día de Pentecostés, estaban todos unánimes juntos. Y de repente vino del cielo un estruendo como de un viento recio que soplaba, el cual llenó toda la casa donde estaban sentados....Y fueron todos llenos del Espíritu Santo, y comenzaron a hablar en otras lenguas, según el Espíritu les daba que hablasen (Hechos 2.1–2, 4).

El Día de Pentecostés dejó claro que existe una Realidad más allá de la realidad humana, una Realidad que es personal y que desea estar en relación personal con los seres humanos. Ese día el sonido de un viento recio descendió repentinamente sobre los que estaban reunidos juntos. Pero ese sonido era sólo un símbolo, porque la cosa más importante que sucedió no era el sonido del viento ni el sacudir del aposento donde se encontraban. Lo increíble ocurrió cuando el Espíritu vino desde más allá del tiempo y del espacio para llenar sus corazones con su presencia, la cual les infundió poder. Salieron de esa sala transformados y con el poder para transformar. Fue en ese momento que la iglesia nació.

La iglesia es el cuerpo de personas que conocen a Alguien que existe más allá de ellos mismos, quienes saben que esa Persona es el Espíritu Santo. Es maravilloso entender que existe un mundo más allá de mi alcance, el cual no puedo tocar, ver, medir o controlar. De hecho, fui creado para que esa realidad me controlara a mí. La realidad maravillosa es que al Rey de ese mundo le importamos más que él mismo, y si nos abrimos a su presencia, él es capaz de transformar nuestra existencia diaria y rutinaria para que sea una ventana que da una vista del cielo.

15/octubre

confianza en Yahweh

salmo 146

No confiéis en los príncipes, ni en hijo de hombre, porque no hay en él salvación....Bienaventurado aquel cuyo ayudador es el Dios de Jacob, cuya esperanza está en Jehová su Dios (Salmo 146.3, 5).

El salmista manda a la gente a que ponga su confianza completa en Dios y no en otras personas. ¿Cuál es la esencia de una relación de confianza? La palabra hebrea traducida «confianza» significa la clase de relación que existe entre dos personas que se conocen tanto que cada uno es capaz de predecir la conducta del otro basado en su carácter. Es la palabra que se usa para la confianza que uno tiene en su amigo; significa que una persona puede depender de la palabra del otro.

El salmista ha llegado a entender que no existe salvación aparte de Yahweh, y por eso, elige confiar totalmente en Dios. Sólo Yahweh salva; no hay otro salvador. El salmista ha probado confiar en otras personas, aun en las personas más nobles, pero ha descubierto que no hay salvación aparte de Dios.

La respuesta para el dilema humano no se hallará en nosotros mismos, ni en otros. Dios, tan sólo Dios, es la respuesta a cada pregunta humana. Cuando confiamos completamente en él, él nos puede confiar con su nombre, su mensaje y su carácter. ¿Confías completamente en él? Tal vez una pregunta más acertada, ¿puede él confiar en ti?

16/octubre

la perfección cristiana
ezequiel 36.25–29

Entonces vino uno y le dijo: Meastro bueno, ¿qué bien haré para tener la vida eterna?....Jesús le dijo: Si queres ser perfecto, anda, vende lo que tienes, y dalo a los pobres, y tendrás tesoro en el cielo; y ven y sígueme (Mateo 19.16, 21).

¿Cómo podemos llegar a ser irreprensibles? ¿Cómo es posible la perfección? La perfección simplemente significa ser completo, vivir de tal manera que no haya nada en mí que me distraiga de Cristo, de tal manera que mi atención esté totalmente enfocada en él. Requiere que el Espíritu de Dios haga esto por ti y por mí, y él es completamente capaz de hacerlo. Si hoy mi atención no está plenamente enfocada en Cristo, es porque no he permitido que él me ubique en sí mismo. Cuando Cristo es el centro de mi atención, soy libre para vivir. Tengo que permitir que el Espíritu Santo borre de mi vida todo lo que quite mi enfoque en Cristo.

Si el Señor Jesús no tiene el control de nuestras vidas, llevamos en el pecho algo que tiene la capacidad de crucificarlo a él. Tal vez le partamos el corazón a Jesús, pero nuestra deslealtad a él al fin y al cabo nos separará de él y nos destruirá. Tiene el poder de perfeccionar el amor en nuestros corazones para que él tenga el control y para que él sea nuestro Señor. ¿Tiene algún rival dentro de ti, o has sido perfeccionado en él?

17/octubre

él vencerá

apocalipsis 21–22

Yo soy el Alfa y la Omega, el principio y el fin, el primero y el último (Apocalipsis 22.13).

Los dos primeros capítulos de Génesis y los dos últimos de Apocalipsis no contienen ninguna referencia al mal o al diablo. Satanás no aparece en el principio y tampoco aparecerá en el fin de la historia humana. Dios reinará solo, sin rival; es él quien pone un marco alrededor de la existencia humana con su soberanía y grandeza. El Artista maestro diseñó nuestro mundo para comenzar en un huerto, un lugar de orden y belleza, un lugar capaz de nutrirnos física y estéticamente. Diseñó el mundo para que hallara su cumplimiento en una ciudad, no un sitio como nuestras ciudades, sino la Ciudad Santa, en la cual no habrá sufrimiento, ni dolor, ni luto, ni corazones quebrantados. Será un lugar limpio, bello y lleno de vida abundante.

La realidad última, el comienzo de todas las cosas y el fin de todas las cosas, no es la maldad; la belleza y la bondad llenan el comienzo y el fin por la presencia de Dios. Con toda la maldad que hay en nuestro mundo, a veces somos seducidos a pensar que la maldad es más poderosa que Dios mismo. Pero simplemente no es así. «En el mundo tendréis aflicción; pero confiad, yo he vencido al mundo» (Juan 16.33). Fijemos los ojos en Jesús, quien nos está guiando hacia su ciudad santa y bella.

18/octubre

una verdad que se explota

juan 8.31–32

Respondió Jesús y le dijo: De cierto, de cierto te digo, que el que no naciere de nuevo, no puede ver el reino de Dios (Juan 3.3).

El cristianismo debe mantener su fundamento intelectual objetivo. El día que dejemos atrás la verdad cristiana ortodoxa, descubriremos la semilla de la muerte ya en medio nuestro para esterilizarnos espiritualmente. Tenemos que tener unas creencias básicas en común para poder ganar a otros para Cristo. Pero hay más que un componente intelectual en la fe cristiana; es necesario también el elemento subjetivo de recibir las buenas nuevas. Algunos piensan que el asentimiento intelectual es todo lo que necesitan, pero no es verdad. La fe cristiana tiene que autenticarse en la vida de uno.

La verdad viene primero, y después la experiencia personal. Juan Wesley predicó el evangelio por largo tiempo antes de que su corazón fuera transformado. De hecho, Wesley escribió uno de sus más poderosos sermones, «El casi cristiano», antes de su nacimiento espiritual. Las creencias de Wesley no cambiaron después de su conversión; esas verdades se explotaron en su vida, convirtiéndose en una pasión ardiente dentro de él, en vez de quedarse como bagaje intelectual. El resultado de su conversión se veía en su predicación. Seguía predicando los mismos sermones, pero ahora producían fruto y las personas conocieron a Cristo. No es suficiente tener la verdad intelectual; esta verdad debe irrumpir en nuestras vidas de una manera profundamente penetrante e íntimamente personal. Sólo entonces podemos decir: «Él no sólo es el Salvador, es *mi* Salvador». Entonces el mensaje del evangelio es autenticado por nuestro testimonio. ¿La verdad que proclamas ha explotado en tu corazón? ¿Las buenas nuevas que proclamas son autenticadas por tu vida?

19/octubre

el elemento futuro de nuestra fe

éxodo 3.11–12; 19.3–6

Y él respondió: Ve, porque yo estaré contigo; y esto te será por señal de que yo te he enviado: cuando hayas sacado de Egipto al pueblo, serviréis a Dios sobre este monte (Éxodo 3.12).

Hace varios años comencé a percibir en el Antiguo Testamento algo que tal vez sea más claro en esa primera parte de la Biblia que en el Nuevo Testamento, donde sólo se asume. La fe bíblica contiene no sólo los elementos intelectuales, históricos y subjetivos, sino también un elemento futuro, y si éste se pierde, tropezaremos. Recuerda la historia de Moisés, cuando estaba parado ante la zarza ardiente y Dios le dijo: «Voy a enviarte para que liberes a mi pueblo».

Moisés miró hacia arriba y pidió: «Dios, por favor, ¿me darás alguna señal? Quiero creerte, pero me hace falta una confirmación».

Dios dijo: «Bien, te daré una señal. Cuando hayas sacado al pueblo de Egipto, todo Israel va a adorarme en este monte, en el mismo lugar que pisas en este momento».

Mi corazón responde de la misma manera que probablemente hizo el de Moisés: «Señor, no es ésta la clase de señal que te pido. Deseo una señal antes de que me envíes para liberar al pueblo».

Dios responde: «No, te daré la señal después de que yo los haya liberado para que sepas que ha ocurrido. En este momento, tienes que confiar en mí que todo esto va a suceder».

Moisés avanzó con ese elemento futuro en su fe. ¿Hay un elemento futuro en tu fe? ¿Crees que Cristo te va a dar la victoria en tu situación? ¿Crees que la gente a quien él te envía va a ser liberada por su poder maravilloso? ¿Confías que él va a demostrar su mano y que va a moverse redentoramente en tu situación? Moisés tal vez avanzó con temor y temblor, pero creyó a Dios suficientemente para obedecer. ¿Y sabes qué? Dios cumplió su promesa.

20/octubre

dios el proveedor

éxodo 16.1–8

Y dijo Moisés: Esto es lo que Jehová ha mandado: Llenad un gomer de él, y guardadlo para vuestros descendientes, a fin de que vean el pan que yo os di de comer en el desierto, cuando yo os saqué de la tierra de Egipto (Éxodo 16.32).

Dentro del arca del pacto en el Lugar Santísimo del templo de Israel, había una jarra de maná. Cada vez que el sumo sacerdote entraba para encontrarse con Dios, estaba no sólo en la presencia divina sino también en la presencia de ese maná, puesto en el arca para recordarle que Dios realmente provee para su pueblo.

Cuando los israelitas tenían hambre en el desierto, comenzaron a murmurar contra Dios, deseando volver a su cautiverio. Moisés mandó que confiaran en Dios para la provisión de sus necesidades. Por la mañana cuando se despertaron, descubrieron una cosa blanca que cubría la tierra. La palabra *maná* viene de la frase hebrea, *man-hu,* que significa, «¿Qué es?». Todo el pueblo de Israel se preguntaba qué era el maná, y después se dieron cuenta de que era su comida, la provisión divina para sustentarlos.

Una de las verdades que cada persona tiene que creer es ilustrada por esa jarra de maná. El Dios que se reveló en Jesucristo es el Creador de todo el universo. No sólo creó todas las cosas, sino que también las sostiene. Aún más que eso, este Creador y Sostenedor es también el Proveedor, el que ve cada necesidad nuestra y que cuida de ellas. Está en control soberano, y debemos reconocer que él proveerá para nuestras necesidades en cada situación, no importa cuán insignificantes o cuán desesperadas.

21/octubre

dios, el último otro
isaías 40.12–31

¿A qué, pues, haréis semejante a Dios, o qué imagen le compondréis?....
¿No sabéis? ¿No habéis oído? ¿Nunca os lo han dicho desde el principio?
¿No habéis sido enseñados desde que la tierra se fundó? (Isaías 40.18, 21).

Dios es diferente de nosotros; es realmente el Otro en nuestras vidas. En cierto sentido, otras personas realmente no son *otros*, porque somos asombrosamente similares. Es esta similitud que permite que nos conozcamos y que nos entendamos. Mi situación actual refleja lo que estás experimentando o lo que has experimentado o lo que experimentarás. Nuestras vidas están interconectadas de muchas maneras. Pero cuando nos acercamos a Dios, hallamos a Aquel a quien realmente podemos llamar Otro. Es completamente diferente de nosotros; es el No-Creado, más allá de nuestra realidad; es Aquel que no se puede atrapar dentro de nuestra vida o nuestro mundo. Él transciende todo.

En este sentido él es Aquel con quien tú y yo tendremos nuestro encuentro último. Puedo huir de ti, y es posible que tú y yo vivamos sin afectarnos el uno al otro. Pero es imposible que Dios, el último Otro, se excluya de mi vida. Él es el principio y el fin, el primero y el último. Él es la autoridad final de tu vida, lo reconozcas o no, y tendrá la palabra final. Dios es Aquel a quien tienes que enfrentar. No huyamos de él como lo hizo Jonás, sino que permitamos que nuestras vidas se entreguen a la comunión con el Transcendente.

22/octubre

dios es la fuente de luz

1 juan 1.5–7; 2.7–11

Jehová es mi luz y mi salvación; ¿de qué temeré? Jehová es la fortaleza de mi vida; ¿de quién he de atemorizarme? (Salmo 27.1).

Las Escrituras dicen que Dios es la fuente de toda luz; él es «mi luz y mi salvación». El fuego es un símbolo de Dios, y el fuego produce luz. En el desierto Dios guió a su pueblo con una nube de día y con fuego de noche. El fuego se les dio para que pudieran ver el camino. Cuando Moisés bajó del monte después de su encuentro con Yahweh, su rostro brillaba tanto que tenía que cubrirlo con un velo. Cuando uno está en la presencia de Dios, uno está en la Fuente de luz.

Recuerdo un hombre de negocios, un señor que había sido bien duro de cerviz, quien me dijo: «Llegué al punto de entrega total donde morí a mí mismo y comencé a vivir para Dios. Entré en mi despacho y cerré la puerta con llave. Me postré en la oscuridad del cuarto, pero de repente una luz brillante iluminó el espacio».

La presencia de Dios ilumina y brilla. Él es la Fuente de luz, y cuando le damos la espalda, no debemos sorprendernos si las sombras comienzan a cubrir nuestro camino. Si seguimos andando en las tinieblas, finalmente nos hallaremos en la oscuridad total. Jesús describió el infierno como «las tinieblas de afuera»--un rechazo intencional de la luz.

¿Hay sombras en tu camino? Si es así, haz todo lo que sea necesario para volver a entrar en la luz de la presencia de Dios.

23/octubre

nada en reserva

génesis 22.1–19

Y dijo: Toma ahora tu hijo, tu único, Isaac, a quien amas, y vete a tierra de Moriah, y ofrécelo allí en holocausto sobre uno de los montes que yo te diré. Y Abraham se levantó muy de mañana, y enalbardó su asno, y tomó consigo dos siervos suyos, y a Isaac su hijo; y cortó leña para el holocausto, y se levantó, y fue al lugar que Dios le dijo (Génesis 22.2–3).

Hay algo intrigante en la fe de Abraham. No mantuvo nada en reserva de Dios. Podemos elegir caminar renuentemente con Dios, guardando algo en reserva, pero Abraham levantó su vida entera como ofrenda a Dios y se la ofreció libremente. Estaba dispuesto a darle a Dios las dos cosas más importantes de su vida: su hijo y su futuro.

No hemos sido llenos del Espíritu en verdad hasta que lleguemos a esa disposición. El Espiritu no nos llenará hasta que Cristo ocupe el primer lugar de nuestra vida. Dios le pidió a Abraham más que su único hijo, porque Isaac representaba el futuro de Abraham. Abraham había vivido en la promesa de Dios, y en ese momento Dios le pidió que entregara la misma promesa que había dirigido y formado su vida.

Nunca somos libres hasta que nos desprendamos. El desprendimiento santo ocurre cuando vivimos no por nuestros propios deseos ni por otra persona ni por nuestro futuro, sino exclusivamente por Dios. Él es nuestra vida. Es posible que una persona se mantenga en paz aun cuando ve la terminación de una relación o el desmoronamiento de un ministerio, porque ni la relación ni el ministerio es el centro de su vida. Si mi primera lealtad es para Jesús, puedo tener un desprendimiento santo de otras personas y de otras cosas, el cual me capacita para obedecer a Jesús y así mantener limpias esas otras relaciones.

Dios no desea hijos que constantemente intenten agarrar lo mejor para sí mismos. Dios desea hijos que tienen todo—su profesión, su riqueza, su estatus, su familia—en una mano abierta. La única cosa a la cual debemos aferrarnos es a Dios mismo. Dios quiere que permitamos que él dé y quite según su voluntad. Le podemos dar esa libertad sólo cuando nuestra seguridad se halla en Cristo, no en nuestro Isaac. Ésta es la obra del Espíritu santificador. Cuando nuestra seguridad se halla en Cristo, nunca podemos ser destruidos.

24/octubre

él me ha llevado

isaías 53.1–9

Ciertamente llevó él nuestras enfermedades, y sufrió nuestros dolores, y nosotros le tuvimos por azotado, por herido de Dios y abatido (Isaías 53.4–5).

En 1950 leí un artículo en la revista *Time* que contó una historia médica asombrosa. En aquel tiempo los médicos apenas comenzaban a experimentar con nuevos tipos de tratamientos. En la costa pacífica de Estados Unidos había un niño con una severa infección renal, la cual se puso tan violenta que los riñones, en vez de limpiar la sangre, la estaban envenenando. Su situación llegó a un punto de crisis, y el médico les dijo a los padres que el niño moriría si no se hacía algo radical.

Los médicos del niño se comunicaron con los mejores doctores de California, y uno de ellos sugirió un tratamiento radical. La idea era conectar el cuerpo del niño con el de una persona sana y permitir que los riñones saludables le limpiaran la sangre, dándoles a los riñones del niño un período de descanso para recuperarse. Todos los médicos acordaron en la posibilidad del tratamiento y se lo presentaron a los padres, quienes aceptaron inmediatamente el procedimiento.

El padre y el niño compartían el mismo tipo de sangre; por eso, llevaron al padre a la clínica, lo pusieron en una camilla al lado de su hijo en la sala de cirugías, y los médicos unieron sus sistemas circulatorios. La sangre del niño comenzó a fluir en el cuerpo del padre, y la del padre fluyó en el cuerpo de su hijo. El niño había tenido una fiebre muy alta, pero mientras los dos yacían allí lado a lado, la temperatura del hijo bajaba y la del padre subía, hasta que alcanzaron el mismo nivel de fiebre. Después, la temperatura de los dos bajaba hasta que se les desapareció la fiebre por completo.

El experimento pareció ser un éxito. El niño se quedó nueve días más en la clínica, y no tuvo ninguna complicación. El noveno día le dieron el alta, pero el padre se quedó internado para más observación. El día once, de repente la fiebre del padre se elevó extremadamente y él murió en seguida.

Ésta es tal vez la mejor ilustración de la cruz que he oído. El Padre celestial ha causado que su santidad se encuentre con nuestra enfermedad fatal, el pecado que nos distorsiona y que nos contamina, en la persona de su Hijo. Jesús llevó en su cuerpo todo nuestro pecado y toda nuestra enfermedad, sufrió nuestro castigo, y murió en nuestro lugar.

25/octubre

te amo por quién eres

lucas 15.11–24

Todos nosotros nos descarriamos como ovejas, cada cual se apartó por su camino; mas Jehová cargó en él el pecado de todos nosotros (Isaías 53.6).

Jesús entró en nuestro mundo quebrantado para proveer un camino a fin de que los hijos pródigos regresen a casa. Quería expulsar de nuestro corazón la rebeldía para que no sólo volviéramos a casa sino que también nos regocijáramos al estar en casa, gozando del privilegio de formar parte de la familia que habíamos abandonado. Jesús pagó el precio de nuestro retorno y de nuestra sanidad.

Con el paso de los años, una convicción se ha fortalecido en mi alma, una conciencia de que Jesús desea hacer por nosotros mucho más de lo que podemos imaginar. Frecuentemente pensamos en términos muy egoístas sobre la obra de Cristo. Pero en realidad Cristo murió para hacer mucho más por los seres humanos de lo que podemos concebir, y si no comenzamos a soñar en términos más grandes, jamás experimentaremos la realidad más profunda de su presencia.

La realidad es que Cristo vino para hacer mucho más que simplemente preservarnos del infierno. Desea tener una relación personal con cada ser humano por quien él murió. Entregó su vida no sólo para salvarme de mis pecados, sino también para salvarme de mí mismo.

Todos nosotros nos descarriamos como ovejas, cada cual se apartó por su camino (Isaías 53.6). El auto-interés es la definición máxima del pecado, y la cruz tiene el poder para liberar a cada persona del egoísmo. Un sacerdote católico en la corte del Rey Luis XIV de Francia dijo un día: «Oh Dios, ¿no hay nadie que te ame simplemente por quién eres? ¿No hay sólo uno? Y si no hallas a ninguno, ¿no podrías crear uno?» Es por eso que Jesús fue a la cruz: para llevarme al lugar donde yo le ame simplemente por quién es y no por lo que puede hacer por mí.

La conclusión de la parábola del Hijo Pródigo habría sido una gran desilusión si el hijo hubiera regresad a casa sólo para recibir más herencia, sin ningún interés en su padre. Una vez que el padre vio que el hijo regresaba, la relación entre ellos se convirtió en la cosa de máxima importancia, y el lector se olvida de que el hijo había pensado en necesidades aparte de su padre.

26/octubre

dios, la Fuente de la verdad

salmo 1

Será como árbol plantado junto a corrientes de aguas, que da su fruto en su tiempo, y su hoja no cae; y todo lo que hace, prosperará (Salmo 1.3).

Las Escrituras dicen que Dios es la Fuente de toda verdad. Si le damos la espalda a la verdad, terminaremos o ilusionados o engañados, porque la verdad es la única realidad. Cuando dejamos atrás la verdad, perdemos la realidad y somos destruidos por el engaño.

Yo tenía más de sesenta años cuando por primera vez quería saber las raíces de la palabra *verdadero* («true» en inglés). Abrí mi diccionario y descubrí que la palabra *true* viene de una antigua palabra indo-europea para árbol (*tree*). Me era intrigante pensar en la conexión entre *true* (verdadero) y *tree* (árbol). Mientras más reflexionaba en el asunto, más sentido me parecía que tenía. Los árboles no se mueven de su lugar; cada mañana cuando nos despertamos, estarán allí, ocupando su sitio. La verdad es igual; podemos confiar en ella. No nos engañará. No nos dará una cara hoy y otra mañana. La mejor noticia de todas es que Jesucristo es verdadero. Es aboluta y totalmente confiable y fiel. Y cuando él tiene el control de nuestras vidas, nos quedamos en la realidad y caminamos en la verdad.

27/octubre

la santidad y el amor

mateo 22.36–40

*Y nosotros tenemos este mandamiento de él: El que ama
a Dios, ame también a su hermano (1 Juan 4.21).*

En las Escrituras, Dios dice dos cosas acerca de su esencia: Él es santo y él es amor. Toda santidad viene de Dios, y nadie es santo aparte de su presencia. Sin embargo, aun en nuestro pecado, los seres humanos clamamos por algo sagrado, moral y justo. Los seres humanos no son capaces de dejar de moralizar, y se ponen furiosos si se les hace alguna injusticia. En lo personal pueden ser inmorales, pero retienen sus normas de moralidad para aplicarlas a los demás: Nadie tiene el derecho de robar *mi* carro o secuestrar a *mi* hijo. Si se les cuestiona sobre la inconsistencia de su moralidad personal y la que aplican a otros, justifican su propia inmoralidad. Todas las personas son creadas por el Santo, y él ha estampado en nosotros su imagen.

Sin embargo, Dios no sólo es santo, sino que también es amor santo. Puesto que salimos de su mano, también clamamos por un amor puro y verdadero. Anhelamos hallar nuestra realización, no en nuestros deseos y ambiciones aislados, sino en algo más grande que nosotros mismos. Me pregunto si el énfasis en el amor en nuestra generación, aun en toda su perversión, es un símbolo de que nuestros corazones tienen un hambre desesperada por un amor que realmente satisface.

En Dios, el amor y la santidad son inseparables. Su pureza moral es combinada con su presencia personal y amorosa, y su amor es puro y ardiente.

28/octubre

a su imagen

salmo 17

Entonces dijo Dios: Hagamos al hombre a nuestra imagen, conforme a nuestra semejanza (Génesis 1.26).

A veces hablamos de un vacío dentro de nosotros, un vacío que sólo puede llenarse con Dios mismo. Decimos que Dios nos hizo para sí mismo y que somos incompletos sin su presencia en nuestras vidas. Muchos cristianos han dado gracias por ese vacío, sin el cual tal vez nunca se hubieran vuelto a Dios. Nos regocijamos en el diseño de Dios que dejó incompletos a sus criaturas para que lo necesitaran.

Sin embargo, la realidad no es que Dios nos hizo diferentes que él, sino que nos hizo semejantes a él. Nos creó a su propia imagen y semejanza, la semejanza del Hijo. Nos hizo personas tal como el Hijo es una persona, y de la misma manera que el Hijo no es completo en sí mismo, tampoco nosotros lo somos. Las personas, divinas o humanas, no pueden vivir sin relaciones interpersonales. Las personas divinas existen en la relación trinitaria, y las personas humanas también somos incompletas sin relación interpersonal. Tenemos que estar conectados a Dios—la fuente de nuestra vida, y tenemos que estar conectados a otras personas que él nos trae.

Es por eso que la Biblia enfatiza tanto el amor santo. Somos hechos para el amor, no un amor que usa a las personas para su propia satisfacción, sino un amor santo que halla su realización en darse a y para otro.

29/octubre

«si tú existes....te lo agradezco»
lucas 17.11–19

Entonces uno de ellos, viendo que había sido sanado, volvió, glorificando a Dios en gran voz (Lucas 17.15).

Yo estaba sentado en un avión, al lado de un señor que se identificó como ateo; este hombre me contó una historia que jamás he olvidado. Explicó porqué creía en la oración. Me dijo: «Antes yo sufría de migrañas terribles que casi me vuelven loco, y los medicamentos no me ayudaban para nada. Un día pensé, *Los religiosos oran.* Yo no sabía nada de la religión, realmente ni creía en Dios, pero pensé que no arriesgaba nada con el intento, y oré».

Continuó: «Dije, *Señor, no sé si existes o no, y si existes, no sé si me puedes ayudar o no, y si existes y puedes, no sé si lo harás, pero si existes y si puedes y si me quitaras estas migrañas, te lo agradecería mucho.* ¿Sabes qué? Desaparecieron las migrañas, y pensé que era una casualidad feliz».

Mi nuevo amigo siguió: «Un segundo pensamiento se me ocurrió: *¡Qué cobardía! ¿Y si Dios existe, y si lo hizo? Si yo atribuyera mi sanidad a la casualidad, sería un ingrato.* Por eso, oré la segunda vez: *Señor, no sé si existes o no, y no sé si lo hiciste o no, pero si existes y si lo hiciste, quisiera que sepas que te lo agradezco mucho.* Entonces surgió en mi mente otro pensamiento: *He experimentado muchas cosas buenas en mi vida y siempre asumía que eran casualidades. ¿Puede ser que ellas también fueran bendiciones divinas? Y si lo son, nunca le he expresado mi gratitud».*

Este señor me contó que oró una vez más: *No sé si existes o no, y no sé si eres responsable por las cosas buenas en mi vida, pero si ha estado tu mano en ellas, quisiera que sepas que te lo agradezco mucho.*

¿Estás tan agradecido con Dios como ese ateo?

30/octubre

el camino
isaías 30.18–21

Conozco, oh Jehová, que el hombre no es señor de su camino, ni del hombre que camina es ordenar sus pasos (Jeremías 10.23).

No existe un sistema direccional dentro del psique humano. Me di cuenta de esto un día cuando estaba sentado en una avioneta con un amigo mío. Él había sido piloto misionero en el África, y las avionetas habían sido su vida. Fue la primera vez que subí a una de ellas.

Antes de despegar, mientras él revisaba los instrumentos, yo observaba el panel de control con sus indicaciones tan extrañas. Le pregunté el significado de los varios instrumentos. Me contó que hay dos instrumentos esenciales en cualquier avión, grande o pequeño: una brújula y un horizonte. Yo entendía la función de la brújula pero le pregunté sobre el horizonte.

Me enseñó un instrumento cuya faz estaba dividida por una línea negra. Los extremos de la línea eran anaranjados y más gruesos que el resto de ella. Mi amigo dijo: «Ese instrumento me dice dónde está arriba y dónde está abajo». Le pregunté si era tan tonto que necesitaba un instrumento para discernir entre arriba y abajo; él me respondió que él no era el tonto.

Me explicó que cuando el avión se encuentra rodeado de nubes espesas y el piloto no puede ver nada aparte de las nubes, no existe nada dentro de su cuerpo que le indique la diferencia entre arriba y abajo. Para saber dónde está el avión, el piloto necesita un punto de referencia afuera de sí mismo; por eso la brújula indica la dirección lateral y el horizonte muestra la dirección vertical. Sin estos dos instrumentos, es imposible sobrevivir.

Nuestro camino no se halla dentro de nosotros. Es por eso que Jesús dijo: «Yo soy el camino» (Juan 14.6). Es por eso que necesitamos que el Espíritu y la Palabra nos guíen. Sin ellos nos desviamos del camino o chocamos.

31/octubre

listo para una aventura

éxodo 3.1–4.20

Ven, por tanto, ahora, y te enviaré a Faraón, para que saques de Egipto a mi pueblo, los hijos de Israel (Éxodo 3.10).

Dios pone a su pueblo y a sus testigos en el centro de todo lo importante. Pensamos que seguir a Dios nos condena a una vida de pequeñez significativa, pero la verdad es que él espera explotar nuestra pequeñez y establecernos en lugares con los cuales nunca hemos soñado. Dios puso al infante Moisés justo en medio de la familia más poderosa del mundo, para que recibiera la mejor educación y para aprendiera la responsabilidad y el liderazgo. Dios también puso a Israel en el centro del mundo militar de su tiempo. Si uno quería viajar entre Roma y Egipto o entre Egipto y Babilonia o entre el imperio hitita y Egipto, tenía que pasar muy cerca de Jerusalén.

Tenemos que entender que no somos socios de otro ser humano. Dejados a nuestra cuenta, no seríamos mucho, pero somos socios del Dios Trino, el Dios Soberano, cuya misión es la redención del mundo. Lo asombroso es que él nos ha confiado, a ti y a mí, una gran parte de esa tarea, y aún más asombroso es que, con su poder, podemos llegar a ser suficientemente grandes para ser usados en su plan para redimir al mundo.

No aceptes la pequeñez, aun la pequeñez significativa. Dios espera llevarte a lugares y oportunidades que existen sólo en tu imaginación más creativa. La clave es que permitas que él te dé las oportunidades y que él te mueva a nuevos sitios. ¿Estás listo para una aventura?

1/noviembre

nada desperdiciado (parte 1)

romanos 12.1–2

Y por todos murió, para que los que viven, ya no vivan para sí, sino para aquel que murió y resucitó por ellos (2 Corintios 5.15).

Yo me encontraba en Macao, una pequeña colonia en la costa de la China. Estaba allá para una conferencia de pastores, hospedado en la casa de una pareja misionera norteamericana. Cuando se iba concluyendo mi tiempo en Macao, mi anfitrión me preguntó si deseaba ver la sepultura del misionero Roberto Morrison. Asentí, y me llevó a un cementerio católicorromano. Parado al lado de esa tumba, erosionada y cubierta con musgo, sus letras e inscripicones casi borradas con el tiempo, me sentí conmovido, de una manera inusual para mí.

Roberto Morrison era un joven británico que estudiaba la contabilidad cuando Dios lo salvó y lo llamó al campo misionero. Cuando Morrison llegó a la China y los nativos supieron cuál era su misión, lo botaron de su territorio. En aquellos días, los que salían para ser misioneros, salían por toda la vida; no existían tiempos de descanso en el país de envío. Por eso, Roberto se trasladó a Macao, una colonia portuguesa. Se quedó allí un tiempo, regresó a la China y volvió a ser deportado. Halló trabajo como contador en la Compañía de la India Oriental. Periódicamente, viajaba para la China, sólo para ser expulsado cada vez. Morrison trabajaba todo el día para la Compañía, una empresa que odiaba a los misioneros, y de noche traducía la Biblia al chino. Por fin terminó la traducción y murió en Macao. Durante varios días después de su muerte, hubo pleitos sobre el sitio apropiado para su entierro. Los chinos no querían que un cristiano se sepultara en su cementerio, y los católicos no deseaban que un protestante se enterrara en el suyo. Por fin, alguien negoció con el arzobispo católicorromano, quien vendió una sola tumba para que sepultaran a Roberto Morrison. Fue rechazado durante la vida y rechazado también en la muerte.

Raramente reconocemos los costos que otros han pagado por ser fieles al Señor Jesús. En nuestra sociedad, nos enfocamos tanto en nuestras necesidades personales que pocos están dispuestos a ponerse de pie para declarar: «Lo que Dios me pida, lo haré». ¿Estás dispuesto a hacerlo?

2/noviembre

nada desperdiciado (parte 2)

1 pedro 3.13–18

Porque también Cristo padeció una sola vez por los pecados, el justo por los injustos, para llevarnos a Dios, siendo a la verdad muerto en la carne, pero vivificado en espíritu (1 Pedro 3.18).

Mientras yo contemplaba la tumba de Roberto Morrison, una memoria asombrosa pasó por mi cerebro. En 1982, había hecho un viaje anterior a la China. En aquella época, el gobierno permitió la apertura de cuatro iglesias en Cantón, y asistí a los servicios en una de ellas. Ese miércoles asistimos a un culto de oración y hallamos a casi trescientas personas en esa iglesia nuevamente abierta.

Mientras se realizaba el estudio bíblico, yo observaba a los congregados y algo me asombró. El sesenta por ciento de esa congregación tenía menos de treinta años de edad, lo que significaba que casi todos ellos habían nacido bajo el gobierno de Mao. Nacieron bajo el mando de un gobierno tan hostil al cristianismo que los padres creyentes temían hablarles a sus hijos de Jesús; si los policías oyeran a los niños hablar de Jesús, la familia entera podía ser detenida.

Después del servicio tomé una taza de té con el pastor anciano. «Señor», le dije, «tengo una pregunta. ¿Tengo razón cuando calculo que el sesenta por ciento de esta congregación tiene menos de treinta años?»

Sonrió y dijo: «Sí».

«Permítame una pregunta más», le pedí. «Si tienen menos de treinta años de edad, nacieron bajo el gobierno de Mao, ¿no es verdad?»

«Sí». (Había volúmenes de sufrimiento en esa sílaba.)

«¿Cómo es posible, entonces, que hayan llegado a ser creyentes?»

El pastor sonrió como si tuviera algún secreto, sin saber si pudiera confiar en mí. Dijo simplemente: «Son hijos de creyentes, o amigos de los hijos de creyentes, o amigos de los amigos de los hijos de creyentes».

En ese momento sólo pude pensar en los padres chinos que estaban dispuestos a arriesgar sus vidas para que sus hijos conocieran a Cristo. De noche, cerraban las ventanas y las puertas, sacaban una copia vieja de la Biblia en chino, guardada bajo el piso de la casa, y la leían con sus hijos. La salvación de esos niños vino de leer la traducción de la Biblia por la cual Roberto Morrison dio su vida.

Ninguna devoción a Cristo se desperdicia; ningún amante de Cristo es finalmente rechazado. La redención de cada uno comienza con la obediencia de otro. ¿Qué te está llamando a hacer?

3/noviembre

prefiero tener a jesús

lucas 14.25–34

Así, pues, cualquiera de vosotros que no renuncia a todo lo que posee, no puede ser mi discípulo (Lucas 14.33).

El diseño y la estructura del tabernáculo de los judíos estaban llenos de señales que apuntaban el camino hacia la realidad eterna. Aun los muebles apuntaban hacia Dios. La primera cosa en el patio exterior del tabernáculo era un altar de bronce donde se ofrecían los sacrificios de animales. Dios moraba en el Lugar Santísimo en el centro del tabernáculo, y para acercarse a esa morada, cada adorador tenía que parar en el altar de bronce para hacer sacrificio. Ese holocausto era una expiación por el pecado, y tenía que ser el sacrificio de una vida, el derramamiento de sangre.

La intimidad con Dios es costosa; jamás podemos entrar en su presencia sin estar dispuestos a pagar el precio. Conocer personalmente al Dios Trino no es una cosa barata; la Biblia no dice nada de una gracia barata. La gracia se nos hizo disponible a un gran costo para el Señor Jesús. Para nosotros también hay un precio si queremos conocer a Dios en forma íntima.

Nada de valor en esta vida viene sin esfuerzo. Dios ha ordenado el mundo de tal manera que las cosas más deseables sean por las que más tenemos que sacrificarnos para lograrlas. Amar a alguien, sea a Dios o a otra persona, significa poner a esta persona antes que nuestro auto-interés. Es infinitamente mejor vivir en intimidad con el Señor Jesús que tener todos los lujos y comodidades del mundo.

4/noviembre

la fe de josé

hebreos 11

Conforme a la fe murieron todos éstos sin haber recibido lo prometido, sino mirándolo de lejos, y creyéndolo, y saludándolo, y confesando que eran extranjeros y peregrinos sobre la tierra....
Por lo cual Dios no se avergüenza de llamarse Dios de ellos; porque les ha preparado una ciudad (Hebreos 11.13, 16).

¿Recuerda cuando se moría José? Llamó a sus hijos Efraín y Manasés y les instruyó a que no lo enterraran cuando muriera, sino que lo embalsamaran. Quería que su cadáver se preservara hasta que los israelitas salieran de Egipto para la tierra de la promesa divina. José tenía plena confianza que Dios iba a cumplir su promesa a la familia de Abraham, y él quería ser parte en la muerte de la familia de la cual había sido separado en vida.

¿Puedes imaginar a la familia que guardaba el cadáver del Abuelo José durante tantos años? Cada generación de nietos entraba para preguntar: «Abuela, ¿qué hay en esa caja en la sala?»

«Pues, es el Abuelo José», decía ella con calma.

«Abuelita, los egipcios guardan a sus muertos en las pirámides o en tumbas. ¡Nadie guarda a los muertos en la sala de su casa!»

«Somos diferentes de los egipcios, hijo mío. Tienes que entender que tenemos un futuro, y en ese futuro vamos hacia un destino. Dios tiene una tierra para nosotros, y ha prometido llevarnos para allá. No podemos dejar al Abuelo José aquí en Egipto; tenemos que sepultarlo en la Tierra Prometida».

Ésta es la fe bíblica: creer y no dudar. Creer que Dios tiene un futuro para ti y para los tuyos.

5/noviembre

gozo, deleite y realización

juan 14.19–31

Entraré al altar de Dios, al Dios de mi alegría y de mi gozo; y te alabaré con arpa, oh Dios, Dios mío (Salmo 43.4).

Ojalá pudiera ilustrar adecuadamente la interdependencia de las diferentes personas de la Trinidad. PermIteme decir esto: El amor entre el Padre, el Hijo y el Espíritu Santo es la clase de amor en el que cada uno halla su mayor deleite y realización en el otro. Ésta es la esencia de su relación. Están tan unidos, el uno al otro, que si conoces a una persona de la Trinidad, conoces todo lo que es Dios. La unión del uno con el otro es su esencia; el amor es su carácter.

El Dios cristiano no es como Alá, quien ama sólo ocasionalmente. El Señor Dios *es* amor. Lo que es una acción para Alá, es esencia y naturaleza para Yahweh. Sería imposible que Dios fuera amor, si no fuera por la Trinidad, porque antes de la creación, ¿a quién habría amado? El amor es cuando descubrimos nuestro gozo, nuestro deleite y nuestra realización en otro. La tri-unidad de personas existía antes del comienzo del tiempo y del espacio; antes de que existiera la creación, Dios era, es y por siempre será amor.

Este carácter personal de Dios y del cristianismo, junto con su énfasis en la fe, significa que la cosa principal que Dios desea de nosotros no es la obediencia. Si quisiera una obediencia servil, la podría forzar. Lo que realmente quiere de nosotros es que lo amemos tanto que él sea nuestro gozo, nuestro deleite y nuestra realización.

6/noviembre

conocer y saber

romanos 2.25–29

Sepa, pues, ciertísimamente toda la casa de Israel, que a este Jesús a quien vosotros crucificasteis, Dios le ha hecho Señor y Cristo (Hechos 2.36).

Las personas responsables de la crucifixión de Jesús sabían más acerca de las realidades últimas que cualquier otro grupo de gente que había vivido. Eran los únicos monoteístas; habían entrado en un pacto con Dios, y vivían de acuerdo a los mandamientos que él les había dado. Estas personas sabían más y tenían una ética más adecuada que cualquier otro grupo. Pero ese mismo conocimiento impidió que reconocieran a Aquel que era la Realidad detrás del conocimiento intelectual de ellos. La ética de los judíos impidió que reconocieran al Creador de toda la existencia humana y de las relaciones humanas. Fueron ellos, asombrosamente similares a nosotros, los que mataron a Jesús.

Saber de Dios es fatal. Es sólo cuando su presencia entra en nuestra vida y en nuestra mente de manera que nuestro conocimiento de él llegue a ser personal, que somos protegidos de crucificar a Aquel a quien esperamos.

Leemos en Números 9.15–23 que el pueblo de Israel era guiado por la presencia de Yahweh. Los guiaba con una columna de fuego de noche y con una nube de día. Cuando quería que el pueblo parara, la nube descansaba sobre el tabernáculo. El conocimiento de los israelitas sobre Dios era personal. Su presencia, morando gloriosamente en medio de ellos, era la realidad suprema de sus vidas. ¿Lo conoces personalmente de la misma manera? ¿O sólo sabes algo acerca de él?

7/noviembre

descubriendo el gozo del trabajo
proverbios 6.6–11

Hagamos al hombre a nuestra imagen, conforme a nuestra semejanza; y señoree en los peces del mar, en la aves de los cielos, en las bestias, en toda la tierra, y en todo animal que se arrastra sobre la tierra (Génesis 1.26).

Seguir a Jesús no es posible sin trabajo duro. Requiere una formación intelectual de la mente tanto como la sumisión de nuestra voluntad para que seamos como Jesús. El cristianismo no es asunto de sentarse con los brazos cruzados, esperando alguna inspiración; es cuestión de usar lo que Dios nos ha dado para conocerlo mejor. No hay ninguna esfera de actividad intelectual, moral o espiritual que no esté abierta para nosotros y de la cual no debemos ser maestros y conocedores. Y una de las cosas más lindas es que algunos de nosotros podemos ser expertos en cosas tan sofisticadas como la física nuclear o la gramática sumeria, con plena confianza de hacer la voluntad de Dios, si estas disciplinas son parte del plan de Dios para nosotros. Y es la voluntad de Dios que alguien sea maestro en cada una de estas esferas de conocimiento humano y de experiencia humana.

¿Qué se requiere para realmente conocer bien a Jesús? Requiere trabajo duro en cada aspecto de la vida, y tenemos la tendencia de esquivar la labor difícil. No hay fórmula mágica para conocer a Cristo, y no hay atajos. Los creyentes tienen que poner manos a la obra y enfrentar la tarea que Dios les ha puesto. Ciertamente gozamos de ayuda divina, pero Dios nunca hará por nosotros lo que es nuestra responsabilidad. No tenemos el privilegio del ocio; el trabajo es nuestra responsabilidad y nuestro llamado. El gozo del trabajo es algo que tiene que aprenderse, y es por eso que hay en la sociedad una estructura que capacita a las personas para que trabajen. Las cosas más redentoras en esta vida son cosas que jamás haríamos si no sintiéramos presión para hacerlas.

8/noviembre

el camino del ser humano no se halla en él

jeremías 10

Conozco, oh Jehová, que el hombre no es señor de su camino, ni del hombre que camina es el ordenar sus pasos (Jeremías 10.23).

Al fin del capítulo 10 de Jeremías, el profeta llega a una conclusión acerca de la humanidad. En un texto por excelencia, escribe sobre la naturaleza de Dios y la tendencia humana de forzar una alternativa para Dios, de llenar el vacío en la vida creado por la ausencia de Dios. Dice: «Conozco, oh Jehová, que el hombre no es señor de su camino, ni del hombre que camina es el ordenar sus pasos» (Jeremías 10.23). Una característica de los seres humanos es que nuestro camino no se encuentra dentro de nosotros. La fascinación de nuestra sociedad con los recursos de auto-ayuda y auto-realización terminará sin producir felicidad o satisfacción, porque el fin para el que todos los seres humanos existimos, en forma colectiva y como individuos, tiene que hallarse más allá de nosotros mismos. Fuimos hechos por y para Alguien que existe más allá de nuestra realidad. Por eso, no somos libres para tener todas las respuestas.

Lo asombroso es que esta verdad es aplicable no sólo a las personas humanas, sino también a las personas divinas. El camino de Jesús no se halló dentro de él mismo; su senda fue establecida por el Padre. Vivió por su Padre y buscó en él la dirección, las respuestas y la realización.

Si el Señor Jesús no podía encontrar en sí mismo el camino para su vida, sino que tenía que mirar hacia el Padre, cuánto más nosotros; nuestro camino no está en nosotros sino en el Padre. Ciertamente no somos más capaces de tomar decisiones autónomas de lo que era Jesús. Los cristianos que caminan en confraternidad íntima con el Dios trino descubrem la libertad que viene de mirar al Padre para cada decisión, cada respuesta y cada necesidad. Es una revelación gloriosa darnos cuenta de que, aunque no somos suficientemente grandes para hallar nuestro propio camino o para satisfacer nuestras propias necesidades, existe Uno que es más que suficiente.

9/noviembre

más cristiano

mateo 5.1–16

Vosotros sois la sal de la tierra; pero si la sal se desvaneciere, ¿con qué será salada? No sirve más para nada, sino para ser echada fuera y hollada por los hombre (Mateo 5.13).

Lo que el cristianismo occidental necesita urgentemente, más que un aumento en el número de creyentes, es que los cristianos existentes sean más cristianos de lo que ahora son. He pensado en las palabras de Jesús cuando él dirige a sus seguidores a que sean la sal de la tierra. Los cristianos han de ser una influencia positiva en la sociedad, una fuerza que disminuye la corrupción, que trae la limpieza a los lugares donde existe la contaminación. Los cristianos deben agregar el sabor y el gusto para la vida que toda la sociedad busca diligentemente y sin éxito.

El sabor salado no es una cualidad que tú y yo podamos controlar, guardar y dispensar; en cambio, es un resultado directo de vivir en intimidad con Dios. Las personas cuyas vidas han sido reprimendas para la mía siempre han sido personas que caminan en cercanía con Dios. Las personas cuyas vidas me han estimulado, desafiado o corregido han sido personas que moran en confraternidad íntima con Dios.

Nuestro mundo no necesita oír a más personas hablando de Dios o aun de Jesús si estas personas no tienen un estilo de vida que refuerce cada palabra que pronuncian. Lo interesante es que cuanto más caminamos en intimidad con Dios, menos tenemos que decir. Nuestras vidas se convierten en testimonios audaces y lindos a la pureza, la libertad y la belleza de nuestro Señor Jesús.

10/noviembre

la otredad de dios

juan 1

En el principio era el Verbo, y el Verbo era con Dios, y el Verbo era Dios. Este era en el principio con Dios. Todas las cosas por él fueron hechas, y sin él nada de lo que ha sido hecho, fue hecho. En él estaba la vida, y la vida era la luz de los hombre (Juan 1.1–4).

Génesis 1–2 presenta una cosmovisión enormemente diferente de la que se refleja en todas las demás historias de la creación en la antigüedad. En esos mitos de la creación, los humanos y los dioses son mezclados, de tal manera que el linaje de todo ser humano, trazado hacia atrás, termine en un origen divino. Todas esas religiones opacan la línea entre lo finito y lo infinito, creando así culturas de idolatría en las que se adora la creación en vez del Creador. Estas historias apelan a la imaginación humana, de la misma manera que hacen otras cosmovisiones que limitan toda realidad al tiempo y al espacio. Es un concepto cautivador pero ilusorio que piensa que no existe nada fuera de nosotros y de nuestras situaciones.

En una ocasión escuché a un teólogo que decía que la Encarnación confirma que Dios ama a la humanidad y que se identifica con los seres humanos. Pero cuando se le preguntó sobre la Resurrección, admitió que no creía que ésta hubiera sucedido. La teología de ese hombre podría resumirse en tres afirmaciones: (1) La vida es una tragedia, confirmada por los sufrimientos de Jesús. (2) La vida es absurda, confirmada por el sufrimiento injusto de Jesús, el justo. (3) Dios se encuentra en medio de la misma tragedia que sufren los seres humanos, confirmado por la experiencia de Jesús.

Al escuchar la teología malsana de ese señor, me di cuenta de que, una vez que se borre la perspectiva bíblica de la otredad de Dios, no queda ningún auxilio ni ninguna esperanza para la humanidad.

Génesis 1–2 dice algo radicalmente diferente. El Dios de la creación no está atrapado en el fluir de la vida humana; no está limitado por nuestras limitaciones. Entra en nuestra existencia y trae orden donde había caos, vida donde había muerte, certeza donde había ambigüedad, conocimiento y verdad donde había ignorancia. Estas cualidades—orden, vida, conocimiento y verdad—vienen exclusivamente de la perspectiva bíblica de Dios.

11/noviembre

presencia, la base de la ética

isaías 42.5–9

Yo Jehová te he llamado en justicia, y te sostendré por la mano; te guardaré y te pondré por pacto al pueblo, por luz de las naciones (Isaías 42.6).

La base de la ética cristiana no es una conciencia universal ni una ley moral general; es una relación personal con el Creador del universo. Desde esa relación sale una preocupación por los demás que declara insistentemente que cada ser humano ha sido creado a la imagen del Dios trino y que por eso es digno de respeto y honor. Recuerdo el asombro que sentí cuando descubrí que la palabra *justicia* en las Escrituras no significa guardar una ley abstracta, sino que comunica la idea de estar en relaciones interpersonales correctas y verdaderas y limpias. Hemos de estar en relación correcta con Dios y con los demás; eso es el significado de la justicia.

La naturaleza de Dios es la base de nuestro trato para con otros, y su naturaleza es la verdad que no falla, la misericordia que no cesa y la justicia que no cambia. Puesto que Dios es verdadero, misericordioso y justo, somos capaces de tratar a otros con verdad, misericordia y justicia. Cada individuo ha sido hecho a la imagen de Dios, y por eso somos diseñados para honrar a los demás portadores de la semejanza divina.

Esto destruye el concepto de la relatividad en la ética. La presencia de Dios es el estándar de lo correcto y lo incorrecto. Nuestro fundamento ético no es un conjunto de reglas rígidas y anticuadas, ni una agrupación de normas siempre cambiables que podemos manipular según nuestros deseos personales. El Dios trino debe ser la base de todo intercambio humano y de nuestra manera de tratar al mundo en el cual vivimos. ¿Vivimos en relaciones correctas, según el diseño divino para nosotros? ¿Tratamos a los demás como personas hechas a la imagen de Aquel que es toda verdad, todo amor y toda justicia?

12/noviembre

¿dónde está tu tesoro?

mateo 6.19–23

Haceos tesoros en el cielo, donde ni la polilla ni el orín corrompen, y donde ladrones no minan ni hurtan. Porque donde esté vuestro tesoro, allí estará también vuestro corazón (Mateo 6.20–21).

Tesoro incomparable, Jesús, mi amigo fiel,
Refugio del que huye del adversario cruel;
Sujeta compasivo a ti mi corazón,
Ya que para salvarme sufriste la pasión.

Dirige a mí tu rostro, Jesús, lleno de amor,
Sol puro de justicia, dulce consolador.
Sin tu influencia santa la vida es un morir;
Gozar de tu presencia, esto sólo es vivir.

Jesús, riqueza mía, mi amante Salvador,
Eres en mis flaquezas mi fuerte protector.
Jamás el enemigo podrá turbar mi paz;
Por más que lo intentare no lo permitirás.

Al mundo de falacias no pertenezco ya;
El cielo es mi morada, allí mi Amado está.
Adonde Cristo habita con ansia quiero ir;
En sempiterno gozo con él quiero vivir.[*]

¿Es Jesús tu tesoro hoy?

---

[*] *Himnos de fe y alabanza,* compilados por Robert C. Savage (Grand Rapids: Zondervan, 1966).

13/noviembre

¿dudar o cuestionar?

2 timoteo 2.11–13

¿Pues qué, si algunos de ellos han sido incrédulos? ¿Su incredulidad habrá hecho nula la fidelidad de Dios? De ninguna manera; antes bien sea Dios veraz, y todo hombre mentiroso (Romanos 3.3–4).

¿Cuál es la diferencia entre la duda y tener preguntas? Antes yo pensaba que si tenía preguntas, eso significaba que dudaba. Y llegó un momento en mi vida cuando pensaba que Dios me había puesto bajo maldición; parecía que él había colocado en mi cerebro una máquina que producía preguntas e inquietudes con una velocidad fenomenal. Me parecía que nadie tenía más preguntas que yo. Pero con el paso de los años, me he quedado muy agradecido por esa caja de preguntas, porque Dios la ha usado para evitar que yo caiga en la ilusión y el auto-engaño.

Entonces, si las preguntas y las dudas no son la misma cosa, ¿cuál es la diferencia entre ellas? En Génesis 3, la serpiente pregunta: «¿Dios os dijo que no comiérais del fruto de todos los árboles del huerto?»

Eva responde: «Sí. Hay un árbol del cual no debemos comer y el cual ni hemos de tocar».

«Dios es un viejo malo, ¿no es verdad?», sisea la serpiente. «¡Mira ese árbol! Su fruto es delicioso y bello, y comer de él te hará una persona mucho más rica. Dios te está privando de algo hermoso; te está manteniendo pobre».

Así que Eva enfrenta un dilema. El árbol parece excelente, y la serpiente parece saber de lo que habla. Pero cada experiencia hasta ahora le ha confirmado a Eva que Dios desea lo mejor para ella.

Hasta ahora, no hay pecado. Pero después entra la duda. ¿Dios me está privando de algo? ¿Está guardando algo que sería bueno para mí? Y en el momento que Eva consiente con esta idea, ha pecado.

¿Has acusado a Dios de privarte de algo? ¿Te has enojado con él por no darte todo lo que querías? En cuanto yo acuse a Dios de no ser bueno, he pecado y me he distanciado de Dios. Cuando me permito alejar de Dios, el pecado entra en mi vida.

14/noviembre

las llamadas sutiles del pecado
lucas 4.1–13

Entonces la serpiente dijo a la mujer: No moriréis; sino que sabe Dios que el día que comáis de él, serán abiertos vuestros ojos, y seréis como Dios, sabiendo el bien y el mal (Génesis 3.4–5).

El diablo es siempre sutil y mañoso en sus tentaciones. En primer lugar, siempre nos tienta a través de algo bueno. La historia de Eva ilustra esta verdad. ¿De dónde vino el tentador? Se nos dice que el Señor Dios lo había hecho; era una criatura de Dios. ¿Qué usó para tentarla? Fue el fruto del árbol, y era bueno porque Dios lo había creado. ¿Dónde ocurrió la tentación? En el Edén. No sucedió en las afueras del infierno; existe la tentación aun en el Paraíso. ¿Quién fue el blanco de la tentación? Fue una persona hecha a la imagen de Dios—la criatura más noble, más elevada y mejor de toda la creación.

La tentación siempre viene por medio de algo bueno y valioso. Eso significa que una persona puede estar morando en el centro de la voluntad de Dios y no estar exento de la tentación grave. Adán y Eva eran quiénes fueron diseñados para ser y estaban dónde tenían que estar, y no obstante, se les llegó la tentación.

En segundo lugar, Satanás disfraza la sumisión a sus propósitos con la vestimenta de la autonomía personal. Nunca nos pide que seamos sus siervos; en ningún momento le dijo a Eva que quería ser el amo de ella. El cambio de lealtad nunca es de Cristo para el maligno; es siempre de Cristo para nosotros mismos. En vez de la voluntad de Cristo, el auto-interés llega a reinar en nosotros. Esto es la esencia del pecado.

Tercero: El diablo siempre dice: «Esto no es cosa seria; siempre podrás pedir perdón». Pero lo interesante es que la historia termina con Eva fuera del jardín, y ha perdido algo para siempre; aunque encuentra el perdón, nunca vuelve a morar en el Paraíso.

Cuando vengan las tentaciones, no te confundas con la apariencia del bien. No tengas hambre de la autonomía personal, la cual es realmente esclavitud, y no creas que el perdón vaya a remover las consecuencias del pecado. Fija tu voluntad en el hecho de que perteneces a Cristo y sólo a Cristo. Alza la bandera de él y camina debajo de ella, marchando con él y permaneciendo vinculado con él, por fuera y por dentro. Lo bello es que tu conquista de la tentación se convertirá en el arma que derrota al enemigo, porque la experiencia te acercará más a Jesús. Dios usa la tentación para conquistar el reino del mal y para llevar a sus hijos a la victoria.

15/noviembre

la tentación

santiago 1.2–18

Dichoso el que resiste la tentación porque, al salir aprobado, recibirá la corona de la vida que Dios ha prometido a quienes lo aman (Santiago 1.12, NVI).

La tentación no es pecado. Hay tanta confusión sobre este asunto como sobre cualquier otro aspecto de nuestra experiencia con la gracia de Dios. Santiago dice que cada uno de nosotros es tentado por su propio deseo, y que el deseo da a luz el pecado y éste a su vez produce la muerte. Esta progresión se ve claramente en la historia de Eva. Deseó lo que se puso delante de ella, lo que Dios había prohibido. Cuando lo miró, lo quería; pero no pecó al desearlo. El pecado entró cuando ella extendió la mano, tomó el fruto y lo comió. Cuando su voluntad consintió en hacer lo que Dios le había prohibido que hiciera, la contaminación y el pecado entraron en su experiencia.

Esto es importante porque muchas personas hallan dentro de sí mismas un deseo por algo que entienden que es prohibido. Se dan cuenta del deseo e inmediatamente oyen una voz condenadora que les acusa de culpabilidad, diciendo: «Ya no te queda más opción que rendirte al deseo y pecar; ya estás condenado». Pero sólo cuando tu voluntad haya consentido, ocurrirá la fisura en tu relación con Dios. El Señor busca guerreros que salgan victoriosos, y la victoria nunca viene sin una batalla.

16/noviembre

el problema del mal

joel 2.12–13

Y vio la mujer que el árbol era bueno para comer, y que era agradable a los ojos, y árbol codiciable para alcanzar la sabiduría; y tomó de su fruto, y comió; y dio también a su marido, el cual comió así como ella (Génesis 3.6).

¿Cómo pueden los cristianos confrontar intelectual y emocionalmente el mal que existe en nuestro mundo? ¿Cómo llegó la vida a ser tan corrompida si Dios es completamente bueno y si él tiene el control soberano? Sería fácil decir que debiera haber ocurrido algún evento enorme y trágico que dejara su maldición sobre todo el tiempo y sobre todo rincón del espacio. Es interesante que las Escrituras nos informan que la fuente de la maldición no fue un acto monumental. Dos personas simplemente miraron en la dirección equivocada, le dieron la espalda a la Fuente de sus vidas y buscaron un árbol que les podría dar el conocimiento del mal y del bien—el bien que perdieron en ese momento.

No hay ningún indicio de que Adán y Eva quisieran deshacerse de Dios; estaban perfectamente contentos con tener a Dios cerca, siempre y cuando pudieran comer del fruto de ese árbol. El pecado es simplemente dejar de fijar los ojos en Dios y extender la mano para tomar lo que quieres.

Unas consecuencias alarmantes y desastrosas resultaron de esa elección sencilla de no mirar a Dios. Los efectos del pecado, aun de lo que parece el pecado más insignificante, hacen eco por centenares de generaciones. Una vez que se cometa el pecado, no hay absolutamente ninguna manera de deshacerlo. Adán y Eva lograron el conocimiento del mal sólo por su elección; ya habían conocido el bien. Su pecado los separó de Aquel que es el bien. La pregunta para ellos y para nosotros es: «¿Realmente vale la pena?»

17/noviembre

no existe la auto-realización

marcos 8.34–38

Porque todo el que quiera salvar su vida, la perderá; y todo el que pierda su vida por causa de mí y del evangelio, la salvará (Marcos 8.35).

Una de las claves para entender no sólo el problema del mal humano sino también su solución es comprender la naturaleza básica de los seres humanos. Puesto que somos hechos a la imagen de Dios, nunca existimos en aislamiento; siempre formamos parte de una red de relaciones. Por eso, nuestras decisiones afectan a otros. No somos auto-originados; empezamos la vida dentro de otra persona, en circunstancias ideales somos el fruto del amor matrimonial. Tampoco somos auto-sustentados; recibimos nuestra vida del mundo que nos rodea, por el aire y el agua y la comida. Ni tampoco somos auto-explicados. No hay ningún ser humano típico porque existimos en dos géneros; se requiere dos para explicar uno. Así que toda nuestra vida y toda nuestra identidad se construyen sobre las vidas de otros.

Todo esto significa que, no obstante nuestras luchas en contra, no somos auto-realizados. Nuestra realización siempre se halla en otra persona. Es por eso que Jesús dijo: «Porque el que quiera salvar su vida, la perderá; pero el que pierda su vida por mi causa y por el evangelio, la salvará» (Marcos 8.35, NVI).

Entonces, ¿cómo afecta todo esto el problema del mal? Las personas existen en redes de relaciones que ayudan a establecer su existencia, su identidad y su realización. Si estas relaciones se quebrantan, las personas sufren. Además, nuestras decisiones afectan a un círculo amplio de personas. Si elegimos el bien, otros tienen la oportunidad para crecer y tener éxito, pero si optamos por el mal, las puertas se cierran y otros pierden la oportunidad para crecer.

Por eso, el problema del mal se solucionará para nosotros sólo cuando reconozcamos nuestra necesidad de que la relación primaria esté en orden—nuestra relación con Dios. Habiendo salido de la mano de Dios, somos hechos para estar en relación con él. En forma similar, puesto que hemos salido de una relación de amor entre dos seres humanos, necesitamos una relación con una Madre y con un Padre. Ser privado de cualquiera de estas dos relaciones—con Dios o con nuestros padres—puede ser destructor. Ser privado de nuestra relación con Dios significa la muerte final para nosotros y para otros.

Cuando descubrimos nuestro gozo y nuestra realización en nuestra relación con Dios, obtenemos una nueva libertad para hacer elecciones que abrirán las puertas de la gracia para otras personas. Mientras tomemos decisiones consistentemente basadas en el amor auto-dador, el mal disminuye y comienza a perder su poder férreo sobre los que habitan nuestro círculo.

18/noviembre

la salvación en el corazón de otro

isaías 53

Todos nosotros nos descarriamos como ovejas, cada cual se apartó por su camino; mas Jehová cargó en él el pecado de todos nosotros (Isaías 53.6).

La salvación nunca empieza con la persona que se salva. Cuando yo era un pastor joven y contemplaba los problemas en mi congregación y en mi comunidad, decía: «Si ese fulano pusiera en orden su vida, las cosas marcharían mucho mejor. ¿Por qué no lo hace?»

Nadie jamás decide mejorar por su propia cuenta. No hay ninguna persona que de repente se despierta por la mañana y dice por su propia cuenta: «Hoy voy a hacerme cristiano» o «creo que hoy voy a poner en orden mi relación con Dios». La clave para el cambio de cada persona se halla en alguien más; es así que Dios ha diseñado a los seres humanos. Somos personas. Te desafío a que leas el Evangelio de Juan y que intentes explicar a Jesús por su propia cuenta. Jesús insistía en que no se podía explicar por sí mismo; no estaba en el mundo para hacer su propio negocio.

Hacía décadas que yo leía el Evangelio de Juan antes de que se me ocurriera que el actor principal de ese libro no es Jesús, sino el Padre. Cuarenta veces se usa la palabra *enviado* en el Evangelio de Juan; cuando Jesús habla de su Padre la palabra en griego es literalmente *el Padre que me envía*. Nunca entenderás a Jesús hasta que sepas que él vino de su Padre; lo que él posee para su dirección no es su propia voluntad, sino la de su Padre.

Ninguno de nosotros, ni siquiera Jesús, es auto-explicado. Somos todos interrelacionados, y la clave para cada persona se halla en otro. Tu vida física comenzó en el vientre de otra persona. Tu salvación empezó en el corazón de otro. Cada uno de nosotros es el resultado del amor de otro. Dios se hizo humano por nosotros, tomando en sí todos nuestros pecados.

¿Estamos dispuestos a llevar en nuestro corazón a los demás?

19/noviembre

libres para recibir

juan 14.15–18

A lo suyo vino, y los suyos no le recibieron. Mas a todos los que le recibieron, a los que creen en su nombre, les dio potestad de ser hechos hijos de Dios (Juan 1.11–12).

Uno de los efectos de nuestra naturaleza caída es que no nos gusta recibir de otros. Si recibo, me siento dependiente, y no quiero depender de ti. Yo me crié en un sector de Carolina del Norte poblado por agricultores de ascendencia escocesa, cuyo lema de independencia era: «Haz lo tuyo. Depende de ti mismo. Sé tu propio hombre». Descubro en mí una resistencia a depender de otros.

Si dependo de ti, tú tendrás algún control sobre mí, y no deseo ser controlado. Por eso, siento resentimiento por mi dependencia; me disgusta el recibir. Lo interesante es que cuando rehúso recibir o cuando recibo con resentimiento, te privo de una de las razones principales de tu existencia, porque hallarás tu realización sólo en dar.

¿En algún momento alguien te ha devuelto el regalo que le habías dado? ¿Tu hijo o tu hija, tu esposa o tu esposo ha usado un regalo como una arma de manipulación? El dolor que sentimos cuando esto pasa indica que fuimos creados para dar, no por razones interesadas, sino por el bien de otros. Cuando dejamos de recibir o cuando otros dejan de recibir nuestros regalos, hemos puesto barreras el uno contra el otro. Cuando recibes con gratitud, le das al otro el mejor regalo.

¿Estás dispuesto a recibir los regalos de amor que otros esperan darte? ¿Está abierto tu corazón, listo para depender de otros? Esto es la esencia de la salvación—recibir el regalo del amor de Dios.

20/noviembre

libres para dar

Eelesiastés 11.1–2

Sanad enfermos, limpiad leprosos, resucitad muertos, echad fuera demonios; de gracia recibisteis, dad de gracia (Mateo 10.8).

Otro efecto de la Caída (Génesis 3) es que no nos gusta dar. Preferimos guardar para nosotros mismos, amontonando riquezas en vez de gastarnos. Si damos algo, lo hacemos con ganchos ocultos en el regalo. Permíteme preguntarte: ¿Conoces algo que tenga más poder para corromper las relaciones humanas que los ganchos escondidos en nuestros regalos? Un padre le da algo a su hijo y después dice: «Después de todo lo que yo he hecho por él....», y en el momento que lo dice, su regalo se ha contaminado. No dio con gracia; dio sólo para recibir o guardar otra cosa.

¿Qué sucedería si diéramos sin ganchos? Sería el amor perfecto. Estoy convencido que ésta es la manera en que Adán y Eva vivían juntos antes de la Caída y que ésta es la voluntad de Dios para ti y para mí. El Señor Jesús me da a mí y yo te doy a ti; después me das a mí y el Señor te lo devuelve a ti. Descubrimos que recibimos la vida el uno del otro, y nos damos cuenta de que no podemos sobrevivir el uno sin el otro. Somos vinculados por el amor. Creo que así será la vida eterna.

Date libremente hoy, de la manera que el Señor Jesús se dio a sí mismo por nosotros. No pienses en ti mismo ni en el efecto que tu dar producirá en ti. Da con todo tu corazón.

21/noviembre

el brazo del señor (parte 1)
isaías 63.5

Y lo vio Jehová, y desagradó a sus ojos, porque pereció el derecho. Y vio que no había hombre, y se maravilló que no hubiera quien se interpusiese; y lo salvó su brazo, y le afirmó su misma justicia (Isaías 59.15–16).

Cuando yo imaginaba el brazo del Señor, descrito en Isaías 59, siempre pensaba en la imagen de Zeus en el Monte Olimpo con un rayo en la mano: Dios pone en orden las cosas con un disparo de su poder. Cuán grande fue mi asombro la primera vez que leí los versículos iniciales de Isaías 53, que describen «el brazo del Señor» (v. 1):

*Subirá cual renuevo delante de él, y como raíz de tierra seca; no hay parecer en él, ni hermosura; le veremos, mas sin atractivo para que le deseemos. Despreciado y desechado entre los hombres, varón de dolores, experimentado en quebranto; y como que escondimos de él el rostro, fue menospreciado, y no lo estimamos. Ciertamente llevó él nuestras enfermedades, y sufrió nuestros dolores; y nosotros le tuvimos por azotado, por herido de Dios y abatido. Mas él herido fue por nuestras rebeliones, molido por nuestros pecados; el castigo de nuestra paz fue sobre él, y por su llaga fuimos nosotros curados....Angustiado él, y afligido, no abrió su boca; como cordero fue llevado al matadero; y como oveja delante de sus trasquiladores, enmudeció, y no abrió su boca.
(Isaías 53.2–5, 7)*

Un cordero que es llevado al matadero es totalmente diferente de Zeus con su rayo. Este pasaje ha transformado mi entendimiento del poder de Dios. Cuando me di cuenta de lo que comunicaba, pensé que Dios había mirado al mundo con todo su pecado y que había dicho: --*Si no puedo hallar a nadie que les lleve la salvación, la única cosa que me queda es hacerme uno de ellos.*

Así que, se concibió un Bebé en el vientre de una virgen, nació un Infante en un establo y se crió un Niño en el taller de un carpintero. Y por fin había un Salvador para todo el mundo.

22/noviembre

el brazo del señor (parte 2)
salmo 98.1–3

Pero Cristo, habiendo ofrecido una vez para siempre un solo sacrificio por los pecados, se ha sentado a la diestra de Dios...porque con una sola ofrenda hizo perfectos para siempre a los santificados (Hebreos 10.12, 14).

Hay momentos, cuando enfrento la presencia de la verdad de Dios, que me qedo sin habla. Entender verdaderamente «el brazo del Señor» tiene implicaciones asombrosas. ¿No era posible que la salvación ocurriera unilateralmente en el cielo? No. Dios tenía que bajar y estar en medio de nuestro desastre, experimentar lo que experimentamos y ser uno de nosotros para redimirnos.

¿Sabes que Jesús no tenia que morir en una cruz para ser capaz de sanar a un leproso? No tenía que morir en la cruz para poder abrirle los ojos a un ciego. Él creó a ese leproso y a esos ojos ciegos. Cada milagro que Jesús hizo, lo podría haber hecho sin jamás ser clavado en la cruz. Hubo una sola cosa que no podía hacer sin morir en la cruz—Jesús no podía cambiar el egoísmo que existía dentro de mí. Y Dios sabía que si él no me transformaba completamente, yo me condenaría a mí mismo por vivir exclusivamente para mí mismo. La única manera por la cual la salvación podía venir era que Dios mismo bajara y que se hiciera humano.

La salvación tenía que ocurrir aquí, en la historia, si fuera a tratar con los problemas que existen en el corazón humano. Ahora podemos ir al momento exacto en el tiempo y en el espacio donde murió Cristo para que viviéramos. El cielo se postra en adoración y alabanza por un Dios que ama de esta manera, y nosotros debemos responder de la misma manera.

Él se hizo uno de nosotros. Cuando veas a Jesús cara a cara, tú y él serán parecidos. Cuando veas a Jesús, podrás tocarlo y sentirlo. Para hacer posible nuestra redención, Dios asumió nuestra naturaleza por la eternidad.

23/noviembre

el componente intelectual de la fe
marcos 8.27–9.13

Es, pues, la fe la certeza de lo que se espera, la convicción de lo que no se ve (Hebreos 11.1).

La fe cristiana tiene que incluir un componente intelectual. Cuando creemos en Cristo, no debemos desechar nuestro cerebro. Si tenemos una fe bíblica, existirá un vínculo íntimo entre lo que sabemos y lo que creemos. Es mi convicción personal que debe haber un progreso continuo en la vida del creyente, desde la fe hacia el conocimiento. Lo que es fe un día, para el otro se convierte en conocimiento. Estas dos cosas se construyen la una sobre la otra; no son opuestas. Por ejemplo, lo que era fe en Pedro cuando declaró que Jesús era el Cristo en Cesarea Filipos, se convirtió en conocimiento sólido después de la Transfiguración, cuando vio a Jesús en conversación con Moisés y Elías. Vivimos creyendo perpetuamente, y después descubrimos que lo que creemos funciona en la práctica y sabemos que es verdad.

Dios nos ha dado una revelación de la verdad, y es nuestra responsabilidad extender la mano a los hombres y mujeres que viven en la oscuridad intelectual y permitir que la luz del evangelio en nuestras vidas ilumine la vida y la mente de ellos. Cada cristiano comienza su andar con Cristo después de recibir cierta información intelectual sobre la identidad de él y sobre las razones por las que debe creer en él. Tenemos una obligación seria de conocer tanto el evangelio que, cuando lo compartimos, su naturaleza atractiva sea evidente y convincente.

¿Sigues entrenando a tu cerebro para que Dios lo use para alcanzar a un mundo que yace en tinieblas? No seamos ociosos en nuestra salvación. Tendremos que rendir cuentas por el uso de nuestros recursos intelectuales.

24/noviembre

el gozo de la exclusividad

cantares 2.2–3

Ahora cantaré por mi amado (Isaías 5.1).

¿Es exclusiva tu relación con el Señor Jesús? Él desea que estemos en una relación saludable e íntima con él. Ésta es la realidad que me ha mantenido firme en la doctrina wesleyana de la santificación entera. Una cosa sé de mi esposa—ella desea mi compromiso exclusivo. Puedo ser amable con millones de otras mujeres, pero ella quiere mi devoción. Este tipo de relación no me restringe; me libera. Jesús desea esta clase de relación con nosotros. Y cuando estamos enamorados de él, no es un sacrificio sino un gozo.

Hay algo en la cruz de Cristo que cautiva tanto mi corazón que ningún rival del Señor Jesús es capaz de tolerar el vivir dentro de mí y conmigo. Jesús permanece supremo. Él es primero y es mi único Señor. Lo interesante es que, cuando amo a Jesús en primer lugar, también amo mejor a todos los demás. Pero cuando él no ocupa el primer lugar en mi cariño, me distancio de todos los demás y se disminuye en forma drástica mi habilidad de entregarme a otros. El mundo está esperando ver a personas que están en una relación exclusiva de amor con Jesús, una relación amorosa que sobreabunda para tocar a todos los demás.

¿Te encuentras en tal relación?

25/noviembre

estos más pequeños
lucas 23.39–43

Ella, pensando que era el hortelano, le dijo: Señor, si tú lo has llevado, dime dónde lo has puesto, y yo lo llevaré. Jesús le dijo: ¡María! (Juan 20.15–16).

Algunos dicen que no es posible tener un corazón limpio y puro, especialmente para las personas menos privilegiadas. Su teoría es que durante toda la vida anhelaremos, esperaremos, pediremos y buscaremos un corazón completamente limpio sin jamás encontrarlo. Sin embargo, hay textos bíblicos que indican que es posible en esta vida tener un corazón hecho limpio por la sangre de Cristo Jesús. Esto tal vez significa que el corazón que anhela ser liberado del pecado anhela la misma cosa por la cua fue creado.

Una vez oí un sermón por Henry Clay Morrison en el cual llevó a su audiencia en un ascensor imaginario, bajando primero al infierno y después subiendo al cielo. Cuando llegamos al cielo, vimos una criatura más bella que cualquier otra que habíamos visto. Por su grandeza, suponíamos que era el arcángel Miguel o uno de los grandes santos como Moisés o Pablo. Cuando le preguntamos su nombre, la criatura rió con gozo y nos dijo: «Soy María Magdalena. Soy la mujer pecaminosa hecha limpia por la sangre de Cristo».

Las personas más bellas en el cielo tal vez serán aquéllas en las cuales el Espíritu Santo ha producido la más grande transformación. No glorificamos a Dios al bajar los estándares para aquellos que pensamos que son incapaces de alcanzarlos; glorificamos a Dios al reconocer toda su santidad y al reconocer que de alguna manera, en el milagro de la redención, Jesús puede hacer a cualquier persona compatible para la confraternidad con el Padre, el Hijo y el Espíritu Santo—una persona hecha limpia, santa y bella.

26/noviembre

el desafío del amor

1 corintios 13

Si yo hablase lenguas humanas y angélicas, y no tengo amor, vengo a ser como metal que resuena, o címbalo que retiñe (1 Corintios 13.1).

Estuve en una conferencia con unos 180 misioneros; pasamos cuatro días de retiro juntos. En el grupo estaba una anciana que era una de las matriarcas de esa misión. Su esposo había sido el fundador de la organización. Recuerdo que mientras pasaban los días, ella ponía más y más atención en la predicación de la Palabra. Un día se me acercó durante el almuerzo y me dijo: «No me vas a decir que crees que una persona realmente puede vivir de acuerdo a 1 Corintios 13, ¿verdad?»

Le respondí: «Es exactamente lo que te voy a decir. Está aquí en la Palabra de Dios. Las Escrituras dicen que si tenemos todas las cosas, pero no tenemos esta clase de amor, hemos fracasado en todo».

Por nuestras propias fuerzas nunca podremos lograr la clase de amor descrito en este gran capítulo. Pero la pregunta no es si somos capaces de amar así, sino si Dios puede amar de esta manera por medio de nosotros. El poder detrás de ese amor descansa en la sangre derramada del Salvador redentor y en el Espíritu Santo, quien puede venir a limpiar, llenar y renovar nuestros corazones en el amor perfecto.

Esa misionera me miró y dijo: «Nunca pensé que era realmente posible vivir así». Pero por la tarde el día siguiente, ella abrió su corazón para que el Espíritu Santo amara a través de ella. ¿Está tu vida marcada por el amor de Dios? Si no, estás fracasando en lo demás.

27/noviembre

la vara de testimonio
éxodo 4.1–5

Y tú alza tu vara, y extiende tu mano sobre el mar, y divídelo, y entren los hijos de Israel por en medio del mar, en seco (Éxodo 14.16).

Dentro del arca del pacto estaba la vara usada por Moisés y Aarón cuando guiaron a los israelitas en su salida de Egipto. Esa vara simbolizaba el poder de Dios. Moisés la había alzado para desafiar al Faraón, para traer las plagas y para separar las aguas del Mar Rojo. Esa vara declaró la superioridad absoluta de Yahweh sobre todos los demás dioses; mostró la realidad que sólo Yahweh es Dios.

Los capítulos posteriores de Isaías siguen testificando de la preeminencia de Dios. Yahweh dice de sí mismo: «Yo soy Jehová, y ninguno más hay» (Isaías 45.5–6, 18). Yahweh es el Señor soberano, y su vara indicó que era el más poderoso y a la vez el Salvador. Dios era el Libertador del pueblo de Israel, y si los había rescatado una vez, lo podría hacer de nuevo. Por eso, al sumo sacerdote se le requería que hiciera el sacrificio del Día de Expiación en la presencia de la vara de Dios, la cual testificaba del poder libertador y redentor de Yahweh.

Cuando tú y yo entramos en la presencia de Dios, tenemos que recordar que él es nuestro Salvador y nuestro Libertador. El es mayor que cualquier problema que tengamos y es más poderoso que cualquier enemigo que enfrentemos. No importa si el adversario sea interno o externo a nosotros; Dios es suficientemente grande para liberarnos del enemigo. Es por su poder y por nuestra obediencia que Jesucristo puede ser el Señor en nuestras vidas.

28/noviembre

la trinidad y la familia

malaquías 2.13–16

Gocémonos y alegrémonos y démosle gloria; porque han llegado las bodas del Cordero, y su esposa se ha preparado (Apocalipsis 19.7).

La doctrina de la Trinidad no sólo explica el ser divino en términos comprensibles para la mente humana; también explica cómo deben ser las relaciones interpersonales entre humanos. Ya no podemos concebir la relación entre padres e hijos como un invento de los científicos sociales. Ahora tenemos que entenderla como algo tomado de la naturaleza eterna de Dios. Ya no estamos inquietos por buscar un modelo; ya tenemos el patrón. Yo debo ser para con mi hijo como la primera persona de la Trinidad es con la segunda, y el hijo se relaciona conmigo según la relación de la segunda persona de la Trinidad con la primera. Estamos interconectados en relaciones serias y sagradas, según el modelo de la naturaleza de Dios.

La Trinidad también explica mi relación matrimonial. Ya no es una conveniencia social, una mera institución. El modelo de un esposo para una esposa nació en el corazón de Dios—fue su idea desde el comienzo del tiempo. Toda la historia empezó con un matrimonio, entre Adán y Eva, y toda la historia terminará con otro, entre Cristo y su novia, la iglesia. El compromiso entre Jesús y su novia ya existe; esto quiere decir que los cristianos debemos anticipar el futuro como una joven cuyo novio acaba de pedirle la mano—una luz de adoración debe brillar en el ojo de cada cristiano.

29/noviembre

verdaderamente humano
filipenses 2.5–11

Pues para esto fuisteis llamados; porque también Cristo padeció por nosotros, dejándonos ejemplo, para que sigáis sus pisadas; el cual no hizo pecado, ni se halló engaño en su boca; quien cuando le maldecían, no respondía con maldción; cuando padecía, no amenazaba, sino encomendaba la causa al que juzga justamente (1 Pedro 2.21–23).

En Génesis 1–2 descubrimos la realidad sobre la conexión entre Dios y los seres humanos. La clave para la humanidad se halla en el Paraíso, no en el mundo como lo conocemos. De hecho, es posible que nunca hayas visto a una persona real—una persona completa. Las personas reales son raras, difíciles de encontrar. Cuando hallas una persona real, descubrirás que él o ella está libre del pecado intencional. Cristo nos puede liberar del pecado, y después nos convertimos, poco a poco, en las personas que fuimos diseñados para ser.

¿Te das cuenta de que una persona puede ser completamente humana y sin pecado? No tienes que pecar para ser humano. A veces cuando las personas hacen algo malo, dicen: «Bueno, soy humano». La realidad es que, aunque la naturaleza humana te da la capacidad para pecar, hacer lo malo no te hace más humano. En realidad, hay indicios muy fuertes de que tal vez eres menos humano después de pecar que antes. Es nuestro pecado el que hace que vivamos a un nivel sub-humano.

Ésta es la clave para la Encarnación. Dios podía unirse a nuestra humanidad porque ella en su esencia no es pecaminosa. El pecado es un accidente histórico que se les vino a los seres humanos, y es posible volver a ser libre de él. Verdaderamente libre.

30/noviembre

fuimos hechos para el amor

cantares 8.6–7

Yo en ellos, y tú en mí, para sean perfectos en unidad, para que el mundo conozca que tú me enviaste, y que los has amado a ellos como también a mí me has amado (Juan 17.23).

Si yo fuera el diablo y si quisiera trastornar la obra de Dios, no hay duda sobre qué haría. Intentaría impedir que los seres humanos descubran el amor auto-dador para el cual fueron hechos. Es este amor auto-dador con el que Cristo desea rodearnos y dentro del cual desea incluirnos. Nuestra naturaleza caída impide que realicemos sus propósitos para nosotros, y nuestro pecado hace que seamos una presa fácil para las mentiras del diablo que nos ciegan y nos ensordecen.

Si yo fuera el diablo, haría todo lo posible para corromper cada relación amorosa entre los seres humanos, porque las relaciones de amor apuntan hacia el amor eterno de Dios. Si pudiera llevar a la gente al lugar donde no conoce nada del amor, podría evitar que ellos descubran el propósito para el cual fueron hechos. Cada uno de ellos morarían dentro de un capullo sin amor; jamás conocerían la realidad rica fuera de su existencia consciente inmediata.

El enemigo de nuestras almas sabe de dónde vinimos, y sabe cuál será nuestro futuro si participamos en la confraternidad y el amor auto-dador del Dios trino. Hará todo lo posible para evitar que miremos la profundidad del amor que el Padre tiene por nosotros. Por eso Jesús dijo: «Mas no ruego solamente por éstos, sino también por los que han de creer en mí por la palabra de ellos, para que todos sean uno» (Juan 17.20–21). La única manera por la cual las personas de este mundo saldrán de sus capullos de aislamiento es si observan que otros seres humanos viven en amor de tal calidad que explote su concepto pecaminoso del amor y que les dé algo con que soñar. Ese sueño de un amor que satisface el alma y de un amante que jamás cesa de amar será el camino que les conduzca hacia Jesús.

1/diciembre

corazones preparados

salmo 46.10–11

Guarda silencio ante Jehová, y espera en él (Salmo 37.7).

Se nos acerca la temporada de la Navidad, y debemos preparar nuestros corazones para la venida de Cristo. Con frecuencia entramos en su presencia con prisa, ansiosos y no preparados. Haríamos bien en prestar atención a la antigua práctica eucarística de la iglesia escocesa, que consideraba de alta importancia la preparación espiritual. Los creyentes que deseaban recibir la Santa Cena el domingo asistían a una reunión especial el miércoles anterior para que no entraran a toda velocidad en la presencia de Dios. Los líderes instituyeron este servicio de preparación para que la gente llegara a la Comunión preparada para recibir de Dios la gracia necesaria para enfrentar las circunstancias de la vida.

Las semanas que vienen deben ser para nosotros un período de preparación. En medio de toda la actividad navideña, debe existir en nuestras vidas una dimensión de hambre y sed espiritual, un buscar a Dios.

Nuestra oración debe ser: *Dios, ¿qué deseas decirme durante esta temporada? Quiero que mi corazón, mi mente y todo mi ser estén abiertos a tu Espíritu durante la celebración de tu nacimiento.*

Ésta es la temporada cuando tenemos que tener mucho cuidado con las prioridades de nuestras vidas. No hay duda de que los momentos en familia y las actividades de la iglesia son importantes, pero en estos días la cosa primaria en tu vida y en la mía debe ser nuestra relación con Emanuel—Aquel que vino a morar con nosotros.

2/diciembre

el nombre de jesús

salmo 99.1–5

Por lo cual Dios también le exaltó hasta lo sumo, y le dio un nombre que es sobre todo nombre, para que en el nombre de Jesús se doble toda rodilla de los que están en los cielos, y en la tierra, y debajo de la tierra (Filipenses 2.9–10).

Dentro de pocos días el mundo hará una pausa para reconocer el nacimiento de Jesús. ¿Cuántos líderes mundiales percibirán una relación entre Aquel cuyo natalicio se celebra y los eventos que suceden en nuestro mundo? La mayoría del mundo occidental oirá de nuevo el *Mesías* de Handel, pero pocos se darán cuenta de que el «Coro de aleluya» tiene algo que ver con los eventos y la historia de este mundo. La realidad es que esas líneas—*Rey de reyes, Señor de señores, y reinará por siempre y siempre*—no son simplemente una letra musical. Son la verdad. Jesús reinará. Aún mejor, él está reinando. Es él quien preside la historia mundial, aunque los políticos y los medios de comunicación no lo sepan. Jesús es el Señor.

Samuel Kamaleson, un evangelista de la India, predicaba en una campaña evangelística en Rumania justo cuando estaba colapsando el mundo comunista de la Europa oriental. Su audiencia, por tanto tiempo privada de Dios y de su Palabra, era grande y prestaba mucha atención. Una noche mientras predicaba, Samuel se dio cuenta de un ruido inesperado que pasaba por toda la audiencia. Poco a poco él se dio cuenta de que el sonido se oía cada vez que él pronunciaba el nombre de Jesús. Y por fin discernió que era el sonido de las mujeres que lloraban. Aumentaba el sonido, porque los hombres también comenzaron a llorar. Por fin Samuel también lloraba cada vez que decía el nombre de Jesús. Él explicó después: «Cuando todas las alternativas a Jesús se han demostrado vacías, en bancarrota, el nombre de Jesús adquiere un gran poder atractivo».

Esta afirmación de Samuel Kamaleson me parece la mejor expresión de la filosofía bíblica de la historia que he escuchado. Cuando elegimos andar por nuestro propio camino, Dios no nos para; permite que sigamos en nuestro sendero elegido hasta que nuestras vidas colapsen encima de nosotros. Entonces, en medio del caos y del dolor, volvemos a abrirnos a Aquel a quien hemos dado la espalda, y descubrimos esperanza en su nombre. Ésta es la verdad no sólo para los individuos, sino también para las instituciones, los movimientos, los países y las culturas. Tal vez lo rechazamos durante mucho tiempo, pero el fin de cada camino será el Cristo inescapable. Ezequiel tenía una palabra para esto, una frase que ocurre vez tras vez en sus profecías: «Vosotros sabréis que yo soy el SEÑOR» (Ezequiel 13.23).

3/diciembre

la unción del espíritu

juan 1.29–36

He aquí, yo enviaré la promesa de mi Padre sobre vosotros; pero quedaos vosotros en la ciudad de Jerusalén, hasta que seáis investidos de poder desde lo alto (Lucas 24.49).

Uno de los aspectos más significativos del bautismo de Jesús se halla en el descenso del Espíritu Santo sobre el Mesías. En ese momento el Espíritu Santo asumió una nueva relación con el Hijo. En el Antiguo Testamento los reyes y los sumo sacerdotes eran ungidos con aceite como señal de su elección divina para sus roles específicos de liderazgo. Cuando Saúl y David fueron ungidos, registran las Escrituras, el Espíritu Santo vino sobre ellos. Fue prometido en el Antiguo Testamento que el Mesías sería marcado por la presencia del Espíritu en él. De hecho, el significado del término *Mesías* es «el ungido».

La unción del Espíritu sobre Jesús precedió su ministerio público. En forma similar, la iglesia primitiva no fue soltada ni preparada para testificar hasta que el Espíritu Santo hubo venido sobre ellos (Hechos 2). Saulo de Tarso recibió al Espíritu cuando recuperó la vista, antes de comenzar su ministerio.

Nunca podremos lograr una tarea perdurable y eficaz para Cristo a menos que hayamos experimentado la unción del Espíritu. Si esta unción fue necesaria para Cristo y para los apóstoles, seguramente lo es para nosotros también. ¿Has recibido la unción que te prepara para el testimonio y el ministerio de Cristo? Si no, no estás equipado para ministrar a otros.

4/diciembre

su gracia, mi poder

2 corintios 12.7–10

Y me ha dicho: Bástate mi gracia; porque mi poder se perfecciona en la debilidad. Por tanto, de buena gana me gloriaré más bien en mis debilidades, para que repose sobre mí el poder de Cristo (2 Corintios 12.9–10).

La gracia, para Pablo, es simplemente la presencia redentora de Dios operando en la vida de uno. Esto significa que lo más importante no es lo que hacemos por nuestra salvación sino la libertad que le damos al Espíritu para que él obre sin impedimentos en nuestras vidas. Si soltamos al Espíritu, podemos regocijarnos aun en las cosas que no tenemos para ofrecer. Podemos regocijarnos en nuestras debilidades, porque nuestra incapacidad abre el espacio para que el Espíritu sea glorificado en nuestra existencia. Él es suficiente. Pablo nos dice que Dios puede hacer abundar en nosotros su gracia para que abundemos en toda buena obra (2 Corintios 9.8). Por eso, nuestras debilidades nos pueden ser una fuente de gozo porque le dan a Jesús la oportunidad de mostrar su obra en nosotros.

Hace años, en mi primer semestre del seminario, cuando yo era un joven inmaduro y sin experiencia, me invitaron a predicar una campaña de avivamiento en un puerto de la costa oriental de EE.UU. Fue durante la Segunda Guerra Mundial, y la ciudad estaba llena de marinos de todas partes del mundo occidental. Cuando llegué, supe que esperaban que predicara veintiséis veces. Sólo tenía en mano mis apuntes y los borradores para media decena de charlas, las cuales de ninguna manera se habrían llamado sermones. ¡Puedes imaginar el terror que sentí! Por los siguientes siete días, cada rato que no estuve en el púlpito, lo pasé arrodillado ante mi Biblia abierta. Y mi debilidad se convirtió en el poder de Dios, porque en todos los catorce servicios vespertinos, con la excepción de uno, hubo personas que se acercaron al altar para buscar a Cristo.

La noche final de la campaña, yo estaba sentado en la plataforma, exhausto. Miraba la muchedumbre, y dos caras captaron mi atención. Una fue la de un oficial de la marina, un hombre calvo y de aspecto duro, quien me miraba con hostilidad. La otra fue la cara de una joven bonita, vestida a la moda, sentada en la primera fila. Ninguno de esos dos rostros parecía pertenecer al grupo reunido en ese lugar. Yo sabía que no tenía nada que decir que fuera de interés para ellos.

No recuerdo el tema de mi sermón de esa noche, pero cuando terminé, ese oficial de la marina saltó de su puesto y corrió hacia el altar. Recuerdo su oración: «O Señor, ¿hay algo que puedes hacer por alguien como yo?» En ese momento observé a la joven que había visto antes. Ella conversaba con una anciana de la iglesia, preguntándole: «¿Qué debo hacer?» Esa noche ella también conoció a Cristo.

Fue esa noche cuando comencé a aprender que el mejor regalo que le podemos ofrecer a Dios es nuestra debilidad. Cuando nosotros sabemos que no podemos proveer lo necesario, entonces él tiene la libertad para ocupar el centro del escenario. Nos quitamos del escenario y dejamos que él obre. ¡Y lo hace!

5/diciembre

momentos santos

2 crónicas 30

Habló Jehová a Moisés, diciendo: Habla a los hijos de Israel y diles: Las fiestas solemnes de Jehová, las cuales proclamaréis como santas convocaciones, son mis fiestas (Levítico 23.1–2).

Algunos momentos tienen más significado que otros. Hay tiempos que las Escrituras llaman momentos santos, días santos y temporadas santas. Toda la Biblia se preocupa por esos momentos sagrados que valen más que otros. ¿Es posible que dos horas hagan tanta diferencia en la vida de uno que esa persona quede cambiada por siempre? No es difícil percibir este patrón en muchas historias bíblicas. Una zarza ardía, y Moisés quedó permanentemente cambiado. Isaías tuvo una visión en el templo, e Israel oyó la palabra de Dios. Saulo tuvo una visión en el camino hacia Damasco, y el mundo gentil oyó del Salvador. Fueron momentos cuando Dios cambió la trayectoria de sus vidas. Obviamente esos momentos santos no duraron largo tiempo, pero toda la historia humana fue diferente porque Dios había venido y había convertido los momentos ordinarios en instantes sagrados.

Debe haber momentos santos en la vida de cada persona, y algunos de ellos deben venir con un ritmo regular y predecible. Deben ser como los días festivos de Israel, días apartados para ser momentos santos. Necesitamos apartar un tiempo y permitir que el Espíritu lo santifique, para que estemos disponibles y abiertos para todo a lo que él desea llamarnos.

6/diciembre

lugares santos
éxodo 40

Entonces una nube cubrió el tabernáculo de reunión, y la gloria de Jehová llenó el tabernáculo (Éxodo 40.34).

Una de las palabras menos entendidas en el castellano es *santidad*. En la Biblia, la *santidad* significa la presencia de Dios. Él es el único Santo; por eso, un santo es una persona llena de la presencia de Dios. En el Antiguo Testamento leemos de una tierra santa, una ciudad santa, lugares santos, cosas santas y temporadas santas, pero ninguno de ellos era santo en y por sí mismo. Cada uno fue santificado por la presencia de Dios.

Canaán no era tierra santa cuando estaba ocupada por los cananeos; se convirtió en tierra santa cuando Yahweh entró y moró allá. La ciudad de Jerusalén no era santa cuando era un refugio de los jebuseos; se santificó después de su captura por el pueblo de Dios. Aun el Lugar Santísimo en el templo no era espacio santo hasta que fue ocupado y llenado por la presencia de Dios.

Una tierra ordinaria, una ciudad común y un espacio pequeño se santificaron sólo cuando la presencia de Dios descendió sobre ellos. Él es capaz de tomar lo regular, lo secular y lo profano, y hacerlos santos y sagrados. La santidad que llegó a esos lugares no era una posesión de los lugares mismos; la santidad quedó sólo mientras permanecía la presencia de Yahweh en ellos. Cuando él salió, lo sagrado se perdió. La santidad es parte de la presencia divina. El Santo puede tomar lo ordinario, lo común y lo sencillo, y santificarlo y embellecerlo por su presencia personal. El Santo es capaz de tomarnos, a ti y a mí, en toda nuestra condición ordinaria, y santificarnos para que seamos parecidos a él.

7/diciembre

dos mundos mutuamente exclusivos

mateo 10

El discípulo no es más que su maestro, ni el siervo más que su señor. Bástale al discípulo ser como su maestro, y al siervo como su señor. Si al padre de familia llamaron Beelzebú, ¿cuánto más a los de su casa? Así que, no los temáis; porque nada hay encubierto, que no haya de ser manifestado; ni oculto, que no haya de saberse (Mateo 10.24–26).

Cuando Jesús envió a los doce discípulos a predicar, habló acertadamente de la diferencia radical entre el reino de Dios y el reino de este mundo. Fue necesario que Jesús les quitara a sus discípulos la ilusión de que la gente a quien los enviaba iba a darles la bienvenida a ellos y a su mensaje. Normalmente los discípulos de Jesús podían esperar ser rechazados e ignorados. Serían como ovejas entre los lobos y así tenían que ser sabios como las serpientes y mansos como las palomas (Mateo 10.16). Los discípulos tenían que entender las demandas radicales que el Rey y el Salvador ponía en los que deseaban seguirlo. Tenían que estar listos para mantenerse firmes cuando la gente rechazara el mensaje; tenían que comprender que su identificación con Cristo no iba a hacerlos populares en el mundo.

El reino de este mundo y el reino de Dios demandan lealtades diametralmente opuestas. No existe la posibilidad de mezclar devociones; uno no puede estar en los dos reinos a la vez porque son mutuamente exclusivos. No es de sorprenderse que la gente, cuando se da cuenta de las afirmaciones de Cristo y rebelan contra él, deje caer su ira encima de los mensajeros del evangelio. Los embajadores no pueden tratarse por separado del país al cual representan; recibirán el respeto y el cariño que la gente tiene por el país del embajador. El discípulo de Cristo recibirá un trato similar al que recibió su Maestro.

Estas palabras deben haber confortado el corazón de los mártires y de los cristianos perseguidos durante los siglos. Tal vez la oposición hoy no parece tan amarga o tan mortal, pero los cristianos deben recordar que el camino de Cristo y el camino del mundo siempre son mutuamente opuestos. El centro de uno es el ego, mientras el centro del otro es Cristo. La lealtad fundamental resultará finalmente en una vida conformada a la imagen o del uno o del otro. Cuando aceptamos seguir a Cristo, debemos reconocer la oposición; hay un precio que pagar, y los que sacan la mano del arado y miran hacia atrás no son dignos del reino de Dios.

Oremos que él nos mantenga fieles.

8/diciembre

la presencia ausente

1 samuel 4

Traigamos a nosotros de Silo el arca del pacto de Jehová, para que viniendo entre nosotros nos salve de la mano de nuestros enemigos (1 Samuel 4.3).

El diablo fue participante en la primera conversación teológica, una conversación sobre Dios, la de Eva con la serpiente. Bíblicamente, hasta esas alturas la conversación había sido directamente con Dios. A lo largo de las Escrituras hallamos a personas que, habiendo perdido a Dios, hablan *de* él.

En el Antiguo Testamento, los filisteos atormentaban a Israel; por eso, los hijos de Elí decidieron que los israelitas debían llevar el arca del pacto con ellos cuando entraban en la batalla. Razonaban que el arca era el lugar donde moraba Dios; si su trono los acompañaba, su presencia lo haría también. Desafortunadamente, cuando llevaron el arca a la batalla, fueron rotundamente derrotados. No se habían dado cuenta de que llevar su trono no significaba llevarlo a él. Habían quebrantado la ley de Dios y habían descuidado los caminos de él, aunque seguían hablando de él. La realidad de su presencia se les había ido.

Siempre es peligroso pensar en Dios en términos abstractos. Estoy convencido de que José y María hablaban de Jesús ese día cuando de repente miraron alrededor suyo y descubrieron que él no estaba con ellos. Lo habían dejado en el templo y habían viajado un día entero sin su presencia en medio de ellos, y tuvieron que retrasar sus pasos para hallarlo de nuevo (Lucas 2.41–52).

Tenemos que tener una relación personal con Dios, en la cual sabemos que él es una persona vital y viviente con quien podemos relacionarnos cada momento de cada día. ¿Eres parecido a los israelitas que llevaron las reliquias de su presencia sin la realidad de su presencia? ¿Eres como María y José, quienes viajaron largo tiempo sin Jesús antes de percibir su ausencia? Durante esta temporada de la Navidad, mientras celebramos al Señor de señores, que no estemos sin su presencia inmediata. Los símbolos y las celebraciones jamás pueden reemplazar a Jesucristo mismo.

9/diciembre

mi especial tesoro
éxodo 19.4–5

Ahora, pues, si me diereis oído a mi voz, y guardareis mi pacto, vosotros seréis mi especial tesoro sobre todos los pueblos; porque mía es toda la tierra (Éxodo 19.5).

Éxodo 19.5 es uno de los versículos más bellos del Antiguo Testamento. Se le dijo al pueblo que Dios acababa de redimir para sí mismo. Esta palabra no se dio para enseñarles cómo hallar a Dios; le fue dada a un pueblo que ya lo conocía. Dios había llevado a su pueblo no sólo en un viaje hacia la tierra prometida sino también hacia sí mismo. No debían pensar en la tierra prometida en primer lugar, sino debían descubrir su identidad en la comunión personal con él. Esa relación con Dios había de ser algo muy íntimo y especial, indicado por la palabra traducida «especial tesoro».

Este término hebreo ocurre sólo ocho veces en el Antiguo Testamento, y en cada ocasión se usa para referirse a una posesión especial y muy apreciada. Una vez se refiere al regalo sacrificial que David hizo para la construcción del templo. Otra vez es usado por el sabio para describir las cosas que deleitan el corazón humano. Las otras seis veces Yahweh usa la palabra para describir a su elegido, Israel. Cuando el vocablo se tradujo del hebreo al griego, significaba «lo mío», de la manera que un novio reclama para sí mismo su novia en la boda. El contexto de la ley de Dios no es una sala de justicia sino una celebración nupcial.

El carácter personal de esta relación entre Yahweh y su pueblo en este pasaje es más obvio en el hebreo que en el castellano. La expresión «si diereis oído a mi voz» es, literalmente, «escuchando, si escuchas mi voz». El pueblo de Yahweh no va a tener una relación con una ley abstracta, sino con Aquel que ha amado y elegido a su pueblo.

¿Te das cuenta de que el Dios Todopoderoso, el Creador de todo lo que existe, te considera su especial tesoro? Se deleita en ti más de lo que tú jamás lo harás en él.

10/diciembre

la atracción del legalismo

mateo 15.8–9

Y vosotros me seréis un reino de sacerdotes, y gente santa (Éxodo 19.6).

Hay varias metáforas en las Escrituras que describen la relación de Dios con su pueblo. Una de éstas es una imagen colectiva que viene del establecimiento de Israel como entidad política en el Medio Oriente. Cuando Dios llamó a Moisés a sacar a Israel de Egipto, fue para que se convirtiera en nación. Israel ya no iba a ser un sub-grupo dentro de otra entidad nacional; el pueblo de Dios iba a ser una «nación santa» y un «reino de sacerdotes».

Una nación tiene que tener orden, y para mantener ese orden, necesita un sistema legal. El hecho de que el sistema legal de Israel fuera religioso quería decir que tenía que tener un sacerdocio y un sistema nacional de adoración. Los libros de Éxodo, Levítico y Números nos dan el registro del establecimiento de ese sistema legal y religioso. El Antiguo Testamento resume toda esta legislación en la palabra *Torah*, que se traduce «ley».

Esta Torah halló su autoridad en el hecho de que fue revelación dada por el Dios de Israel, Yahweh, al líder de Israel, Moisés. Cuestionar cualquier parte de la ley era un desafío directo a Yahweh. La ley no se dio para ser una carga molestosa a Israel, sino para protegerlo y para avanzar los propósitos redentores de Dios en el mundo para mantener la integridad y la unidad de Israel como nación.

Un peligro sutil surgió a esas alturas de la historia de Israel. Sabían lo que ofendía al Santo, y podían desviar la atención del Dador de la ley para fijarla en la ley misma, como Adán y Eva habían desviado la vista del Creador para fijar en un aspecto minúsculo de la creación. De la misma manera que Adán y Eva pensaban que su realización iba a hallarse en el fruto, muchos en Israel llegaron a creer que su salvación se hallaba en la ley en vez de en Yahweh, quien se la dio. En la idolatría uno gana la cosa pero pierde al Hacedor. En el legalismo uno se justifica a sí mismo y pierde al Justo.

La caída en el legalismo sucede rápida y sutilmente. ¿Tu devoción es para el Justo o para su ley? Es posible que los cristianos hagan un ídolo de las Escrituras. Somos creados para adorar a Aquel que es revelado en las Escrituras. ¿A qué o a quién pertenece tu devoción?

11/diciembre

anticipando la acción de Dios

hebreos 11

Y clamó Asa a Jehová su Dios, y dijo: ¡Oh Jehová, para ti no hay diferencia alguna en dar ayuda al poderoso o al que no tiene fuerzas! Ayúdanos, oh Jehová Dios nuestro, porque en ti nos apoyamos, y en tu nombre venimos contra este ejército. Oh Jehová, tú eres nuestro Dios; no prevalezca contra ti el hombre (2 Crónicas 14.11).

El autor de Crónicas pinta un retrato de Dios como actor en el escenario humano y en el drama de las vidas individuales. El libro es una historia de los reyes de Judá, y al describir las vidas de los monarcas, el escritor de vez en cuando inserta una mención de la participación divina en la vida humana. A veces esa participación viene en la forma de fuerzas naturales y otras veces Dios interviene en forma sobrenatural; sea como sea la participación divina, el cronista desea afirmar que Dios es viviente, presente y activo en la nación de Israel. También tenemos que pensar en términos de la presencia de Dios con su actividad y debemos estar a la expectativa de que él obre en nuestras vidas.

Mi error durante gran parte de mi vida ha sido mirar hacia atrás y darle gracias a Dios por lo que él ha hecho en vez de vivir anticipando lo que va a hacer. Mi tendencia es ver las nubes negras y no percibir a Aquel que está detrás de y arriba de esas nubes siniestras. Sin embargo, si tomamos en serio las Escrituras, debe existir en nuestro corazón una anticipación que dice: «¿Qué hará Dios hoy? Tengo ese gran problema--¿cómo lo va a resolver él?» Debemos esperar su actividad y su presencia en nuestras vidas.

Vivimos en un momento muy significativo en la historia humana. Cada barrera al evangelio ha sido tumbada o se ha hecho permeable. A los grandes misioneros como David Livingstone les habría fascinado tener las oportunidades y las puertas abiertas que nosotros tenemos. Desafortunadamente, la iglesia occidental está en bancarrota espiritual y es mayormente apóstata, y sólo vemos la muerte alrededor de nosotros. Pero Dios es activo en el mundo y las oportunidades abundan. El diablo quiere que seamos ciegos para que no participemos en el avance más grande del evangelio en la historia humana.

Dios es activo en el mundo y desea usarnos, a ti y a mí, para lograr sus propósitos. ¿Lo estás anticipando hoy?

12/diciembre

abriendo un camino (parte 1)
salmo 107

Así dice Jehová, el que abre camino en el mar, y senda en las aguas impetuosas (Isaías 43.16).

En 1991 recibí una carta de una señorita en la China. Escribió: «Hace poco tiempo conocí a Cristo, y creo que Dios me está llamando a ser evangelista. ¿Podría asistir a la Universidad de Asbury para ser capacitada?» La universidad la aceptó, y ella fue a la embajada norteamericana, donde le negaron la visa porque ella ya tenía una licenciatura. Por eso, arreglamos que el Seminario Teológico de Asbury la aceptara para que sacara una maestría, pero la embajada estadounidense puso muchos obstáculos en su camino. Hacía dos años que impedían su venida a los Estados Unidos, y me desanimé. El 10 de junio, 1993, recibí una comunicación de ella, diciendo que le iban a dar la visa, si podía volver a ser admitida como alumna y si el seminario le prometía una beca. Por eso iniciamos todo el proceso una vez más. En julio recibí otra carta: «Llego a Houston en septiembre. ¿Alguien me podría recoger?»

Cuando la joven llegó, nos contó el resto de su historia. El oficial de la embajada, quien le había dado tantos problemas durante dos años, finalmente la miró y le dijo: «Muy bien, una pregunta final». La chica sabía que su futuro iba a decidirse a base de su respuesta a esa pregunta. El oficial pidió: «Por favor, explíqueme el significado teológico de Cantar de los cantares en el Antiguo Testamento». Ella lo miró horrorizada, segura que su inglés limitado no sería suficiente para tal explicación. De repente se le vino la respuesta, como si Jesús se la hubiera susurrado al oído: «"¡Oh, si él me besara con besos de su boca! Porque mejores son tus amores que el vino". Señor, éste es el segundo versículo del primer capítulo de Cantar de los cantares, y habla de mi amor por Jesús y el suyo por mí».

El oficial la miró con atención, se encogió de hombros y dijo: «Permitan que vaya. Ella es una verdadera cristiana». Así que la joven vino a los Estados Unidos para capacitarse.

A veces nos frustramos y nos enojamos con las demoras que parecen bloquear nuestro camino, los retrasos que parecen impedir que vayamos al lugar donde Dios nos podría usar al máximo. Pero la realidad es que él usa cada demora, y cuando sea el momento oportuno, él abrirá las puertas y pasaremos por ellas con confianza. Esta confianza viene de saber que hemos permitido que Dios abra el camino en vez de empujar y adelantarnos. ¿Lo estás esperando hoy? ¿Llevas con gracia y paciencia las demoras que él permite en tu vida?

13/diciembre

abriendo un camino (parte 2)
salmo 107

En cuanto a Dios, perfecto es su camino, y acrisolada la palabra de Jehová. Escudo es a todos lo que en él esperan (2 Samuel 22.31).

La joven de la China, mencionada en la sección anterior, luchó valientemente durante tres años de estudios en su segundo idioma, y cuando se le acercó la graduación, comenzó a prepararse para su retorno a su país. Pero tenía miedo; no sabía qué le iba a pasar cuando regresara a la China. ¿La encarcelarían? ¿La perseguirían? ¿La rechazarían? Enfrentó esa batalla y venció, diciendo: «Dios me cuidará. Iré con él».

Una semana antes de su salida para la China, mientras la joven se hospedaba en nuestra casa, oí un toque en la puerta; cuando la abrí, vi a un hombre desconocido. Me dijo: «Usted no me conoce, pero soy el rector de la Escuela Internacional de la China, y he venido a Asbury para buscar personal para la escuela». Mientras yo lo miraba incrédulo, mi amiga china apareció al otro lado de la escalera y exclamó: «¡Mi milagro!» Ese señor había abierto una escuela para personas internacionales con el fin de tener una presencia cristiana en la China. La escuela había tenido éxito, y él tenía tres puestos abiertos. Mi amiga podía elegir el puesto que le gustara. He tenido suficiente comunicación con ella para saber que está de nuevo en la China, sirviendo en su iglesia, testificando de Jesús en su ciudad, su escuela y su hogar.

Dios cuidará activamente a sus hijos. No intervendrá si los procesos naturales van a ser suficientes para cuidar a sus hijos, pero si no lo son, Dios se mueve para asegurar que sus propósitos eternos se logren. Dios es Actor en nuestras vidas, y podemos confiar que él actuará a nuestro favor si estamos viviendo en el centro de su voluntad.

14/diciembre

la sal de la tierra

romanos 2.25–29

Buena es la sal; mas si la sal se hace insípida, ¿con qué la sazonaréis? Tened sal en vosotros mismos; y tened paz los unos con los otros (Marcos 9.50).

Algunas tareas en la vida son odiosas pero a la vez necesarias. Recuerdo una de éstas de mi adolescencia, durante la época de la Gran Depresión, cuando no existían las refrigeradoras. Si la carne iba a preservarse, tenía que ser muy salada. Cada otoño, yo sabía que alguna tarde iba a llegar a casa después del colegio para descubrir en el patio de atrás un cerdo muerto y listo para ser preservado. Yo sabía que no iba tener tiempo para jugar al béisbol esa tarde. Mi tarea, mientras mi mamá partía la carne en pedazos grandes, era untar cada pedazo con sal. La única cosa que aliviaba el peso de esa tarea era imaginar la fragancia del tocino mientras se cocinaba para el desayuno o del jamón que se servía cuando teníamos invitados.

Un día cuando teníamos invitados especiales para la cena, mi madre me llevó al ahumadero y señaló el jamón más grande, suspendido de las vigas. Lo bajé, abrí el saco y puse en la mesa ese bello jamón para que mi madre lo partiera. El cuchillo grande penetró hasta la porción mejor del jamón y yo esperaba con anticipación ver la carne. De repente, se me vinieron encima dos percepciones simultáneas y asombrosas. Una fue la expresión de disgusto en la cara de mi madre; la otra fue el olor más ofensivo que he olfateado. Ese jamón estaba lleno de gusanos. Mi madre me miró con desilusión y dijo: «Hijo, le faltó sal».

Nunca escucho las palabras de Jesús, *Vosotros sois la sal de la tierra* (Mateo 5.13) sin recordar ese jamón. Vivimos en una época llena de corrupción. El problema no es que el mal es poderoso; de hecho, el mal sólo funciona en la ausencia de lo santo. Donde reina el Santo, el mal no puede existir, como los gusanos no son capaces de vivir en medio de la sal. Ésta es la razón por la cual tenemos que estar llenos del Espíritu Santo. Sólo entonces podemos hallar libertad de la corrupción que nos rodea. Aún más importante, el Espíritu en nosotros puede detener el mal.

15/diciembre

sálvame de mí mismo (parte 1)

jeremías 24.7

Y cuando Salomón era ya viejo, sus mujeres inclinaron su corazón tras dioses ajenos, y su corazón no era perfecto con Jehová su Dios, como el corazón de su padre David (1 Reyes 11.4).

¿Cómo quiere Dios que yo sea? Si repasas los libros de Crónicas y Reyes en el hebreo original, descubrirás una expresión que no se usa en ningún otro lugar del Antiguo Testamento. Creo que los escritores usaron esa palabra como un vocablo técnico, similar a nuestra palabra *conversión*. Normalmente se traduce en estos libros como «completamente comprometido» o «completamente dedicado» a Dios. La traducción literal del hebreo es «un corazón de paz». Dios busca a los que tienen un corazón de paz. Nos gusta esta frase, porque nos encanta la paz, pero entendemos la paz como un resultado, no como una causa.

¿Qué es la paz? Simplemente significa que la guerra ha cesado. ¿Ha cesado la guerra en tu corazón? ¿Ha parado la lucha? Los ojos de Dios buscan en toda la tierra a las personas dentro de las cuales la guerra ha cesado, para quienes la paz ha venido. El que tiene paz es la persona completamente comprometida con el Señor. La paz es la prueba por la cual los escritores de Reyes y Crónicas miden a los reyes de Judá y de Israel. David le dijo a Salomón que tenían que tener un corazón íntegro, con un compromiso completo para servir al Señor. La palabra final que se pronuncia sobre Salomón es que no tenía un corazón completamente comprometido. Su corazón se desvió tras sus mujeres extranjeras y se dividió por su influencia. Él era el hombre escogido por Dios para guiar al pueblo de Israel, pero no estaba completamente comprometido.

Los escritores miden a cada rey con esta norma. Algunos la alcanzan, otros no. Al leer las Crónicas, te das cuenta de que esta singularidad de corazón no es fácil lograr, y si uno la alcanza, es aún más difícil retenerla. Salomón comenzó bien, pero cayó al final. De vez en cuando, un rey comenzaba mal pero terminaba teniendo un corazón perfecto. Muchos reyes nunca lograron la singularidad e integridad de corazón.

En un corazón no dividido, la guerra ha cesado; Jesús ha ganado la posesión permanente de esa vida. Todavía habrá tentaciones, pero la elección de seguir a Jesús ya habrá sido hecha. Vendrán otras batallas, pero no serán para el territorio ya ganado—la resolución de hacer la voluntad de Dios. Cristo es capaz de llevarme al lugar donde esa elección se hace, y aún más glorioso es que él puede llevarme al lugar donde esa elección se mantiene.

16/diciembre

sálvame de mí mismo (parte 2)

jeremías 24.7

Encomienda a Jehová tu camino, y confía en él; y él hará. Exhibirá tu justicia como la luz, y tu derecho como el mediodía (Salmo 37.5-6).

La entropía es la desintegración y la desorientación que opera en una organzación o una institución. He decidido que es una palabra magnífica para describir el pecado original. Hay un principio de desintegración dentro de nosotros. Antes de que conozcamos a Dios, es la entropía que crea problemas dentro de nosotros, y después de que lo conocemos, la entropía sigue operando.

Un corazón de paz no se hallará con esfuerzo humano, aunque todos intentamos lograrlo de esa manera. Aumentamos el tiempo que pasamos en devoción con Dios, decidiendo que vamos a dar más y más. Para desilusión nuestra, descubrimos que nuestro esfuerzo es una calle sin salida. No importa cuánto trabajemos, no somos capaces de soltar el control de nuestras vidas. El «yo» dentro de nosotros no se mata; es sutil y listo, y siempre encuentra una salida por el sentimiento religioso o por la metodología religiosa.

Sin embargo, hay Uno que es capaz de traernos la paz, y existe una gracia que vendrá si confiamos en él para un corazón no dividido. Es Aquel que murió en la cruz para reubicar la batalla afuera de nosotros y cuyo sacrificio hace posible que seamos liberados. Hay algo en la Cruz de Jesucristo que me puede salvar de mí mismo.

Cuando llegas a los límites de tus fuerzas, clama a Dios: «¿Me puedes ayudar?» Él puede y lo hará si confías en él. Espera con confianza, y descubrirás que, cuando no lo buscas, él comenzará a liberarte. Si Dios hace íntegro tu corazón, serás una parte de la respuesta a los problemas del mundo por la gracia divina que fluirá en ti.

17/diciembre

la fuente de vida

1 juan 5.11–13

Porque contigo está el manantial de la vida; en tu luz veremos la luz (Salmo 36.9).

Dios es la fuente de vida. La alternativa a estar en comunión con él es la muerte. Génesis 2.7 nos dice que cuando Dios había formado al primer hombre del polvo de la tierra, respiró en él el aliento de vida, y el hombre vivió. Juan dice de Jesús: «En él estaba la vida, y la vida era la luz de los hombres» (Juan 1.4). Cuando Pedro les habla a los judíos en el templo en Jerusalén les dice: «Matasteis al Autor de la vida, a quien Dios ha resucitado de los muertos» (Hechos 3.15). Jesús mismo dijo: «Yo soy la resurrección y la vida...Y todo aquel que vive y cree en mí, no morirá eternamente» (Juan 11.25–26). A sus enemigos, Jesús les dijo: «No queréis venir a mí para que tengáis vida» (Juan 5.40).

Sí, Dios es la fuente de vida. Hay algo en la comunión con él que vence la muerte. Enoc es el mejor ejemplo. Imagínate la comunión entre Enoc y Dios; era tan íntima y tan preciosa que preferían estar juntos que estar separados, y un día Dios simplemente recibió a Enoc en su santa presencia sin que éste muriera. En un contraste agudo con la dulzura de la comunión entre Enoc y Dios, leemos en Ezequiel: «El alma que pecare, esa morirá» (18.20). El pecado no es el agente de la destrucción; la muerte resulta porque el pecado ha causado una separación de la Vida misma.

En nuestro engaño pensamos que las cosas tienen valor por sí mismas, inclusive nuestra vida. Los regalos de Dios son buenos y los buscamos. Pero la decisión de buscar sus dádivas en vez de su presencia es el poder adictivo de la idolatría. Nuestra vida terrenal no es más importante que el Dador de la vida, y no debe ser un rival de él en nuestra atención y en nuestro afecto. Cuando separamos la vida y el tiempo de Cristo, aun las cosas buenas se convierten en destructivas y vacías. Cuando le damos la espalda al Creador de la vida, perdemos la Vida.

18/diciembre

vuélvete hacia el amor

1 juan 4.17–21

Amados, amémonos unos a otros; porque el amor es de Dios. Todo aquel que ama, es nacido de Dios, y conoce a Dios. El que no ama, no ha conocido a Dios; porque Dios es amor (1 Juan 4.7–8).

Cuando le damos la espalda a Dios, nos desviamos de la fuente final de todo amor. Entre las religiones del mundo, sólo el cristianismo dice que el amor es más que una acción de Dios—es su naturaleza. Dios es amor (1 Juan 4.8), y darle la espalda es rehusar a Aquel que sostiene todas las cosas. Mientras la sociedad se hace más y más secular, es inevitable que se ponga más violenta y más distanciada de sí misma. Tal vez no es fácil de percibir para muchos, pero hay una cantidad masiva de datos que sostienen esa aseveración. El pegamento que une las cosas ha desaparecido.

Bíblicamente, el amor es cuando otro me importa más de lo que yo me importo a mí mismo. Es un amor que persevera aun cuando no haya reciprocidad. Es un amor sacrificial, que se les extiende aun a nuestros enemigos. Es un amor que viene sólo de Dios. No estoy hablando de religión; la religión puede ocasionar tantos trastornos en la vida como cualquier otra fuerza. Estoy hablando de Dios, quien se reveló en Jesucristo y capacitó a Cristo para que amara de tal manera que pudo orar por los que lo crucificaron: «Padre, perdónalos, porque no saben lo que hacen» (Lucas 23.34). Cuando viramos la cara para no mirar a Dios, perdemos de vista el amor.

Hoy cuando oigas la Voz del amor, vuélvete hacia él.

19/diciembre

Gratitud líquida

Lucas 15.11–32

Os digo que así habrá más gozo en el cielo por un pecador que se arrepiente, que por noventa y nueve justos que no necesitan de arrepentimiento (Lucas 15.7).

Un día tuve la oportunidad de escuchar el testimonio de mi hijo Denny. Yo jamás había oído a Denny hablar en público, y sus palabras iniciales fueron bastante titubeantes. Cabizbajo, casi como si estuviera avergonzado, comenzó: «La mayoría de vosotros sabe que crecí en un hogar cristiano, en una familia cristiana buena. Aprendí de Cristo muy temprano en mi vida; cuando tenía siete años, mi madre oró conmigo y recibí a Cristo. Tengo memorias muy preciosas de los siguientes dos o tres años, cuando percibía la presencia de Cristo en mi vida».

Pero Denny siguió: «Al acercarme a ese abismo profundo de inferioridad que llamamos la adolescencia, cuando mi nuez de Adán era demasiado grande y mis músculos eran demasiado pequeños, empecé a fijar mis pensamientos en mí mismo en vez de ponerlos en Cristo, y muy pronto descubrí que él se había trasladado al margen de mi vida. Para mi primer año de colegio, yo estaba convencido de que el cristianismo era simplemente una de las religiones del mundo. Para cuando ingresé a la universidad, estaba orgulloso de ser un ateo secreto».

Continuó: «Creí que en la universidad yo iba a encontrarme con personas libres y abiertas, pero la desilusión fue descubrir que no eran ninguna de las dos cosas. Un día estaba sentado en una clase donde el profesor se burló de un estudiante que sugirió que algo más que lo natural podría haber participado en la creación. Descubrí que esas personas tenían sus propios propósitos y prejuicios; lo que querían impartir en mí era una perspectiva de la realidad que no coincidía con lo que mi familia me había enseñado o con lo que yo ya había aprendido acerca de la naturaleza de la vida».

«Así que comencé a volverme de nuevo hacia Cristo, y Cristo comenzó a acercárseme. Por fin, completé la escuela médica y empecé mi residencia. Descubrí que yo era capaz de trabajar treinta y seis horas seguidas sin descansar, pero si no conversaba con Cristo durante ese tiempo, él tampoco me hablaba. Una vez más Cristo se trasladó al margen de mi vida, dejando un gran vacío en mí. Los vacíos son temporales; muy pronto, sin que me diera cuenta, otros apetitos y deseos ocuparon el lugar de Cristo en mi vida. Muy pronto me di cuenta de que yo no tenía control sobre esas cosas; ellas me controlaban a mí. Me di cuenta de que si Dios no hacía un milagro en mi vida, la vida se me acabaría en forma total. En un día de descanso, me entregué al ayuno y a la oración. No os lo recomiendo a menos que estéis dispuestos a hacer algunos cambios».

Denny dijo: «Seis semanas después, uno de mis colegas se resbaló en la sala de operaciones, su instrumento quirúrgico penetró mi guante, y pronto me encontré en cama con una forma fatal de la hepatitis. Tenía bastante tiempo para orar y leer la Biblia—no tenía nada más que hacer. Experimenté gran dolor y gran depresión, pero lo raro es que ahora, cuando miro hacia atrás, casi no recuerdo nada de eso. Lo único que recuerdo es que Jesucristo regresó para ser la realidad viviente en el centro de mi vida, y la memoria de su presencia borró todas las demás memorias».

«Después, el Señor me tocó y me sanó milagrosamente. Y cuando me sanó, pensé que me iba a dar una garantía para el mañana. Pero para sorpresa mía, no lo hizo, y eso me preocupó. Le pregunté y me respondió: "No le di al apóstol Pablo ninguna garantía para el mañana, ¿por qué crees que te la debo dar a ti?" He llegado a creer que él no le da a nadie ninguna garantía para el mañana, y esto ha cambiado mi manera de vivir».

«Ya no doy nada por sentado—ni mi esposa, ni mis hijos, ni mi trabajo, ni el nuevo día. No doy nada por sentado. A veces por la mañana cuando voy hacia el trabajo y observo el sol que sale en el horizonte, descubro que mis mejillas están mojadas con gratitud líquida a Dios por el nuevo día que me ha dado. Es su regalo especial de amor para que yo lo use y lo viva para su gloria».

«¿Y sabéis qué? Es una buena manera de vivir».

¿Conoces el único lugar donde la eternidad se mezcla con el tiempo, donde los dos se unen en una sola cosa? Vivir en ese lugar le da a la vida una riqueza que es posible sólo cuando existimos sin ninguna garantía, sino solo con Jesús.

20/diciembre

libres para ser enviados

isaías 6

Entonces dije: ¡Ay de mI! Que soy muerto; porque siendo hombre inmundo de labios, y habitando en medio de pueblo que tiene labios inmundos, han visto mis ojos al Rey, Jehová de los ejércitos (Isaías 6.5).

Una de las más grandes lecciones de la Biblia se encuentra en Isaías 6, donde el profeta entra en la presencia de Dios e inmediatamente es sobrecogido por su propia condición pecaminosa. Siempre cuando entramos en la presencia de Dios, somos hechos conscientes de nuestro pecado, el cual tiene que ser revelado y conocido si vamos a conocer a Dios. Cuando admitimos nuestro pecado, Dios es libre para limpiar nuestro corazón. La verdadera confraternidad con él es posible después de esta purificación.

Cuando Isaías hizo su confesión, un serafín tomó un carbón encendido del altar y lo puso en los labios del profeta para purificarlos. La palabra *serafín* significa en hebreo «los que arden». Un carbón ardiente, llevado por un ser ardiente, tocó los labios de Isaías. El fuego es el agente purificador necesario en las Escrituras y en la vida; comunica la santidad de Dios y su poder limpiador.

Es después de esa limpieza que Isaías oye la voz que dice: «¿A quién enviaré, y quién irá por nosotros?» (Isaías 6.8). El tiempo es significativo. Antes de su purificación, Isaías no estaba listo para oír un llamado divino, pero el momento después de su limpieza, pudo percibir la voz de Dios. Por ser limpio, Isaías podía oír y podía responder: «Heme aquí, envíame a mí» (Isaías 6.8).

Si tenemos dificultades en percibir la voz de Dios, su dirección y su llamado, puede ser porque nuestras vidas todavía no han sido tocadas por su fuego.

21/diciembre

un fuego consumidor

isaías 6

Así que, recibiendo nosotros un reino inconmovible, tengamos gratitud, y mediante ella sirvamos a Dios agradándole con temor y reverencia; porque nuestro Dios es fuego consumidor (Hebreos 12.28–29).

¿Qué simboliza el fuego consumidor? Como vimos en la meditación de ayer, puede representar la limpieza. El fuego también simboliza el juicio. Recuerda Sodoma y Gomorra. Cuando esas ciudades le dieron la espalda a Dios y vivían en lujuria y pecado de toda clase, el fuego celestial bajó para consumirlos. En Apocalipsis leemos que el fin de los que rechazan a Dios es un lago de fuego que arde para siempre.

Así que el fuego puede ser visto de diferentes maneras por diferentes personas. Para una, significa la muerte; para otra, la vida y el propósito. Para una, comunica separación de Dios; para otra, la confraternidad con Dios. Para una, simboliza el juicio eterno; para otra, la felicidad eterna. ¿Qué es este fuego? Es Dios mismo que es el fuego consumidor. Si estamos involucrados con la impureza, cuando nos encontremos cara a cara con Dios, él nos consumirá junto con nuestra corrupción. Pero si permitimos que él nos purifique, cuando nos encontremos con él vamos a experimentar una confraternidad increíblemente dulce con él. Su fuego es lo que nos da la promesa de limpieza y de libertad del pecado.

Para una persona, la presencia de Dios destruye; para otra, purifica. Para ambos, es una cosa asombrosa que provoca temor. Dios es el Santo, y cuando nos encontramos con él, nuestro pecado no puede permanecer. Si nos importa más retener nuestro pecado que permitir que Dios nos limpie, el resultado es el juicio. Si estamos dispuestos a ser purificados, el fin es la redención.

22/diciembre

¿es posible la fidelidad?

oseas 2.19–20

Y te desposaré conmigo en fidelidad, y conocerás a Jehová (Oseas 2.20).

Yo estaba conversando un tema muy serio con una joven universitaria, quien me preguntó: «Dr. Kinlaw, ¿es posible que un hombre ame tanto a una mujer que él le sea fiel durante toda la vida?» La gravedad con la que ella habló dio evidencia de la lucha que sucedía en su alma en relación con un sueño precioso. ¿Era imposible hallar lo que ella deseaba tan desesperadamente? ¿Era irrealista soñar con un amante que la iba a escoger y que le iba a dar su corazón íntegro hasta que la muerte los separara?

Me alegré de poder decirle que en Cristo era realmente posible que dos amantes humanos se dieran el uno a la otra en un compromiso tan profundo que, con la ayuda de él, no se rompiera mientras los dos vivieran.

Y después pensé en Cristo y su novia, la iglesia. ¿Es posible que él anhele lo mismo de nosotros? ¿Me atreveré a suponer que el sacrificio de Cristo en el Calvario y el regalo de su Santo Espíritu no son adecuados para unir mi corazón en devoción permanente a él? ¡No! Si mi corazón no es puro ni mi ojo íntegro, no es porque Cristo no es capaz de limpiarlos; es porque yo no le permito que lo haga aun cuando él anhela mi devoción fiel.

23/diciembre

visitas angelicales

mateo 1.18–25; 2.13–23

Y despertando José del sueño, hizo como el ángel del Señor le había mandado, y recibió a su mujer. Pero no la conoció hasta que dio a luz a su hijo primogénito; y le puso por nombre JESÚS (Mateo 1.24–25).

Me fascina la historia de José de Nazaret. Él sólo quería saber lo correcto para hacerlo. Su novia estaba encinta, y el bebé no era de José. Ella dijo que un ángel le había aparecido y que le había dicho que el niño era de Dios. Esa explicación no parecía creíble, pero ella nunca le había mentido a José; siempre había sido un ejemplo de la pureza. Pero le decía que estaba embarazada, y José enfrentó un dilema. Si creyera su versión de la historia, tal vez fuera cómplice en su maldad; pero si dudara de su historia y si ésta resultara ser la verdad, él sería culpable de maldad. ¿Qué debía hacer?

A esas alturas, un ángel se le apareció a José con instrucciones para él. El visitante angelical le dijo que creyera a María y que la recibiera como su esposa. Los ángeles normalmente no visitan a los seres humanos, pero en ese momento crucial en la historia, entraron en nuestro mundo para ayudar a los justos a distinguir entre la verdad y la mentira. Tenemos que estar en comunicación con Aquel que existe afuera de nuestro mundo si queremos saber discernir entre lo correcto y lo incorrecto. No es por casualidad que el mundo occidental moderno no tiene nada que decir sobre la ética y la verdad porque la verdadera ética viene desde afuera de nuestro universo de tiempo y espacio.

En dos momentos más en su vida, José recibió dirección sobrenatural cuando su única preocupación era la protección de su esposa y su hijo. ¿Puede ser que un propósito de estas historias es dejarnos saber que es imposible que seamos responsables por nuestras familias si no estamos en comunicación con el cielo? En los momentos cruciales en la existencia de cada familia, el consejo divino y la dirección divina son necesarios para proteger a cada miembro de la familia. Dios le proveyó dirección a José, y hará lo mismo para ti.

24/diciembre

los buscadores de la verdad

mateo 2.1–12

Cuando Jesús nació en Belén de Judea en días del rey Herodes, vinieron del oriente a Jerusalén unos magos, diciendo: ¿Dónde está el rey de los judíos, que ha nacido? Porque su estrella hemos visto en el oriente, y venimos a adorarle (Mateo 2.1–2).

Me alegro de que los hombres sabios (los magos) se incluyan en la historia del nacimiento de Jesús. Legitiman por todos los siglos a los que buscan la verdad. Esos pocos que buscan la verdad en realidad anhelan descubrir al Verdadero. Hay algo dentro de cada uno que clama por la clave de toda la realidad.

Un día, un gran músico se sentó al órgano, cansado e inquieto. Sus dedos tocaban al azar las teclas, y mientras tocaba así, logró producir un acorde tan maravilloso, tan perfecto que para él toda la perplejidad de la vida se unió y se comprendió en ese momento completo. Dijo después: «¡He pasado el resto de mi vida buscando tocar de nuevo ese acorde!»

El corazón humano anhela la clave, y de una manera u otra sabemos que esa clave no se halla en nosotros mismos. Cristo debe ser el centro, porque él es la Verdad. Cuando los corazones hambrientos llegan a Cristo, no hallarán simplemente una verdad, sino la Verdad para toda la existencia. Él es el acorde que hace entendible toda la música de la realidad, uniendo todas las notas en una y causando que la vida tenga sentido y aun belleza.

Cuando los sabios hallaron a Aquel a quien habían buscado, lo adoraron, arrodillándose en su presencia y presentándole regalos. La respuesta de todos los buscadores de la verdad cuando lo encuentren a él será la adoración.

25/diciembre

lo más significativo y lo menos significativo
lucas 2.8–21

Y volvieron los pastores glorificando y alabando a Dios por todas las cosas que habían oído y visto, como se les había dicho (Lucas 2.20).

He llegado a apreciar la historia de los pastores de Belén. Puedo imaginar a esos hombres, reunidos alrededor de la fogata nocturna, después de haber recogido las ovejas. Tal vez decían: «¡Cuán aburrida es esta vida! Todos los días aquí en las colinas, en vez de estar en medio de Jerusalén donde las cosas suceden. Aquí sólo tenemos las ovejas malolientes y las estrellas».

De repente un ser celestial irrumpe en su mundo monótono con las mejores noticias que el mundo ha oído. El ángel declara que si corren con prisa a la ciudad, verán a Aquel de quien depende toda la historia humana. Experimentarán personalmente el mayor evento de todo el tiempo. Mientras esos pastores de ovejas se miran, atónitos, un coro entero de ángeles aparece cantando. Antes de que su canción concluya, esos pastores van corriendo hacia un establo para ver a Aquel de quien los profetas hablaban y con quien los santos soñaban.

Hay momentos para todos los creyentes cuando lo eterno irrumpe en medio de las rutinas ordinarias de la vida cotidiana—cuando Dios mismo desciende para visitarnos. En este día santo, ¿anticipamos que su presencia divina irrumpa en nuestras vidas?

26/diciembre

poderoso para guardarte

mateo 14.22–34

Y a aquel que es poderoso para guardaros sin caída, y presentaros sin mancha delante de su gloria con gran alegría, al único y sabio Dios, nuestro Salvador, sea gloria y majestad, imperio y potencia, ahora y por todos los siglos. Amén (Judas 24–25).

¿Crees que Dios es poderoso para guardarte mientras comienzas un nuevo año con él? ¿Crees que es tan poderoso que no sólo creó el universo sino que también puede guardarte sin caída mientras dejas atrás la temporada de la Navidad para enfrentar los desafíos del nuevo año? Este año, tal vez este mes, has progresado en tu relación con Jesús. Caminas más de cerca de él que antes, y ahora enfrentas un nuevo año. ¿Serás la clase de testigo, sin mancha y atractivo, que él te ha llamado a ser?

Recuerdo la primera vez que asistí a un campamento cristiano, cuando tenía trece años; ese verano, le entregué a Cristo mi vida. Nunca olvidaré lo que le dije a Dios mientras me preparaba para regresar a casa: «Con gozo iría para la China mañana en vez de ir para Carolina del Norte». Es infinitamente más fácil compartir a Cristo con las personas que no te conocen que compartirlo con la gente con quien vives y trabajas. Adoptar una postura de obediencia a Cristo en los lugares donde la gente nos conoce y nos mira es mucho más difícil. Cuando regresé a casa, era maravilloso por un tiempo, pero después me encontré reseco por falta de entrenamiento y confraternidad cristiana. Cuando el siguiente verano se acercaba, descubrí que esperaba aterrado el campamento, porque me había sumergido en mi propio pecado, orgullo y egoísmo, y no sabía cómo volver a Cristo.

La promesa de las Escrituras es: «Mayor es el que está en vosotros, que el que está en el mundo» (1 Juan 4.4). Es sólo nuestra condición pecaminosa que causa que tengamos miedo, y cuando tenemos miedo comenzamos a hundirnos, mirándonos a nosotros mismos en vez de mirar a Dios. Cuando lo hacemos, sabemos inmediatamente que no hay esperanza para nosotros; no hay cómo adoptar una postura para Cristo en nuestras circunstancias. El ambiente es demasiado difícil, el enemigo demasiado fuerte, los problemas demasiado grandes o el terreno demasiado montañoso. Cuando llegamos a ese punto, nos hundimos. Pero si podemos mantener la vista en Jesús, él es poderoso para guardarnos de caer en el pecado o en la desesperación.

Sesenta y seis años después de ese primer campamento, quiero dar testimonio de que en realidad Dios es poderoso para guardarnos. Podemos enfrentar cualquier circunstancia con gozo y con valentía porque el Dios a quien adoramos tiene la capacidad para cuidarnos.

27/diciembre

no existe un «no» en mi corazón

1 corintios 1.18–31

Porque todas las promesas de Dios son en él Sí, y en él Amén, por medio de nosotros, para la gloria de Dios (2 Corintios 1.20).

¿Te has detenido en algún momento para recordar que Dios es más inteligente que tú? Ahora, yo sé que me dirás rápidamente que por supuesto sabes que Dios es más inteligente que tú. Pero si eres honesto contigo mismo, ¿lo crees? Ha sido una lección difícil para mí. Luchaba no sólo para creer que Dios es más inteligente que yo, sino también para creer que Dios es tan inteligente como yo. Permíteme contarte el medio del asunto.

Dios te mira y te dice: «Quiero que quites tu mano de la dirección de tu vida y que permitas que yo ponga la mano en ella. Deseo que me permitas guiarte, dirigirte y liderarte para que vivas de la manera que yo quiero, no como tú quieres». Y algo dentro de ti quiere hacer dos preguntas. La primera: «Dios, ¿a dónde me llevarás?» Y la segunda: «¿Sabes lo que me satisfará y lo que me hará feliz?»

A menos que estés total, plena y completamente entregado a Dios de modo que todos los «no» dentro de ti hayan sido reemplazados por un rotundo «sí» a su voluntad, comenzarás a preguntarte si él es tan inteligente como dice ser. Esa duda persistente en tu mente acerca de su bondad impedirá que quites la mano de tu vida, y la arruinarás por tu propio toque contaminador.

La verdad es que Dios es más inteligente que tú y yo. Cuando nos instruye a que vayamos por cierto camino, es porque él ve el cuadro completo, y él sabe lo que es mejor para nosotros. Tenemos que llegar al lugar donde elevamos la mirada para ver su rostro y le decimos: «No veo con tanta claridad como tú. ¿Me guiarás, para que no te lastime a ti, ni a mí ni a mis seres queridos? Confiaré en que eres más inteligente que yo, y obedeceré aunque el camino que eliges me parezca equivocado».

¿Por qué no le pides a Dios hoy que tome todos esos «no» que siguen viviendo en tu corazón y que los reemplace con todos sus «sí»? Jamás te arrepentirás de cambiar todo lo que eres por todo lo que Dios es.

28/diciembre

mi bienestar

hechos 16.6–10

Amados hermanos míos, no erréis. Toda buena dádiva y todo don perfecto desciende de lo alto, del Padre de las luces, en el cual no hay mudanza, ni sombra de variación (Santiago 1.16–17).

Siento gran simpatía y compasión por los jóvenes de hoy. ¡Recuerdo bien las preguntas e inquietudes que perturban sus mentes y sus corazones!

Recuerdo la ocasión cuando Dios me dijo que rompiera con una chica con quien me imaginaba estar locamente enamorado. Y el diablo me susurró: «Bueno, esto es lo que debes anticipar. Si la chica es bonita y atractiva, y si es la clase de mujer que te hará realmente feliz, puedes contar con que Dios te la quite. Te dará una chica religiosa y aburrida que no te interese».

Me encontré preguntando si esto era verdad. ¿Era realmente bueno Dios, y realmente me daría lo que era mejor para mí? Era un asunto difícil en el cual confiar en él, pero por fin dije: «Señor, sé que ésta es una decisión muy personal, y mi felicidad está íntimamente vinculada con ella. También sé que me amas, y que no me vas a guiar por un camino que no sea completamente agradable y gozoso. Sé que cuando me dices no, no es porque no quieres que sea feliz sino porque no deseas que yo me arrepienta después por mis elecciones. Me proteges para mi bienestar y para mi felicidad». El tiempo ha confirmado que el camino de él es el mejor camino.

¿Por qué es tan difícil confiar en él para nuestro futuro, nuestras decisiones personales y nuestras vidas? Normalmente nos sometemos a su voluntad con lágrimas de dolor como si le ofreciéramos algún sacrificio enorme, pero su voluntad para nosotros es buena y también es buena para nuestros seres queridos. Frecuentemente requiere tiempo, pero es inevitable que, cuando lo obedecemos, llegamos al momento de mirarle y de decir: «Gracias, Padre, por no permitir que me equivoque».

¿Crees que él es bueno y que desea tu bienestar?

29/diciembre

un cambio de planes (parte 1)

hechos 10

Si Dios, pues, les concedió también el mismo don que a nosotros que hemos creído en el Señor Jesucristo, ¿quién era yo que pudiese estorbar a Dios? (Hechos 11.17).

Recientemente visité en el hospital a un hombre que ha tenido un impacto significativo en mi vida. Me contó cómo llegó a ser misionero. Su madre era una mujer piadosa, y su padre era un hombre de negocios muy exitoso. Su padre tenía el plan de entregarle todo el negocio a su hijo, a quien le había entrenado para tomar su lugar. El hijo tenía toda la intención de seguir las pisadas de su progenitor, y tenía confianza de tener un buen comienzo en la vida porque iba a construir encima del fundamento de la reputación y el éxito de su padre.

Después de que mi amigo se hizo cristiano, su madre asistió a una reunión de oración que enfatizaba la santidad, y Dios la llevó al lugar de la entrega total. El Espíritu Santo la llenó, y ella comenzó a vivir con la mente de Cristo. A esas alturas empezó a orar por su hijo, y el Señor comenzó a decirle a ella: «Si tu hijo llega a ser completamente mío, es posible que yo cambie la dirección de su vida, y tal vez él no cumpla con los planes familiares en relación con el negocio». Finalmente, esa madre se sometió a la voluntad de Dios y seguía orando.

Una noche el hijo tenía que recoger a su madre en la reunión de oración. Entró en la iglesia y se sentó silenciosamente en la última banca, justo cuando el líder decía: «Creo que hay alguien aquí que conoce a Cristo pero que nunca se ha entregado a él por completo, y Dios desea que lo haga esta noche. Voy a tomar dos sillas y usarlas como un altar. Si deseas venir y rendirte ante él, ven a este altar». Mi amigo vaciló, porque temía lo que la entrega total a Cristo podría significar para sus planes. Pero el líder lo miró directamente y le dijo: «Mi hijo, eres tú». Así que el joven pasó adelante y le entregó a Cristo todo lo que era.

Durante sus años en la universidad, mi amigo viajó al extranjero con un conjunto musical. Me contó: «Cuando llegué a Japón, supe que iba a ser misionero; cuando arribé en Corea, supe que iba a servir en el Oriente; y cuando entré en la China, supe que Dios me había llamado a ese lugar». La vida de mi amigo ha bendecido al mundo. Él no sabía lo que Dios quería hacer con su vida, y tenía miedo de entregarle todo, pero el Señor lo ha convertido en un misionero de gran fama por su decisión de someterse a la voluntad de Dios.

¿Estás dispuesto a hacer lo que Dios te pida al comenzar este nuevo año? ¿O vives en un estado de frustración constante por tu agarre obstinado de la vida? Recuerda, Dios sabe el trabajo para el cual fuiste hecho, y puedes confiar en él.

30/diciembre

un cambio de planes (parte 2)
efesios 3.14–21

A fin de que seáis plenamente capaces de comprender con todos los santos cuál sea la anchura, la longitud, la profundidad y la altura, y de conocer el amor de Cristo, que excede a todo conocimiento, para que seáis llenos de toda la plenitud de Dios (Efesios 3.18–19).

Cuando un joven de Texas conoció a Cristo, Dios le dijo que se educara mejor, porque tenía una tarea difícil para él. Por eso, asistió a la universidad, y allí Dios le habló de la entrega total de su vida a Cristo. Aceptó todo lo que Dios tenía para él, y el Señor le dijo: «Quiero que me sirvas». Así que el joven comenzó a hacer trabajo evangelístico, y después de un tiempo se matriculó en el seminario. Su plan era estudiar para el ministerio cristiano, pero un día Dios le dijo que no era el tipo de servicio cristiano que tenía planificado para él.

El joven preguntó: «Dios, ¿qué quieres que haga con mi vida?»

Dios respondió: «Deseo que trabajes en el mundo de los negocios». Así que Dios lo sacó del seminario y lo puso en el mundo del comercio. Con su esposa, el señor fundó una compañía de seguros, y se hizo pionero en algo que ha sido la fuente de seguridad y bendición para muchos. Multitudes de personas se encontrarían en problemas si no fuera por el fruto del trabajo de esa compañía. La vida de este hombre ha sido una bendición incontable para todo el mundo.

Dios miró a un hombre en el camino hacia el servicio cristiano a tiempo completo y vio su genio para el negocio, y utilizó esos dones en el área donde producían más fruto.

Un hombre iba a ser hombre de negocios pero se hizo misionero. ¿No habría sido una tragedia si hubiera entrado en el mundo de los negocios, sólo para vivir amargado y cínico porque sabía que había sido creado para otra cosa? Otro iba a ser ministro cristiano pero se hizo hombre de negocios. ¿No habría sido una tragedia si hubiera fracasado como predicador por haber sido creado para usar sus dones en el mundo de los negocios?

Es sólo nuestra pequeñez servil y nuestra tendencia de agarrar el control que impiden que elevemos la mirada al Dios santo que sabe todas las cosas para decirle: «Dios, tira tú las cuerdas de mi vida. Cuando extiendo la mano para retomar el control, pégame en la mano hasta que una vez más me rinda ante ti, para que tengas el control total de mi vida y para que me conviertas en lo que deseas que yo sea, para lo cual fui creado».

31/diciembre

¡aleluya! ¡alabado sea dios por siempre!

habacuc 3.17–19

Con todo, yo me alegraré en Jehová, y me gozaré en el Dios de mi salvación (Habacuc 3.18).

Una vez tuve el privilegio de dar una caminata en las montañas con Norman Grubb, el yerno de C. T. Studd, un misionero famoso en África. Grubb había pasado muchos años en el centro de ese continente, trabajando con su suegro. Yo había leído la biografía de Studd, la cual me impactó en gran manera; por eso, le interrogué a Grubb acerca de su suegro. Una de sus historias era inolvidable.

Studd y su equipo misionero vivían en el interior profundo del África y su correo llegaba cada dos semanas. Su existencia dependía del dinero que venía en esos sobres, así que la llegada del correo siempre era un evento especial. C. T. Studd era el maestro de ceremonias en la entrega del correo y siempre lo convertía en un ritual.

Un día, recibieron una cantidad significativa de dinero en el correo. El comentario de Studd fue: «¡Alabado sea Dios por siempre! Él sabe que somos unos quejumbrosos, y nos ha enviado suficiente dinero para que dejemos de murmurar». En otra ocasión, la cantidad recibida era bastante pequeña. Studd comentó: «¡Aleluya! Debemos estar creciendo en gracia, porque Dios piensa que estamos aprendiendo a confiar en él». Y una vez no había ni un centavo en el correo. Grubb me contó que los misioneros se reunieron alrededor de Studd, esperando su comentario. No se desilusionaron, porque él gritó: «¡Aleluya! ¡Alabado sea Dios por siempre! Estamos en el reino ya, porque en el reino no hay comida o bebida, sino sólo justicia, gozo y paz en el Espíritu Santo».

Algunos tal vez pensarán que la fe de Studd era imprudente. Sin embargo, sospecho que él gozaba de un lugar especial en el corazón de Dios porque se atrevía a esperar que Dios fuera fiel a sus promesas.

Al mirar hacia atrás, ¿puedes percibir en tu vida la bondad inmerecida de Dios? Al mirar hacia el futuro, ¿lo miras con anticipación? Puedes confiar en él--¡su confiabilidad se ha demostrado vez tras vez!

Made in the USA
Middletown, DE
26 February 2019